莫小奇

追逐内在的太阳

莫小奇 田青青 / 著

海南出版社
·海口·

图书在版编目（CIP）数据

莫小奇：追逐内在的太阳 / 莫小奇，田青青著．－－海口：海南出版社，2024.1
ISBN 978-7-5730-1384-2

Ⅰ．①莫… Ⅱ．①莫… ②田… Ⅲ．①莫小奇–自传 Ⅳ．① K825.7

中国国家版本馆 CIP 数据核字 (2023) 第 220145 号

莫小奇：追逐内在的太阳
MO XIAOQI: ZHUIZHU NEIZAI DE TAIYANG

作　　者：	莫小奇　田青青
出 品 人：	王景霞
策　　划：	彭明哲
责任编辑：	闫　妮
执行编辑：	姜雪莹
封面设计：	艺锦工作室
责任印制：	杨　程
印刷装订：	天津联城印刷有限公司
读者服务：	唐雪飞
出版发行：	海南出版社
总社地址：	海口市金盘开发区建设三横路 2 号
邮　　编：	570216
北京地址：	北京市朝阳区黄厂路 3 号院 7 号楼 101 室
电　　话：	0898-66812392　　010-87336670
电子邮箱：	hnbook@263.net
经　　销：	全国新华书店
版　　次：	2024 年 1 月第 1 版
印　　次：	2024 年 1 月第 1 次印刷
开　　本：	710 mm×1 000 mm　1/16
印　　张：	16.75
字　　数：	190 千字
书　　号：	ISBN 978-7-5730-1384-2
定　　价：	78.00 元

【版权所有，请勿翻印、转载，违者必究】

如有缺页、破损、倒装等印装质量问题，请寄回本社更换。

Finding Your Inner Sun Power

扫码免费领取
6节识人课

序

我是在一次企业家组织的聚会上认识莫小奇的。一圈人介绍完后，有好多人都成了新朋友，只有看到她时我忽然意识到这人好面熟。

于是我问她我们是不是在哪见过，对话过才知道，这话对了一半：我见过她，她没见过我。我在电视上见过她，她当过演员，她演过《一半海水一半火焰》《北京爱情故事》《青春烈火》……而现在，她带着50多人的团队，转型成了创业者、企业家。

那天，我们加了微信，几杯酒过后，我才知道，我不应该叫她小奇，我应该叫她奇姐，因为我们谁也看不出她已经40岁了。我见过很多演员转型，但很少看见一个演员能转型成企业家，并且可以做得这么好。

我下载了她的App"准了"，心想着庞大的工程背后是什么初心，于是有一天，我找到她，问她为什么要做这家公司，还是在经济条件不好的今天。她说，她喜欢新事物，更喜欢年轻人，所以她想拥抱科技，和年轻人交朋友。

后来我们熟悉了，我也总没事儿约她喝两杯。我们虽然在各自的创业路上没什么交集，但偶尔我有新书发布会时也会叫她，请她帮我"站台"。有一次，我偶然间问她，你人生里遇到那么多难熬的事情，你是怎么挺过去的？

她说，就熬着，不过有时候熬着也能看见光。

我不知道哪里来的灵感，对她说：你想不想写本书？

一开始她很拒绝，但随着她想说的话越来越多，我和我的学生田青青越来越被那些瞬间感动。我记得我们开了好多次创作会，一个字一个字地修改，让我最感到恐惧的，是她竟然可以把自己扎得这么深。

一个好的作者，是一个敢于当众解剖自己的人。从这个角度，我认为莫小奇是一个好的作者。我们就这样陪她走过了将近半年的日子，也像是陪了她40年，看到生命里的黄金岁月和跌宕起伏，犹如大江大海和一叶扁舟。终于有一天，我的学生田青青跟我说：龙哥，定稿了。

我是在一个深夜里看完了这些故事，写下来这篇序。如果你也曾经被那些简单朴实的文字感动过，认为见字如面，文字可以改变生活，我相信，你会喜欢这本书。

一晃，莫小奇也从荧幕上的小奇变成了奇姐，那些对于人生的经验，她也在这本书里递交给了各位。我作为第一批读者很荣幸，也希望大家都能喜欢。

是为序。

/ 李尚龙 /

飞驰文化创始人 橙啦App首席内容官

目 录

第一章 那些不经意的瞬间，都是人生的伏笔

01 一个人要走多少路，才能走向坚强 / 03

02 乖小孩，都是在别人的期待中成长起来的 / 13

03 成年人的不安全感，大多能在童年找到痕迹 / 27

04 过于单纯也是一种匮乏 / 35

第二章 成长，就是一边得到一边失去

05 命运的礼物来得太早，到底好不好 / 45

06 婚姻关系，是对心智的残酷考验 / 53

07 是婚姻失败，还是我失败 / 63

08 把失去当成重整命运的机会 / 75

第三章 **每一个困局,都是在逼你蜕变**

09 低谷的意义,是让人看清真实的自己 / 85

10 每一条路都是必经之路 / 93

11 最艰难的时光,也是最重要的时光 / 103

12 内心秩序失衡,便会有危机感 / 113

第四章 没有无瑕的人生，接纳就是完美

13 人最糟糕的状态，就是与自己为敌 / 127

14 不够爱自己，才时刻恐惧失去 / 139

15 接纳父母，也是在接纳自己的人生 / 147

16 自我肯定，是强大的疗愈力量 / 155

17 任何遭遇都不会将你的人生定格 / 163

18 你怎样定义自己，就会有怎样的生活 / 173

19 心灵自由，生命才得以自由 / 183

20 变化是人生的常态，要学会顺势而为 / 195

21 感恩，这一路的相遇 / 205

附录　莫小奇的十二种人格识人术 / 232

第一章

> 那些不经意的瞬间,
> 都是人生的伏笔

一个人要走多少路，才能走向坚强

曾有一个演员朋友说，她原以为我是一个特别需要别人照顾的人，没想到我居然能独自面对这么多风雨。

是啊，20年前的我自己也没想到，我能接得住命运这么多次的刁难。那时的我还天真地以为爱情就是遇见一个"免我惊、免我苦、免我颠沛流离、免我无枝可依"的人。从校服走向婚纱，我才发现等待我的并不是童话般的生活。

我不知道现实里真正被人呵护周全的"公主"有多少，我自己肯定不是。身边跟我一样心怀"公主梦"的女孩也不少，可最后她们还是变成了一个个自力更生的灰姑娘。这就是生活的真相——无论你跟谁走在一起，拯救你的都不是别人，每个女性最好的归宿都是自己。

我内心一直期待着世俗意义上的完美生活，双脚却一直踩在离经叛道的路上：在别人上大学的年纪，我结婚生子了；在别人谈恋爱的年纪，我成为一个带着孩子的"失婚"女人，不仅没有过上当初预设的相夫教子的理想生活，反倒挨了婚姻一记响亮的耳光；好不容易重整自己，满腔赤诚地去拥抱爱情，没想到等着我的又是一场抽筋扒皮的考验。

30岁以前，我很不喜欢我自己。身为女人，我都经历了些什么啊！我的人生好像从不在正轨上，无论我愿不愿意，我一直都是大众眼里的异类，也一直是大家茶余饭后的谈资。于我自己而言，这些过去也羞于启齿。

别看我平时大大咧咧，强悍的外表不过是为了掩饰内心的虚弱。我心里有太多的恐惧：孤独的恐惧、被人揭开伤疤的恐惧、不被人认可的恐惧……

我不喜欢被人同情，同情意味着你这个人很惨，让别人有了优越感，我宁愿活在争议中也不愿意接纳这样居高临下的"善意"。虽然我可能真的过得不是很好，但自尊心不允许我承认自己的落魄。

从小我就要强，凡事爱出头、爱争、爱赢，总想证明给人看自己什么都是好的，却好像也没证明出点什么。踩了许多坑，摔了许多跤，我才慢慢开悟：不是生活跟我过不去，是我自己跟自己过不去。

这几年我听得最多的一句话是："小奇，你的变化很大。"多年不见的朋友聚到一起，聊不了多久我就会听到这句话。或许是职业生涯的转变超出了别人对我的了解，也可能是整个人精神面貌相比之前有了很大的改观。总之，现在的莫小奇是一个"令他们惊讶"的莫小奇。

我当然也是知道自己的变化的。一路走来，我一直在改变，这种改变并不止于从演员到创业者身份的转变抑或是人气高低的变化，更多的是心理上的蜕变：自信了，冷静了，整个人越来越松弛。

以前一听到有人提起"早孕生子""离异""单亲母亲""被甩"这一类的词，我就会全身紧绷，每一个毛孔都迅速进入警戒状态。虽然这些都是我必须承认的经历，但好长一段时间它们都是我埋藏在心底、不愿意被任何人触碰的"隐私"。每每到了这种尴尬的时刻，我都会想办法转移话题，或者是故作大度地配合着一笑而过。无论我在人前有多么大方，心里总还会隐隐觉得这些都是我人生中的"污点"。

也不知道从什么时候起，我放下了跟自己较劲的执念，人生渐渐开阔起来，内心也逐渐变得强大，那些曾以为过不去的事情居然就悄悄过去了，那些曾以为一辈子也放不下的心结也慢慢放下了。

我甚至会庆幸自己经历的这一切，它们促成了我现阶段的自洽状态，是它们把我推向了现在的位置，成全了现在的我。

也有人觉得我没什么变化，比如我的一个发小，在他的眼里我一直很顽强，对世界充满了好奇心，小时候如此，现在依然如此。

很多年前，我们的父母在同一家单位工作，我们有时候会跟着父母一起参加团建。他是典型的"乖宝宝"，循规蹈矩，从不惹事，大人们都喜欢他。相比起他的胆小乖巧，我的性格可能过于"阳刚"了一些。记得有一次，我们跟父母一起去北京周边的一个景点团建，集体住在一个简陋的招待所里。半夜，天气突然大变，暴风雨呼啸着冲破了招待所的窗户，玻璃碎了一地。他吓得哇哇大哭，我赶紧爬起来跑到他那边安慰他："不要怕"。在他的眼里，我一直是一个天不怕、地不怕，"虎"得不可思议的"假小子"，所以他一直认为我是强势女性也不足为奇。

后来，因为我出国读书，我们就分开了，当时我以为一别便是永远，多年后我们再次相遇，他已经是家喻户晓的演员。那时，他第一次做制片人，我成为了他的女主角，这个人叫李晨。

事实上，我的内心并没有外表那么张扬。我的内心真正变得强大，是跌了几个"大跟头"之后。回望我人生路上的前40年，每个节点都好像是老天爷给我的一记重锤，事后看来又像是一份厚礼。

我在国内读书读到五年级，就因父母的工作调动转到澳大利亚读书。陌生的环境和别离带来的不安全感一直是我面临的重大挑战。好不容易适应了国外的生活，恋爱早孕、闪婚生子、闪电离异，一连串的变故让我的人生猝不及防地拐了一个又一个大弯。

我自认为不是一个差劲的人，却把生活过得一团糟，这种挫败感迫使我逃离，我觉得自己必须要选择一个全新的地方重新开始，于是我只身回国，赤手空拳地闯进了演艺圈。

进入演艺圈后我才知道，原来离婚还算不上什么大坎，后面要翻的山一座比一座艰难。在演艺圈，我经历过一场天价官司，差点背负上千万的债务。好不容易官司打赢了，更大的挑战又来了——私生活被曝光。在聚光灯下恋爱，在聚光灯下分手，人人都议论着这是怎样一个自作自受的坏女人，仿佛一夜之间全世界都要来看这场笑话，而我甚至连自怜自艾的资格都没有，只能假装强大，假装云淡风轻。

后来，我开始做互联网内容创业，渐渐远离了曾带给我无数人生高光的演艺圈，一路有得有失。

人生必然要做许多取舍，选择一些就要放弃另一些。生活就在这

些得与失之间慢慢向前，带领我们去解锁新的未知。

我母亲对我的期待很高。在她的眼里，我应该成为演艺界的巩俐，要不然就是舞蹈界的杨丽萍。她常跟我念叨说谁谁谁拍戏进好莱坞了，期待我有一天也能杀进好莱坞。

有几个演员没有这样的梦想呢？我也想接好戏、演好戏，用更多的作品让世人看到我的价值，可是生命里不可控的因素太多了，有时一件不起眼的小事就会让人生偏离原来的轨道。除了接纳，别无他法。

自我和解真是一个漫长的过程。我始终会纠结，是别人不懂得欣赏我，还是我自己真的不行？很长一段时间我都处在这样的质疑中，想不通到底是别人的问题还是我的问题。时间长了，这个问题的答案也渐渐变得不重要了，毕竟生活还是得继续朝前走。

我也想明白了，人生有很多事情未必有答案，一个人的命运里有许多自己能控制的部分，也有许多自己控制不了的部分，接纳一切遭遇，做好自己的那部分就可以了。

每个人都有自己要做的功课，现在回想起来，这些挑战也是我在固定的时刻必须接受的课程。一个人所受的教育、生存的环境和经历都会决定他思考问题的方式，有怎样的认知，就会做怎样的决定。而我在每个十字路口所选择的路，也必然是当下唯一能符合我认知水平的路。所以，哪怕人生可以重来，我也未必会踏上另外一条生活轨迹。

人在年少时，总会有一颗征服世界的野心，历经世事之后就会发现，我们在命运面前最大的智慧不过是顺势而为。风光时，感恩惜福；落魄时，静待回转；平淡时，就享受当下。如此，人生才没有翻不过去的山。

人不能总是期待从外界索取点什么来使自己变得强大。如果一直拿巅峰当寻常，是过不好这一生的。感情也好，运气也罢，如果来了，就当它们是生命的礼遇；如果没有，也不必感到失望。接纳，才是一个人走向成熟的开始。接纳命运的无常，接纳环境的变数，接纳自己不过是一个平凡的普通人。

一路逆流而上，我到了近40岁的年纪才学会接纳。我不再苛求自己有完美的过去，也不怕别人以异样的眼光看我。现在的我甚至会主动跟人提起我有一个儿子，我们出门逛街的时候经常被人认成"姐弟"；我经历过一段短暂的婚姻，虽然未能长久但也曾给过我温暖；我谈过几段恋爱，在每一段感情里都真真切切地感受到了爱与被爱。

以前拼尽全力去争取别人的爱，绕了这么大一圈，生活给我上的最大的一课竟然是好好爱自己。

或许这也是每个女人生命里最重要的一课吧！可能要等到我们打碎看这个世界的所有滤镜，却依然对过去和未来的自己怀有满腔爱意的时候，我们才算得上是真正坚强。

现在，我终于看到了一个更强大的自己，这个"强"与少年时代的"要强"有着本质的区别。以前是怕别人小看自己，在无知中逞强，现在是真正无畏。

相比之下,我更喜欢自己现在的状态,仿佛生命之河流淌到了一片开阔的地段,变得平静而温和。我知道我的人生依旧不够完整,还有更多的功课等着我去做,但我已准备好面对未来的一切。

刚接触占星的时候,我读过一本书,叫《内在的天空》。书中,作者斯蒂芬·福里斯特的一句话让我印象非常深刻:"人一定要找到内在的太阳,这是人生能量的来源。"我不敢说我已经找到了自己的太阳,但可以肯定的是,我正在追逐的路上,我感受到了这股从内心深处升腾而起的能量。

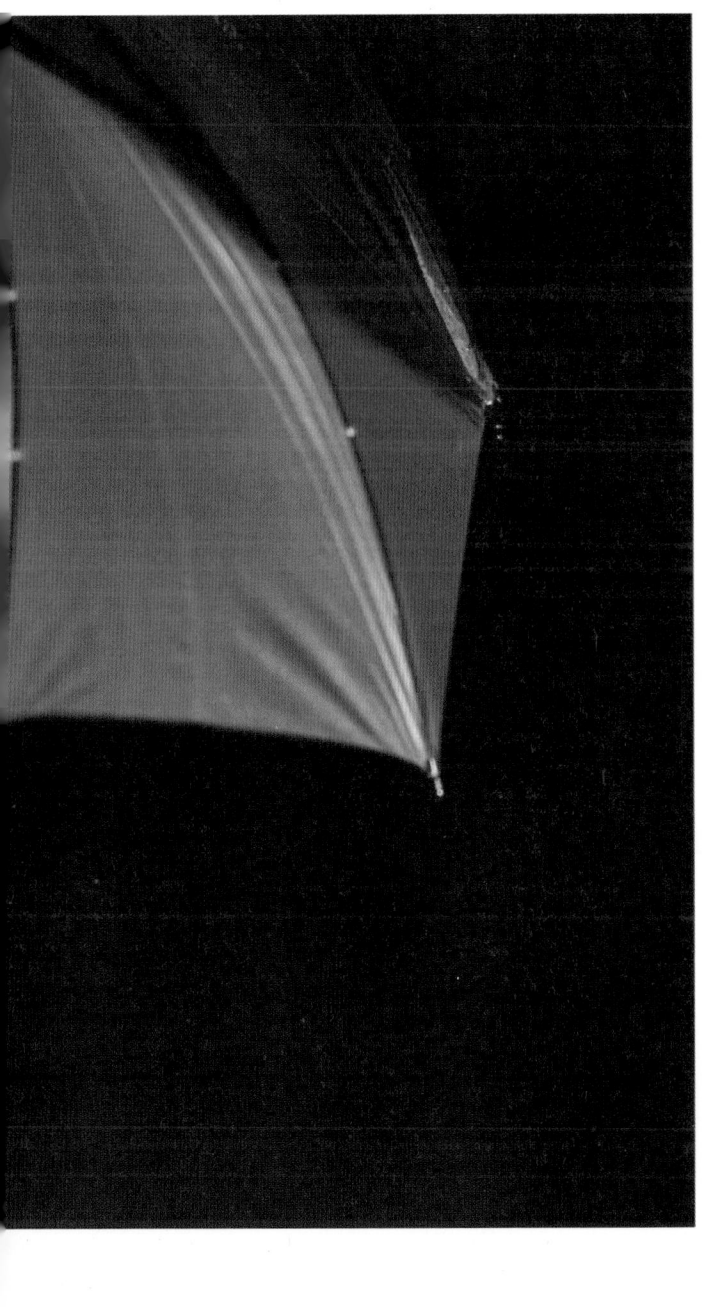

02 乖小孩，都是在别人的期待中成长起来的

我说李晨是乖宝宝，其实我自己也是个乖小孩。不同的是，他的心是静的，是真正由内而外的乖，我的乖则更多地来自外界的影响，内心却一直躁动不安。

我从小就是在大人的期待中成长起来的。对我期待最高的应该是我的母亲，她非常热爱文艺，对唱歌跳舞尤为痴迷。但在他们那个年代，学生上学受家庭背景影响比较大，她的家庭成分不太好，因此也没有太多求学的机会。于是，我一出生，母亲便把自己未能实现的梦想寄托在我身上。从我记事起，我就辗转在各个艺术培训班里接受熏陶，钢琴班、绘画班、舞蹈班……甚至有的我都记不起来了。

偏偏我又是一个精力特别旺盛的小孩，调皮好动，尤其不适应长时间、安静的训练。画画这样需要久坐的艺术对于我来说是非常无趣的，我总得找机会活动一下。记得有一次在画画课上，老师让我们画鱼缸，并搬来一个小鱼缸来给我们观察。所有的小朋友观察完鱼缸后

都回到位置上安静地画画，只有我一个人跑来跑去，"观察"了一遍又一遍。一个不小心，我的脚就钩住了鱼缸架子下的小毛毯，"扑通"一下摔倒在地。还没等我回过神来，架子上的鱼缸也倒了下来，整缸水朝我扑面而来，倒扣在我身上。我浑身湿漉漉的，坐在地上动也不敢动，几条小鱼在我身上跳来跳去，那个画面让我至今难忘。

这样一个让人头疼的孩子，在钢琴班自然也是坐不住的，只有一个地方能让我消耗过剩的精力，那就是体校。于是，5岁那年，我被父母送进了北京什刹海体校学习体操。这是一所国家级重点专业体校，进校要经过严格选拔：测量身高、手指长度、脚腿比例，翻跟头查看身体的柔软度，还要根据父母的身高来估算孩子未来的身高，最终才决定是否录取。录取后，还要根据身体条件判断学习竞技体操还是艺术体操。

这样的选拔过程让我的父母觉得这个学习机会是来之不易的。所以，得知我最终被录取为艺术体操培训班的学生、要被送去进行封闭式训练的时候，他们没有半点犹豫。更何况，体操是难得的能让我"静"下来的项目，所以我也没有什么选择的余地。于是，我毫无准备地结束了每天缠着父母撒娇的日子，开始了我的住校生活。

体校的训练很辛苦，让我很不适应。

记得当时老师手上有一把1米来长的尺子，上面缠了一圈胶带，这把尺子在我身上落了无数次。每当我绷腿绷不直的时候，尺子就猝不及防地扫过来了。压腿是我最害怕的训练之一：老师拿两个凳子放在两边，让我们把腿放到凳子上去压横叉，普通压腿是压"一字马"，我们得压成"V"字。每次压腿的时候，我都会疼得哇哇大哭，每天练，就每天哭。一到周末就哭得更加凶了，因为每个周末都是父母来看望小孩的日子。就这样哭了近1个月，终于把父母的意志力给哭瓦解了，他们不再忍心让我住校，把我接回了家。

这段突如其来的住校经历可能算是我童年生活里埋下的第一颗恐惧的种子，使我成年之后无比害怕别离。一旦情感出现危机，我就会无比惶恐，那种随时会被丢下的无助感就像阴影一样挥之不去。

因为是专业体校盖过章的"好苗子"，父母对我在艺术体操上的天分深信不疑。正式上小学后，他们又给我在北京官园的少儿活动中心报了课余的艺术体操训练班，每天放学后去训练。他们是双职工，没有时间接送我，于是给我办了个公交车月票，用绳子把月票和家门钥匙串起来挂在我的脖子上，我每天放学后就这样挂着它们，自己去搭公交车。

从学校到公交车站走路20分钟，再坐5站公交车到达少儿活动中心，训练到天黑再自己坐车回家，这样的日子我经历了3年。艺术体操的训练依然是辛苦的，只是少儿活动中心没有体校那么恐怖。经历了之前高强度的封闭式训练，我倒没有什么不适应，反而还格外珍惜这段出入自由、能天天回家的日子。

渐渐地，我也成为别人眼里的"乖孩子"，不给父母添麻烦，能独自上学，自己去培训班，6岁就独立得像个大孩子一样。

不过，我的乖也仅限于在大人面前，与同龄人在一起时，我依然是个不折不扣的假小子。我总跟班上最爱打闹的几个男生一起玩，有时候跟他们打到泥里，滚到地上，甚至会追到男厕所把人拖出来继续

"战斗"，这份"虎"劲让班上的男孩子都害怕。

这样的性格在学校是很容易闯祸的。有一次打雪仗，战斗力强的我主动冲上"前线"扔雪球，身后有个小伙伴一直帮我递团好的雪，递过来我就扔到"敌方阵营"那边去。谁知他冷不丁就来了个恶作剧，将雪球换成了一块小砖头递到我手里，我也想都没想就扔，砖头飞出去，直接砸中了一个同学的头。

结果自然是请家长，赔医药费。这样的事情多了，挨的骂也多了，我特别害怕父母生气。越怕，就越要在大人面前好好表现：学习不让他们操心，训练也不让他们操心，学着大人的模样把自己的各种事情都打理妥帖。

太早独立自然也是有隐患的，有一次我就在放学的路上遇到了坏人。

那天，天快黑了，我下了公交车就往家里走。从公交车站到我家还有15分钟的路程，一路上人很多。走到一个旧式居民楼旁边的时候，突然有一个中年男人过来跟我搭讪。他指了指我胸口的钥匙，笑眯眯地问我："小朋友，叔叔家的钥匙丢了，我看你这钥匙挂得挺多的，可不可以用你的钥匙试着开一下叔叔家的门？"我没反应过来，他又补充说："叔叔的女儿现在被锁在家里，哭得可厉害了……"

大人的求助总是很让小孩心动，我毫不犹豫就跟他上了楼。那个年代没有层出不穷的治安新闻，也没有谁天天跟孩子灌输"不要跟陌生人说话"。倒也不是父母不拿孩子的安全当回事，只是当时的环境如此，人与人之间大多是淳朴而不设防的。

我们一口气爬到6楼，那个陌生的中年男人突然靠近我蹲了下来：

"来，让我来看看你的钥匙……"一边说着，一边伸手解我的裤子。

那时候是大冬天，我穿着厚厚的棉衣，裤子穿了3层，他没能一下子解开。这个举动让我觉得有点不对劲了：不是要开门吗，为什么要动我的裤子？

就在那一瞬间，我突然意识到了危险。

也不知道哪里来的力气，我一把推开他，抓住楼梯旁的栏杆就顺势往下跳，一步蹿出好几级台阶。就这样连跑带跳的，我一口气冲出了那栋楼。冥冥中好像有天使在助力一般，我的力气竟然推开了一个大人，下楼的速度快到连自己都不敢相信。成年后在新闻中看到车祸中的父亲为救女儿能把整辆车抬起来，对此我深信不疑。我相信每个人都有一股潜在的强大能量，因为我自己就见证过。

回家后，我把这件事讲给母亲听，但并没有得到太多的安抚。第二天我还是像往常一样独自上学，独自去少儿活动中心练体操，结束后再独自回家。母亲心里肯定是担心的，但她很少在我面前表达她的情感。跟大多数传统的母亲一样，她不会把关爱挂在嘴边。

不擅长表达爱，却擅长表达要求和期待，这或许是中国父母的通病。

母亲对我的教育一向严厉。她觉得女孩在人前就是要懂礼貌、有教养，而且一个优秀的孩子，必定要有高度的自律。

有一年春节，外地的表哥来北京玩，在我们家住了一段时间。这个表哥比我大3岁，脑子里总有很多稀奇古怪的想法，我就跟在他后面看他怎么玩。他把气球里灌满水，从我们住的5楼扔下去，没想到砸中了一个路过的邻居。人家气冲冲地找上门来理论，当时家里就姥姥一个大人。姥姥得知我们闯了祸，一个劲儿地跟人道歉，倒也没有怎么责备我们。只是母亲回来后，她一五一十地把这件事告诉了母亲，这下我就在劫难逃了。母亲一听我们淘气成这样，操起笤帚就往我身上打，打了两下又换成晾衣架。

我躲在厕所门后，吓得不敢出来，哭得上气不接下气。我想不明白，为什么出主意的是表哥，扔气球的是表哥，最后挨打的却是我。

对外人宽容识礼，对自己的孩子严加管教，是父母那一辈人的理念。没人觉得孩子挨一场无辜的打有什么问题。儿时的我哪能理解大人的世界，只觉得自己不被喜欢，委屈至极。

母亲也从不吝于表达她对我的期待，在少儿活动中心练了一段时间艺术体操后，她又把我送到了中央电视台银河少年艺术团学习跳舞。

艺术团里都是北京的小孩，每个人都经历了千里挑一的选拔，每个人都背负着父母的期待。我也不确定自己喜不喜欢，但我知道，只要父母对我满意，我就是高兴的。那是一个很渴望得到父母关注的阶段，他们的认可就是我唯一能体会到的"爱"。

母亲每次听到别人夸赞我都会一脸骄傲，但她自己很少当面表扬我。她总会检查我的功课，说我跳舞的舞姿太扭捏了。这样的方法在某种程度上是有鞭策作用的，我希望令她满意，于是练得也更加努力。

学习舞蹈后，我也开始了逢聚会必表演的日子。亲戚朋友们聚在一起，得先让我跳一段舞再开饭；饭后，大人们抽着烟嗑着瓜子聊着天，要是谁突然提起我在中央电视台跳舞，我又得被叫过去跳一段给大人们助兴。叫了不演是不可能的,这是"失了礼数",所以即使是眼泪在眼眶里打转,也要先憋着把一支舞跳完。

每次表演完,大人的掌声是最令我开心的。如果他们只顾着聊天忘了给我鼓掌,我便会反思自己是不是哪里没跳好,他们为什么没有表扬我。

7岁和8岁那两年,我连续上了两次春节联欢晚会。别人围着电视吃年夜饭的时候,我在晚会上给人伴舞。排练的时候觉得挺委屈的,但上了春晚的正式舞台,整曲舞蹈跳下来就不一样了,台下雷鸣般的喝彩让我突然意识到自己是如此受欢迎,这是一件很了不起的事情。父母也觉得我能上春晚的舞台很了不起,尤其是母亲,逢人便炫耀,能听到她亲口赞扬我是一件很不容易的事情,我因此也越来越渴望掌声了,冥冥之中这份渴望也成为我性格的底色。

如果可以选择，我更愿意自信成为我的性格底色，而不是"渴望得到认可"。孩子对自我的评价都来自外界对他的评价，父母的态度对他们来说更是意义非凡。父母给予足够的肯定，孩子就会对自己的优秀深信不疑，反之，则会自我怀疑，认为自己不够好、不配得到别人的爱，从而养出悲观的性格。

一个人内心匮乏的东西都会转化成外在的欲望，儿时未满足的需求往往会成为成年后的执念。向父母讨爱的孩子心里的恐惧是巨大的，长大后也容易讨好别人。

当然，这是我自己当了母亲之后才明白的道理。

孩子在 6 岁以前是如此渴望被父母接纳，因此父母在他们 6 岁以前给予鼓励是非常重要的，千万不要担心他会因此而迷失自我。要知道，他们心底那份对自我的认可能够帮助他们闯过这一生的难关，而不被认可的孩子一生都在寻求外界的认同。

这或许也是我人生路上的一个伏笔。

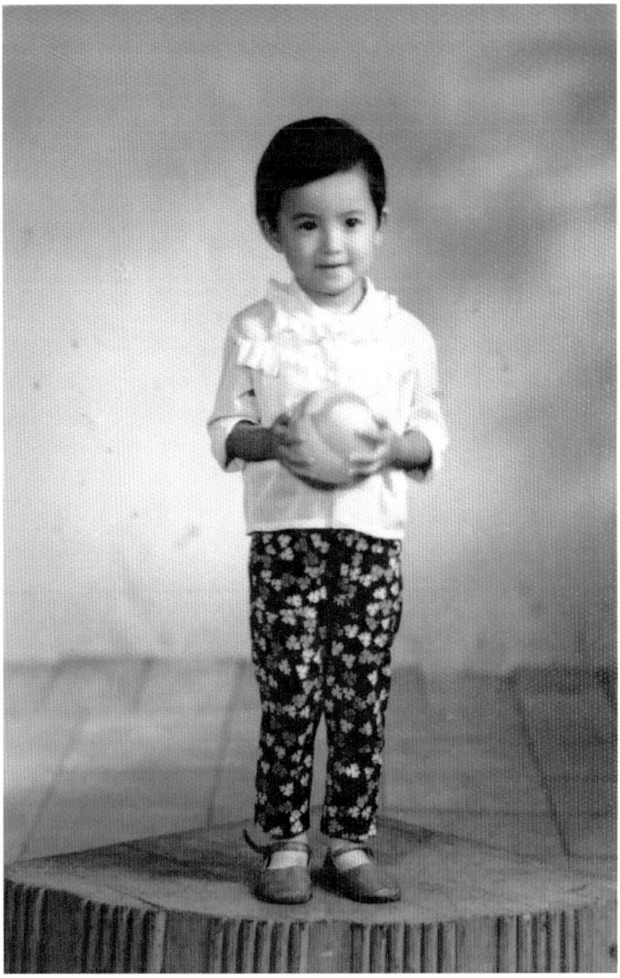

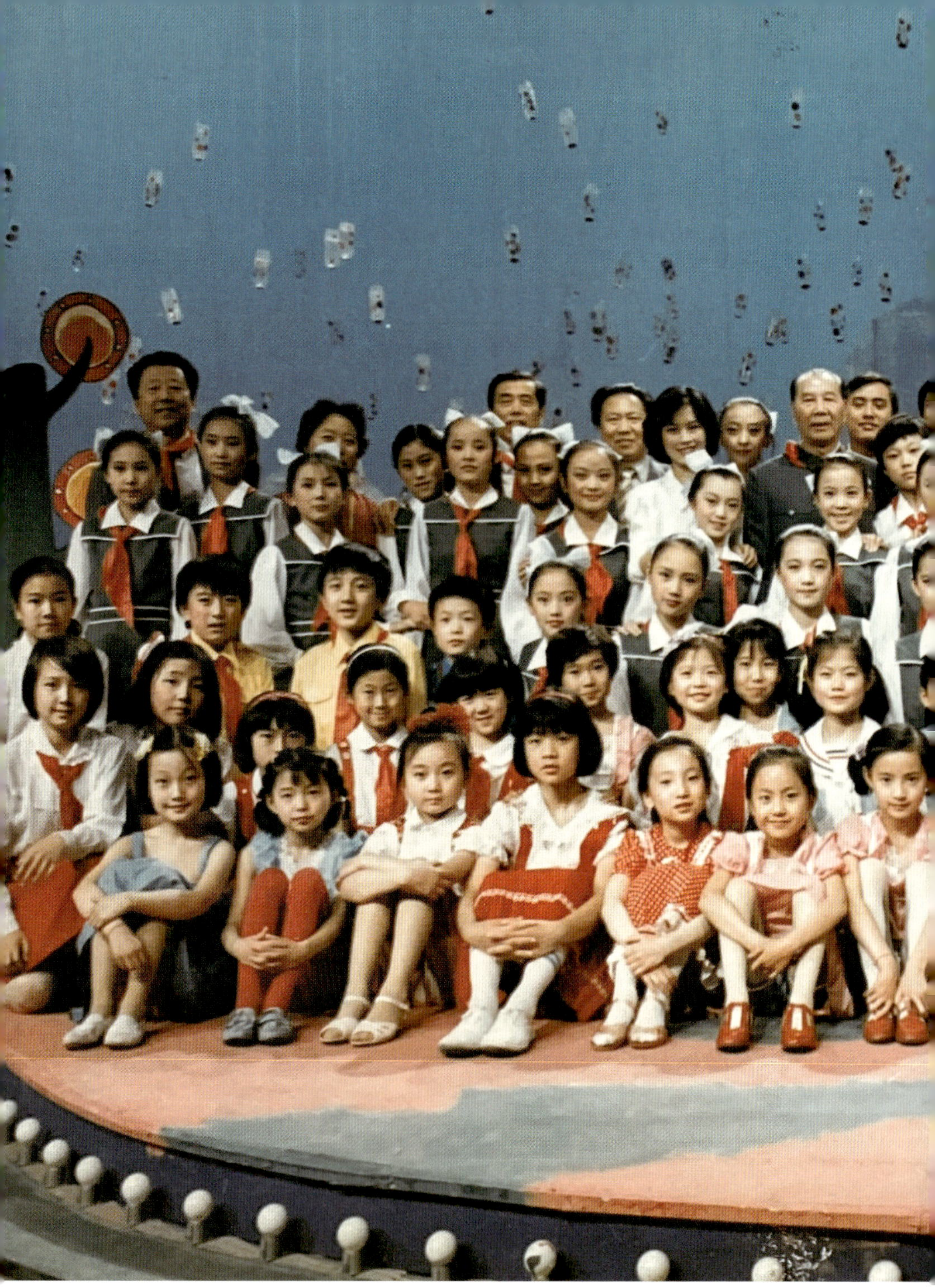

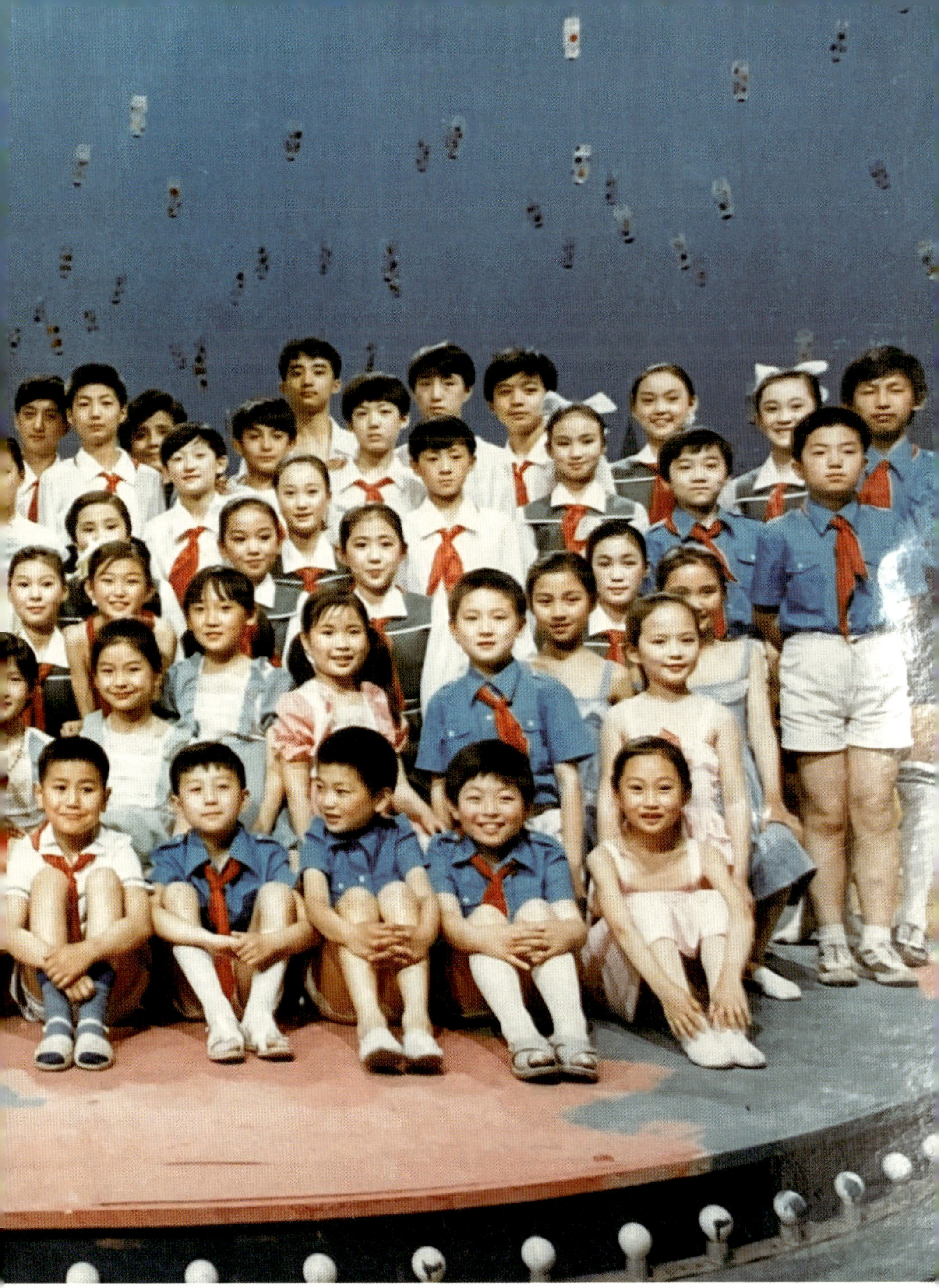

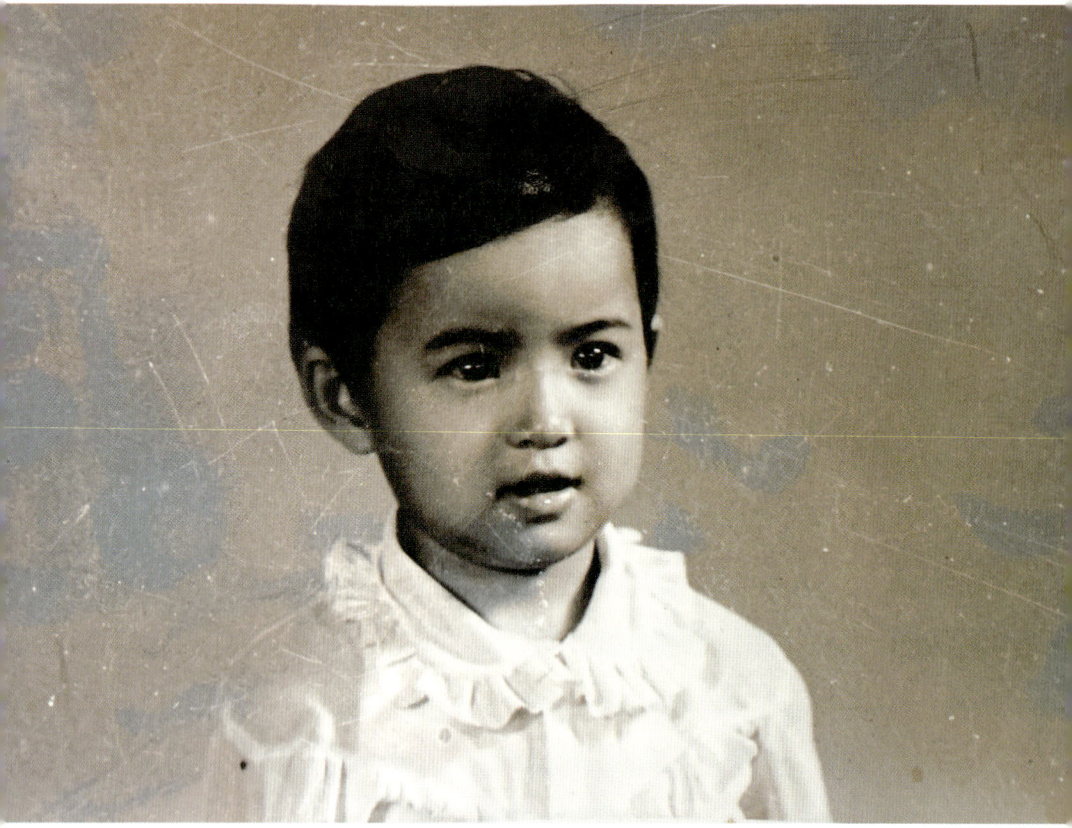

03 成年人的不安全感，大多能在童年找到痕迹

在国内上到小学五年级，有一天我突然得知全家要离开北京了。父亲的工作有了很大的变动，他从原来的单位离开，即将前往澳大利亚开始新的工作，母亲和我随行。

大人的工作决策不会问小孩子的意见，搬家也是他们自行决定的，我自然没有什么心理准备。直到不断地有亲戚过来跟我们告别，我才意识到这不是一趟旅行。

原来我们要离开北京，去一个遥远又陌生的地方生活。知道真相的时候我忍不住哭了，以后不能上学了要怎么办呢？少儿活动中心的培训还没结束要怎么办呢？我的同学、老师，还有附近的玩伴，以后都见不到了要怎么办呢？

母亲安慰我说，等我们搬去新的地方，还会有新的学校、新的培训中心，也还会有新的同学和老师。我想了想，还是很难过。我跟她说，走之前能不能带我去跟李晨告个别，母亲答应了。

我跟李晨的关系一直很好，我们会一起参加父母单位的团建，一起游泳，一起去海边抓螃蟹，还会在一起交流在片场或在舞台表演的故事，那时他在少年宫当小演员。突然要与这么亲密的朋友分离，我是很不舍的。

两位妈妈约在了街口碰面。

那天我特意换上了漂亮的白色裙子，坐在母亲的自行车后座上去见李晨。太阳很大，街头人来人往，妈妈们在一边的树荫下聊天，我跟李晨在不远处的另一边，站在热辣的太阳底下。我也不知道要说些什么，就一直眼泪汪汪地拉着他的手，好不容易才不争气地吐出一句话："以后不知道什么时候才能再见面了……"

李晨拍拍胸脯笃定地说："别担心，以后一定还会见面的。"

他说对了，我以为这一别就是永远，但多年后我们还是重逢了，这是后话。对幼时的我来说，这一场又一场的别离是让我害怕的。熟悉的家、熟悉的校园、熟悉的朋友，在飞机起飞的那一刻全部从我的生活里抽离出去了。

与李晨告别的第二天我就到了澳大利亚。

在这里我要重新再上一个五年级。学校是父母早就联系好了的，一到达就得准备入学。可怜的是，我连"ABCD"都还不会，连个英文名字都没有。

我们在澳大利亚有一户亲戚，亲戚家的表姐比我更早出国，她已经很能适应当地的生活了。我到达新家的那天晚上，表姐就自告奋勇要给我取英文名。我小名叫萌萌，表姐说："那就取一个M开头的英文名吧！"

表姐的偶像是歌手麦当娜，她把她偶像的名字写出来给我看：Madonna。那时我并不知道麦当娜是谁，只是觉得这个名字有点复杂，便让她再帮我想一个。她又写了一个：Monica。我比来比去，选了后面这个短的。也幸好没选 Madonna：那是麦当娜爆火的年代，我要是顶着这个名字去学校还不知道要闹多少笑话。

于是，萌萌变成了 Monica，在一所全新的小学开始上课了。

第一天上课我就蒙了：天啊，这些老师在讲什么？

在国内没接触过英文，我完全不能适应这个陌生的环境。一天的课上下来一个字也听不懂，那个课堂才真叫难熬，上课的时候想上厕所也不知道要怎么跟老师说。后来表姐教了我一个方法：想上厕所的时候就站起来，把小拇指竖起来，这样老师就知道你要上厕所了。我试了几次，确实有效。

最尴尬的是带饭去学校。

第一天带饭，我带了一个三明治，用一个 4 升的可乐瓶带了小半瓶可乐。上课的时候还没觉得有什么不妥，吃饭的时候，就会有一种很微妙的感觉：别人桌面上都摆着各式各样的儿童水杯，再不济也是瓶装水，只有我的桌面上竖着一个超大号的可乐瓶，特别引人注目。有几个同学笑着往我这边指指点点，我隐约觉得他们是在嘲笑我的土气，但因为语言不通，我没办法给出任何回应，只能羞愧地低头吃饭。

不会讲英文就融入不了这个新环境，很长一段时间我都是自卑的，不太敢跟人打交道。

幸运的是，我们的学校恰好靠近移民区，有来自世界各地的孩子：阿富汗的孩子、日本的孩子、韩国的孩子、中国的孩子……我们因为各式各样的原因远涉重洋来到这里，都听不懂老师讲什么。学校贴心地为我们这些外国来的孩子开设了专门的英文辅导班，每天两个小时，从最基本的生活用语教起。

小孩子的适应能力是很强的，在辅导班学了半年，我就可以用英文跟人吵架了。

班上有几个男孩子总是欺负我，我的性格是一向不肯低头，只要有人惹我，我就得打回去。从某种程度上来讲，这应该也算是一种自卑吧，生怕被人瞧不起或被人冒犯，就先把自己武装起来。用英文吵不过我就用中文吵，也不管他们听不听得懂，反正气势要出来。

不过国外的小孩好像并不吃我这一套。在北京的时候，只要我凶，男生都会怕我，可这几个男孩长得又高又壮，根本不拿我当回事。他们有时候还会故意惹我生气，然后拿我发怒的样子当笑料。这样的状态让我感到很屈辱，于是更加不管不顾地回击。现在回想起刚去澳大利亚那一年半的小学生活，好像除了学习就是打架，没完没了地打架。

那时没有向大人求助这个概念，我知道父母对我的期望很高，也一向只向他们展示自己最好的一面，比如学习又进步了、又被老师表扬了、考试又拿了高分等。至于学校里遇到的麻烦，我会闭口不谈，仿佛开了口，自己的完美形象就被破坏了——其实父母可能本来也不认为我是完美的。

打不过的时候，我就逃课。有一次我带着附近另一个受歧视的小孩逃课，我们早上去学校门口晃一圈，到九点钟估摸着父母已经上班了就回家玩，下午跑出去，在学校门口逛一圈再回家，假装刚放学回来的样子。这样一连逃学了四五天，居然也没人发现。

除了被欺负这件事让我恐惧上学，学校的其他地方我都挺喜欢的。学校很注重兴趣教育，体育课、音乐课、美术课特别多，对于刚从应试教育里解放出来的我而言，这样的课程简直就跟玩儿差不多。语文和数学的课程时间不多，到考试的时候，我临时抱个佛脚就能考一个不错的成绩。那时我们班上很多同学请了一对一的家教在家里补课，我是不用的，这点很让父母省心。

不过，到了澳大利亚，父母也不再像以前一样有那么多的时间来关注我的成长了。对于成年人来说，适应一个新环境可能比一个小孩子需要的时间更多。他们在当地的工厂打工，每天回到家都累得疲惫不堪。遇到他们上夜班的时候，我甚至很难见到他们的身影。夜班要上到凌晨四五点才能收工，回到家可能快6点了，他们刚睡着，我就要起床准备去上学；等我放学回到家，他们已经出门工作了。

因此，10岁左右我的自理能力就很强了，各种家务活都不在话下。虽然母亲依然还是没怎么表扬我，但她跟外人提起我的时候都会夸我是一个省心的孩子。我自己也挺骄傲的，觉得自己为父母分担了很多事情。

在中国传统的家庭观念里，这不就是表达感情的最好方式吗？什么是爱，爱就是牺牲，就是迎合，就是把自己的一切诉求压制下来满足别人的需要。妻子为丈夫牺牲，父母为孩子牺牲，我的祖辈好像都是这样走过来的，这样的理念也慢慢地深入了我的骨髓。要努力为家人分担压力，孤独也好，委屈也罢，只要父母开心，我就开心。

在澳大利亚重读了半个五年级，再读了一个六年级之后，我就小学毕业了。小升初不用考试择校，都是自主择校。当时父母挑了几个学校让我选，我毫不犹豫就选中了天主教女校：学校里全是女生，没有男生，这可真是太好了！

虽然读女校的费用会比普通中学贵一点，但父母很赞成我读女校。他们需要付出比在国内更多的努力才能在这里谋得生存，无暇顾及我，因此，他们也想给我一个相对单纯的环境。他们的想法很简单：我从小就长得漂亮，身边围着的男孩子一直不少，缺乏管教的青春期会惹上什么麻烦，这些都是不可知的。选择女校，少了和男生接触的机会，起码不会有早恋的隐患，就能把全部心思放在学习上了。

于我而言，毕业让我最开心的事情就是可以逃离经常欺负我的那几个男孩子。如果继续跟他们上同一个初中，我肯定是要崩溃的。

被人欺负怕了，我本能地想逃避一切可能对我造成伤害的东西。

那一年半的小学生涯是人生中对我影响很大的一个阶段：我跟父母交流的时间很少，校园里又有无穷无尽的烦恼，陌生环境带来的不安全感一直笼罩着我。我像一只刺猬似的，警觉地竖起身上的尖刺，随时准备战斗，看上去张牙舞爪，实则内心一直被恐惧紧紧裹挟。那是一种想抗争却始终无法挣脱的状态，很无奈。

独立面对这个世界以后，我经常会悲观地看待事情，什么都会想到最差结果，这跟这段时间里养成的潜意识还是有着千丝万缕的关联的。

人的命运很多时候是被潜意识主导的，人越悲观，生活就越容易往悲观的方向发展；人越乐观，生活就越容易往乐观的方向发展。正向思维的力量是如此强大，我在成年后历经了许多坎坷才彻底明白。

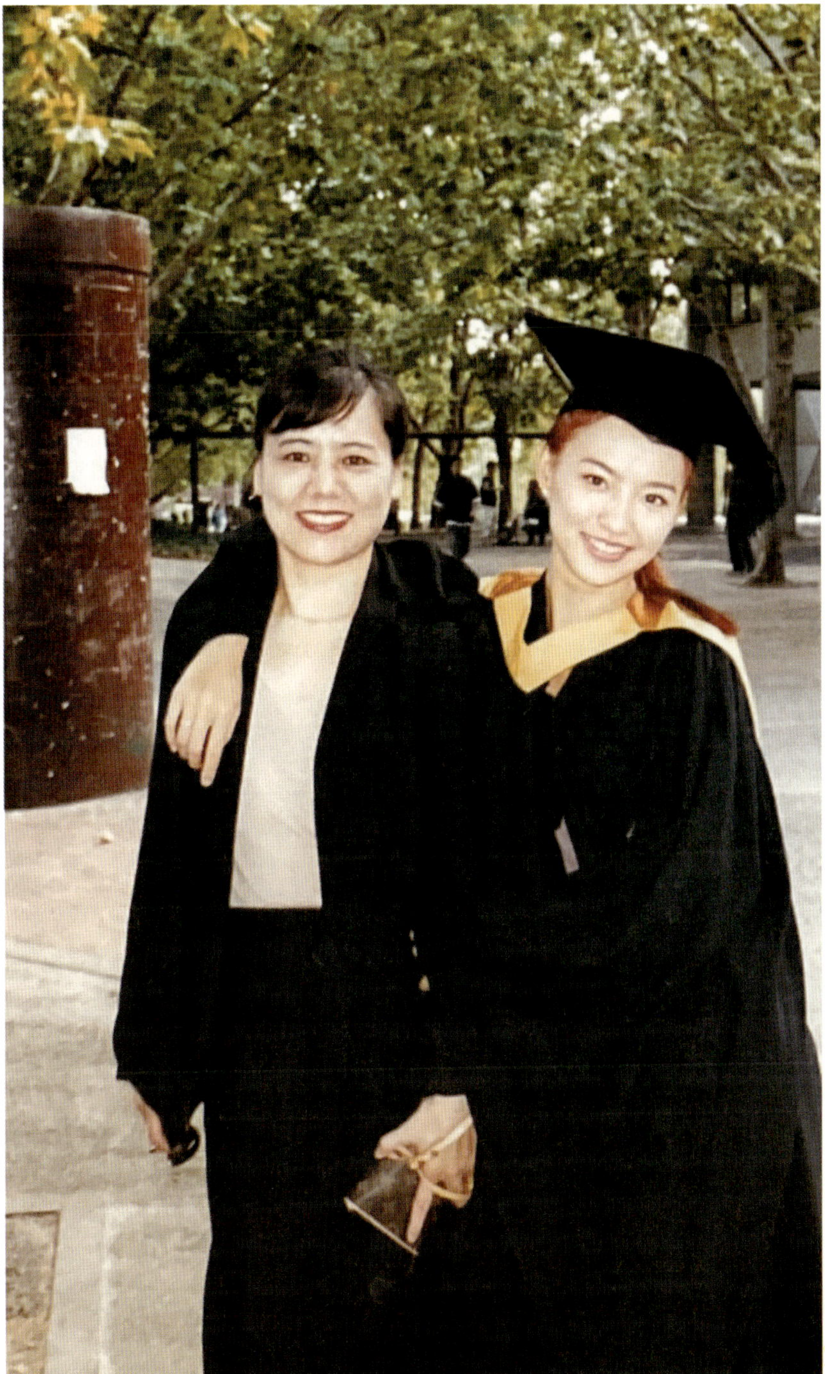

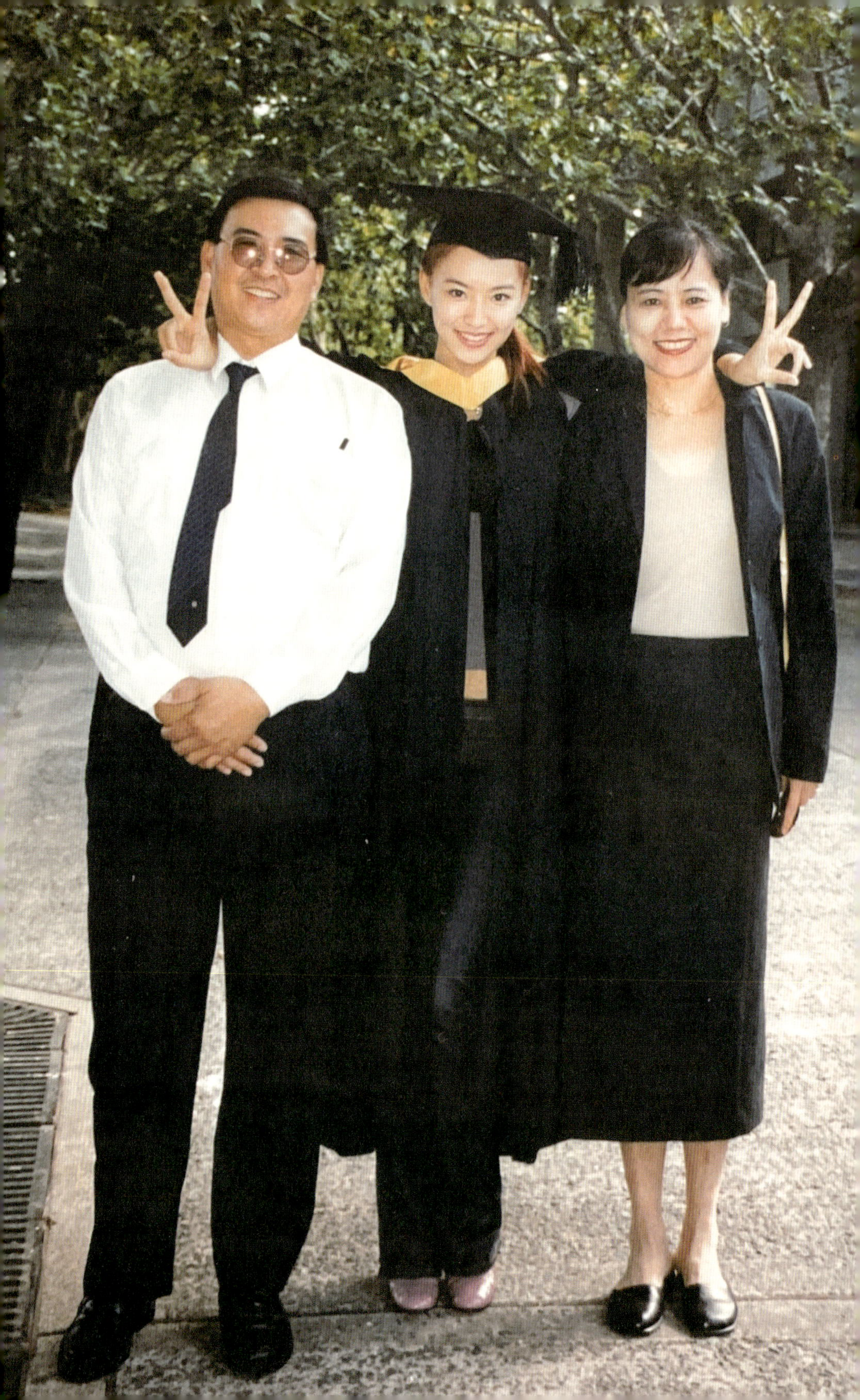

04 过于单纯也是一种匮乏

我在这所天主教女校读了6年中学——初中和高中。不住校,也是每天早上出门上学,放了学再回家。

没想到,女校也有"小霸王"。她们会歧视不同肤色的人,用霸凌行为来宣告自己在群体里的权威。

天主教女校有每周做弥撒的习惯,做弥撒的时候每个人都要忏悔自己犯下的错误。最让我觉得不可思议的是,我明明在教堂里听到那些同学忏悔了,可出了教堂她们还是一如既往地欺负弱小。好像这个错误说出口,就已经得到了宽恕一样。

没办法,我还是要一如既往地抗争,吵架,打架,绝不认输。

和我玩得好的都是亚裔女孩,她们也经常受欺负。

有一次,学校组织去校外打保龄球,冲突也不知道是怎么起来的,我突然就听到一个意大利女孩在骂我的闺密。我的闺密是上海人,我们从小学五年级就在一起,感情很好。那个意大利女孩长得五大三粗,我的闺密肯定不是她的对手,我就上前帮腔,回骂她"比萨脸"。她被激怒了,抓起我闺密的包就扔到老远,同时也大喊着让她的朋友过来帮忙。我们这边也来了几个亚裔女孩,两个女孩的争执瞬间发展成为欧洲和亚洲种族之间的"战斗",我们相互骂着侮辱对方民族的脏话,一边扭打在一起,踢肚子,薅头发,打得不可开交。

场面越来越不受控制,一些人觉得事态不妙,开始撤离,我的闺密和另一个中国女孩也一起躲进了厕所,只剩一个印度女孩和我一起继续战斗。

事情的结果是两败俱伤,参加打群架的同学都被停了一个星期的课,我和那个印度女孩都在其中。

这件事学校通知了我的父母。回到家,他们听我说完前因后果,气得哭笑不得,一个劲地骂我"傻":"人家自己都跑了,留你在这儿强出头,下次还打不打?"

我那倔脾气一下子又来了:"下次碰到还打!骂人可以,骂中国人不行!"

回校后,我的闺密可能觉得挺不好意思的,主动跟我打招呼,私下跟我说当时她太害怕了,英文又不好,吵不赢人家,只好躲起来。我愤愤地回道:"你英文不好就用中文骂回去呀!"那时我并不明白,人与人面对恐惧时的态度是不一样的,有人回避,有人逞强,人人都有他自己的处理方式,这无关对错。

中学时代,父母的工作好像也越来越忙了,我依旧努力做一个让他们省心的乖孩子,不给他们添麻烦。后来我常跟朋友笑谈说,我是被自己拉扯大的。

在澳大利亚，14岁9个月就能合法打工，我一直在等这一天的到来。

我早早地准备好了简历，一到时间就迫不及待地出门找工作了。我到离家最近的商场里一家餐厅接一家餐厅地询问，看他们要不要招学生工。在澳大利亚，学生工的工资比成年人要便宜许多，很多餐厅为了节省开支都会招学生工，麦当劳里放眼望去全是穿工作服的学生。我的第一份工作也是在麦当劳，当时工资是4澳元多1个小时，成年人的薪资是12澳元到13澳元1个小时，差别很大。不过4澳元多的薪水已经让我很满足了，我一个星期打3次工，下午放学后就去麦当劳，工作到晚上9点再回家，一次能工作三四个小时。麦当劳里的工作也不难，洗洗盘子刷刷碗，这些事我从小就在家里做，很熟练。

从开始打工那一天起，我就再也没跟父母要过钱了。我很喜欢这种自力更生的感觉，自己挣钱自己花。我尝试过很多工作，在餐厅端过盘子，去小摊上卖过衣服，进我父亲工作的工厂撕过纸板，还自学成才给人化过新娘妆。

我们学校偶尔会和附近的兄弟男校举办联谊活动，一两个学期会有一场联谊舞会，有些大胆的外国女孩会积极参加，我却从来不去。小学时被欺负的阴影太重，我骨子里还是很害怕跟男生打交道的。

那6年，我生活中出现的男性除了亲人还是亲人。起初，除了父亲我就没有接触过别的男生。高中的最后两年，表弟来我家住，我的生活中算是多了一个男性。这6年间，我唯一结交的男性朋友是15岁那年回中国探亲在飞机上碰到的一个男孩子。那是我第一次回国探亲，我惊喜地发现他也是北京人，在澳大利亚就读的学校离我们学校也不远。我们后来偶尔见面，也会一起逃课，但没有过多的交集。他算是我这么多年唯一的"男闺密"。

生活经历过于单纯其实并不是一件好事。我不知道怎么跟男生打交道，不懂得分辨什么是真心什么是假意。以至于踏入社会后，但凡工作环境中出现异性都会让我恐慌。

成年后，我在情感上一直颠沛流离，有朋友说我是"吸渣体质"，其实本质上还是对男女关系没有足够完整的认知。在价值观刚刚形成的年纪，若跟异性相处这一块是空白的，那么日后就要走无数弯路来弥补。

我女校的同学好像跟我都有同样的问题，很少有婚姻情感圆满的，印象中有七八个玩得好的亚裔同学都是不婚主义者，那个上海女孩（我之前的闺密），就是其中一个，她一直没有交过男朋友，到现在还是单身。另一个中国女孩，我不太记得她的祖籍省份，她大学毕业后嫁给了第一任男朋友，没两年又离婚、再婚，也是过得比较折腾。印象中只有一个台湾的女孩，15岁时在校外结识了一个男朋友，上大学就结婚了，他们可能是我身边唯一一对初恋修成正果并一直走下去的情侣。

在青春期没有跟异性交往和磨合的过程，踏入社会后就不敢跟异性交往，哪怕有交往的意愿也不知道如何去跟异性相处。不了解异性，被骗被伤害这种事自然也避免不了。所以我不建议父母把孩子送到女校、男校这样性别过于单一的环境去求学。

过于单纯的经历会造成心理上的不完整，这种匮乏会影响孩子一生。

我在女校有一个师姐，叫黄芝琪，我入校没多久就听说她参加过澳大利亚的华裔小姐选美，并获得了冠军。在华人圈子里，她就是一颗闪耀的明星。

她家开杂货店，离我们家很近，我很喜欢从她家门口路过，偷偷地看她几眼。在学校里，我也会想办法去参加有她在的活动，试图跟她产生交集。

我曾鼓起勇气跟她打过好几次招呼，但不确定她是否记得我。不过，不管她记不记得，她对我后来的人生都产生了重大影响。她真的太美了，不仅仅是五官漂亮、身材好，举手投足更有一股大气的淑女范儿，是我心中的偶像。见到她我才发现，女生原来可以美成这样，我也很想有一天变成像她这样讨人喜欢的女生。

可以说，后来我参加选美包括进入演艺圈多多少少都受到了她的影响。她毕业后当过模特，之后又去了好莱坞拍戏。她的人生轨迹在我这个"小迷妹"眼里一直是最完美的标杆。

母亲一直知道我的小心思。我不止一次地跟她提过我在学校里有一个优秀的师姐，她多美、多令人羡慕。高三毕业那年，母亲拿着华裔小姐选美的通知鼓励我说："别光羡慕别人，你自己去试试啊！"我一心想成为师姐那样的人，便毫不犹豫地去参赛了。

没想到，我一参加比赛就拿了冠军，后来又代表澳大利亚华裔去中国香港参加第12届国际华裔小姐的选美，反响也不错，被那届评委当成夺冠大热门，香港无线（TVB）、嘉禾都向我抛出橄榄枝，想让我留在香港拍戏。

这样的机会肯定是让人心动的，哪个少女心里没有一个明星梦呢？但是父亲坚决反对，他命令我迅速回到澳大利亚准备上大学的事。他说："现在不是考虑工作的时候，这样的机会以后多的是，以后读完大学了，你爱怎么样就怎么样。"

我对父母习惯了服从，更何况在这个问题上父亲的态度很强硬，完全不容商量。我也相信，演戏的机会错过了以后还会有，读大学的机会错过了就没了，于是我兴高采烈地顶着华裔小姐的头衔回到了澳大利亚，开始了我的大学生活。

我也没料到我的人生即将在大学时代迎来一个急转弯。

生活很多时候就是这样，一旦踏上了人生这条单行道，就没有回头的道理。有些东西错过了就是错过了，即使命运之轮再次驶过同样的地方，它也不可能完全复制过去的状态。也正因如此，每个当下的生命体验才会显得如此珍贵。

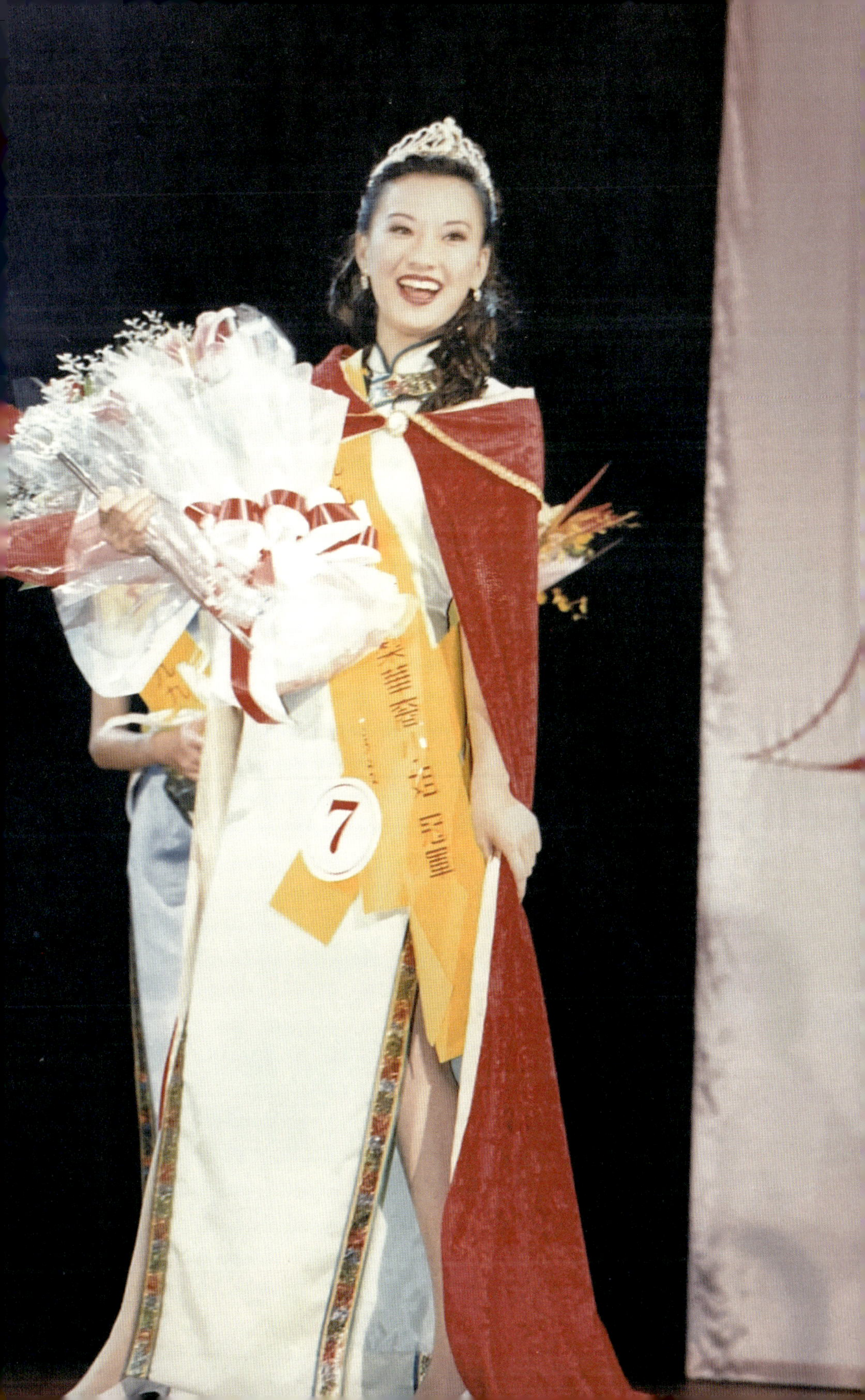
7

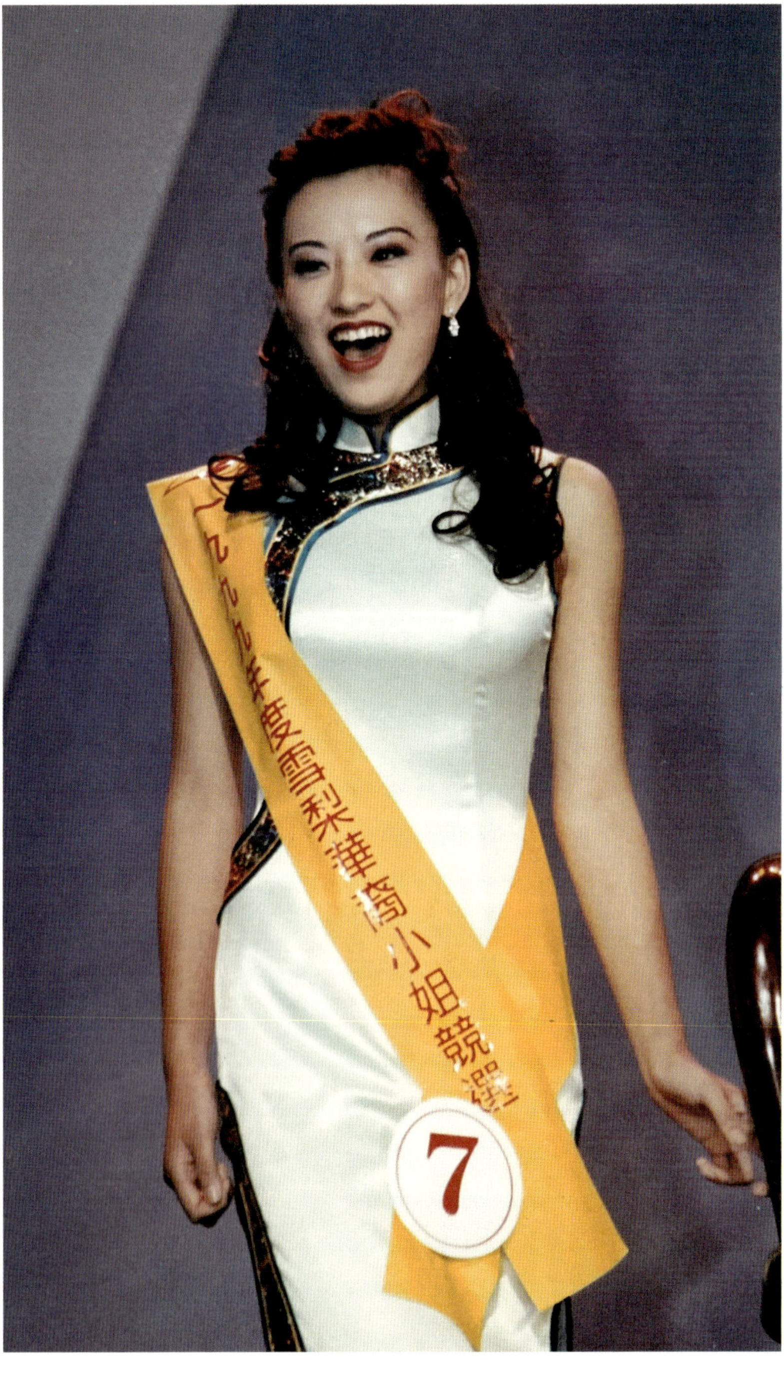
一九九九年度雪梨華僑小姐競選
7

第二章

成长、

就是一边得到一边失去

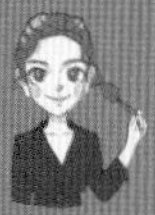

05 命运的礼物来得太早，到底好不好

1999年在澳大利亚参加华裔小姐选美，我获得了价值10万澳元的奖品（相当于人民币50万元左右），其中包括1辆车、1个冠军权杖，还有3万澳元的现金。

这个数字哪怕是放在20多年后的今天，也是一笔不小的金额，对任何一个十八九岁的女孩来说都是一份相当厚重的礼物。

选美结束后，我把车卖掉了，把卖车的钱和奖金一起交给了父母。当时我父母的工作很辛苦，还背负着重重的房贷，这笔奖金帮他们缓解了不少经济压力。

对于我来说，在澳大利亚参加选美的整个过程就已经是最好的礼物了，那是一段很快乐的经历，每一个阶段的体验都很新奇。

海选在报纸上进行，可能因为我的照片挑得比较好，也可能是我的长相比较让人有眼缘，我顺利地被热心的读者们用高票送进了决赛。

决赛的时候，主办方在唐人街办了一场晚会，进入决赛的十几个女孩子都要在这台晚会上表演自己的才艺，评委们现场打分。

整个赛制是完全透明的，母亲在了解清楚流程之后，就提前带我做了充分的准备。她帮我挑选了一支当时国内比较流行的华语乐曲，让我自己编一支舞去参加才艺表演。凭着小时候对舞蹈的一点印象，我编了一支偏民族风格的舞蹈。

编舞的时候我不太自信，毕竟去澳大利亚那么多年都没有再碰舞蹈了，多少会有些生疏，但慢慢练着练着，就有感觉了，越练习状态越好。

与此同时，母亲特地为我缝制了一套特别有中国元素的演出服——有点类似后来人称"秀禾装"的传统服装，搭上绣着精美图案的花手绢，我们还专门去唐人街买了油纸伞。这样的行头让我的节目一出场就带着浓浓的"中华传统特色"，可能也让看多了钢琴和唱歌表演的华人评委们倍感亲切，他们一致给了我很高的分数。

我在这场比赛中结识了后来的好友张萌，我们分别拿了冠军和亚军。

至今我仍然怀念当时那个纯粹的状态：每位选手都心无旁骛地准备一场比赛，观众和评审人员都毫无保留地表达着他们对选手的喜爱。因为这场赛事在澳大利亚华人圈具有较大的影响力，我前所未有地体验到了父母对我的巨大精神支持，那种状态让我充满了力量。

继澳大利亚华裔小姐选美之后，我又代表悉尼赛区前往中国香港参加了第12届国际华裔小姐的竞选，那是另一次不同的经历，带给我的冲击是巨大的。

第一次到达香港,我便被"东方之珠"的美给惊呆了。这真是一座漂亮的城市啊!高楼大厦林立,街上人来人往,每个人的穿搭都那么时尚,每个人的谈吐都那么有修养。文明、繁荣、现代化,那些只有在电影里才能看到的景象就在眼前。

一个弹丸之地竟然能承载如此高度的繁华,真让人觉得不可思议,这让只有20世纪80年代北京生活经历和悉尼平民区生活经历的我大开眼界,我甚至觉得我们生活的那个地方只能用"土"来形容。

国际华裔小姐选美与澳大利亚的选美比赛相比,竞争要大无数倍。在澳大利亚,我凭着一点舞蹈底子就能在华裔小姐中脱颖而出,但在这儿,每个人的才艺都令人叹为观止。我的竞争对手来自全球17个不同的大城市,温哥华、多伦多、圣弗朗西斯科……她们都来自国际化的大都市,会各种语言,身材样貌,眼界学识,都是尖子中的尖子。当时刚获得香港小姐冠军的向海岚也跟我们一起参加比赛,在这些耀眼的女孩中间,我第一次深刻感受到什么叫"人外有人,天外有天"。

我们一起在TVB大楼里参加训练,一起学唱歌跳舞,与那些电视里才能看到的电影明星擦肩而过;我们一起去桂林拍摄外景,感受祖国的大好河山。

原来世界这么大,这跟我之前认识的世界是完全不一样的。在北京的时候,我的世界是培训班、学校和家;在悉尼的时候,我的世界是打工的店、学校和家。这是我第一次感受到外面的世界是如此美好,美得让人应接不暇,美得让人等不及要去体验。

那时几乎每一天都在这样的震撼中度过。所以当无线、嘉禾这些影视公司找我签约的时候,我分外欣喜。我小时候在北京短暂地接触过文艺圈，那是我喜欢的氛围。搬去澳大利亚后，我的世界越来越小，生活离这种五光十色的圈子也越来越远。这一趟香港之行让我儿时心里那颗文艺的种子再次发芽，我开始期待在演艺圈里追逐一场少女时代的梦。

当时我被各种诱惑冲昏了头脑，但我的父亲格外清醒，他提醒我："你的生活环境太单纯，以你的头脑是没办法在这个圈子里待下去的。"

我心里怪不服气的，但也无可奈何，父亲在我心里有着绝对的权威，更何况他的解释让我无可辩驳。他说，家里没有人干这行，没有人能给我提供专业的帮助，在香港这样人生地不熟的地方，我很有可能是要吃大亏的。

他说服我先回澳大利亚读大学，至少接受完本科教育再决定自己的人生方向。

当时有一个情况跟我差不多的小姐妹，也同样面临着学业和机遇的冲突。当时我是高三毕业生，她是大一学生，但她的选择跟我截然不同。她比赛完以后就选择放弃学业，直接留在香港发展。她当时签约的是香港无线公司，后来也得到了很多拍戏的机会，很长一段时间都还发展得不错。回到澳大利亚后，我不自觉地就会拿自己和她进行比较，觉得自己失去了太多。

几年后我选择回中国发展，也多少有些受这个小姐妹的影响。她选择了一条我不敢走的路，并享受着这条路上的光鲜。这让我觉得，如果当时父亲同意我跟她做同样的选择，也许如今我也有资格享受与她同等的风光。少女时代的思维比较单线，觉得每条路上的答案都是固定的。

后来我不止一次地问自己：如果不回澳大利亚中规中矩地上学，就留在香港，我会不会过上另外一种人生呢？

这个答案随着年龄的变化逐渐清晰起来。一定是另外的人生，但未必就是我理想中的人生。

每个行业有每个行业的光鲜，也有不为人知的艰难。能风光出头的毕竟是少数，大部分人都还是要拼尽全力才能在行业里获得一席之地，甚至有些人还会成为行业中的炮灰。一旦成为不能出头的"大多数"，我是否还有足够的能力在这个环境里生存下去？坦白地说，我远远没有做好在一个陌生领域生存下去的准备，只是单纯地被名利诱惑而已。

幸好这些事情父亲考虑得比我周到，他对我真正做到了"爱之切则计深远"：他预见了我不能预见的风雨，帮我切断了过早被功利吞噬的可能。

这两段选美经历对我的整体影响都很正面。它们让我自信地展现了自己的优势，也让我对美有了更加深刻的理解。

因为这两段特殊的经历，后来有很多家长都问过我怎么看待孩子要参加"选秀"这件事。这肯定不是单一的"好"或"不好"的问题，从我的个人体验来看，选秀可以激发孩子们的艺术兴趣，让他们努力去争取展现自己才华的机会，从这个角度来讲，对孩子的影响肯定是积极的。

但是，在价值观尚未成熟的青少年时期，参加选秀的风险也是毋庸置疑的，它给生活在单纯世界里的孩子打开了成人都难以抵挡的名利诱惑之门，让他们有了胜券在握的错觉，很容易建立"原来不用学习、不用读书，就可以挣钱"的价值观。这种价值观对孩子一生的影响都是挥之不去的：习惯了走捷径，就再也无法脚踏实地去奋斗了。

所以，我的建议是，如果孩子的心智足够成熟，可以多鼓励他去争取一些机会，但如果孩子还没形成自己的价值观，还是需要屏蔽一些不必要的诱惑，等他人格日渐成熟的时候再去面对这些考验。

作为成年人，更要在机遇面前学会取舍。老天爷不会把所有的好运都塞给同一个人，选择一些就意味着你要放弃另外一些，一定要学会观照自己的内心，分辨什么才是对自己最重要的。

毕竟，一个人能否过好他的一生，并不是看他是否能抓住一两个机遇，而是要看他的心智是否接得住他所有的选择。

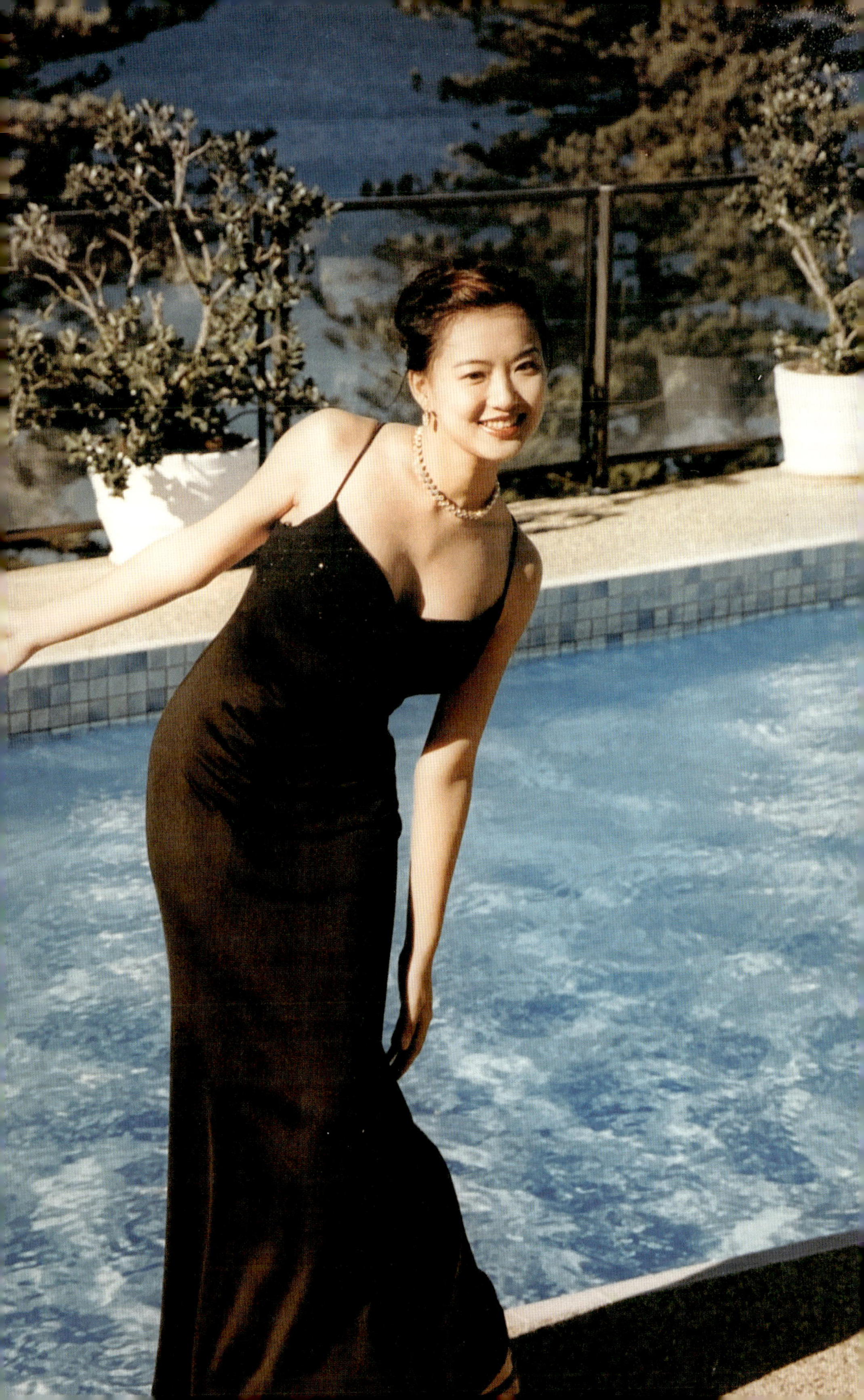

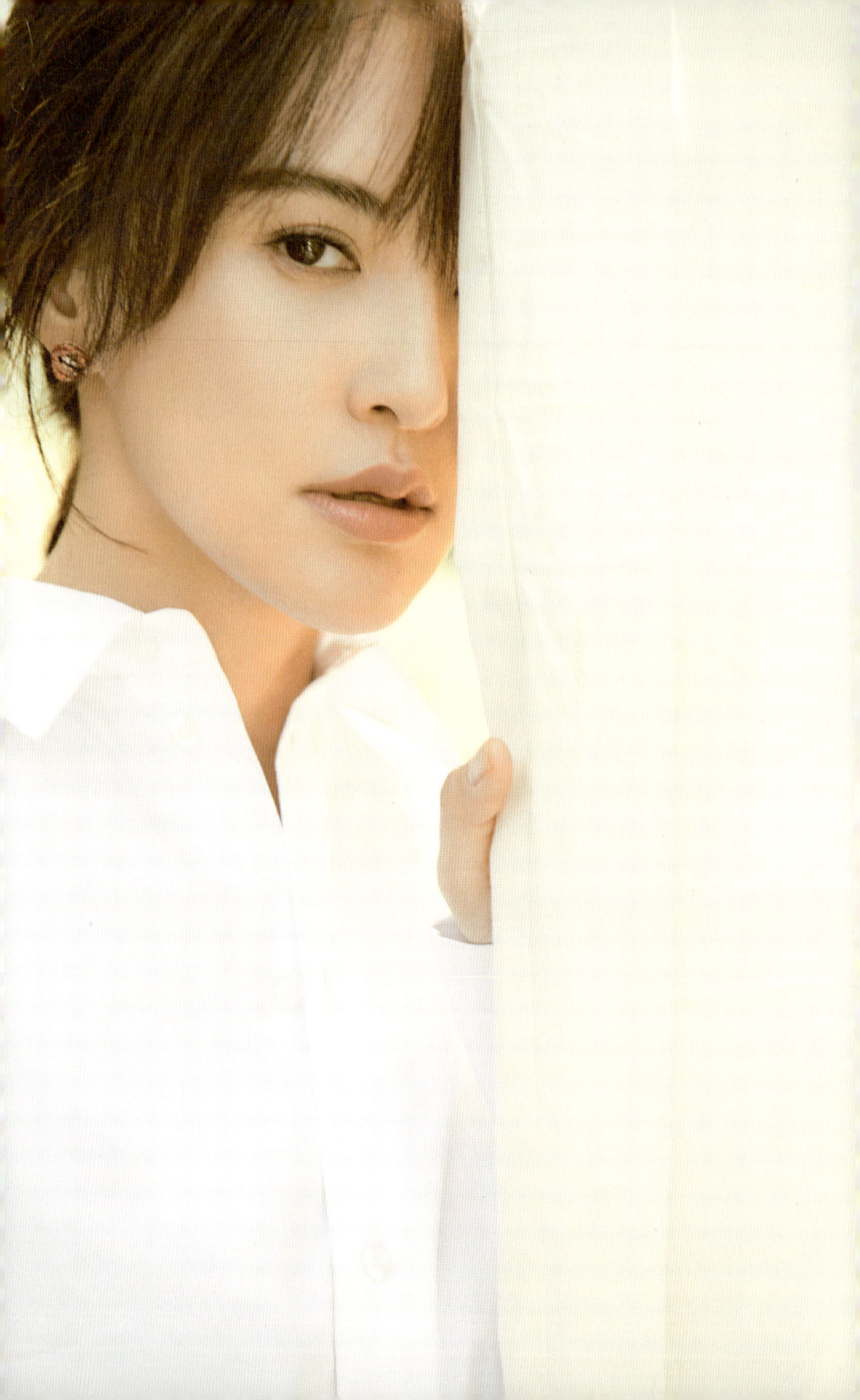

06 婚姻关系，是对心智的残酷考验

回到澳大利亚，我成为一名顶着"华裔小姐"头衔的大学生，就像我曾羡慕的芝琪师姐那样受人瞩目。

大学是我重新接触男性的一个阶段。在情窦初开的年纪被男生追捧，这种感觉很奇妙，就好像自己有权选择任何想要的爱情一样，我始终觉得我的白马王子可以再完美一点、再完美一点。

大二那年，一个理想中的男人居然真的出现在我的生命里了，比起校园里那一众追求我的毛头小子，他近乎"完美"。他大我14岁，14年的圈层积累令他的认知、眼界，乃至品位、修养都足以碾压我认识的一切同龄人。

我们在一场婚礼上遇见，当时他是伴郎，我是伴娘，我们很自然地打招呼，认识的过程也没有太特别。出人意料的是，他很快就打听到我父亲坐的位置，并过去跟父亲聊了起来。

据他自己后来说，他对我是一见钟情。但是，他并没有贸然找我告白，而是先赢得了我父亲的好感。他主动跟父亲做自我介绍，将自己的教育背景、事业成就和家庭情况一一说明，言辞恳切地向父亲说："叔叔，我特别喜欢你的女儿，我想追求她。"父亲回他："我女儿很单纯，不认识什么男孩子，如果没有足够的诚意还请不要来招惹她。"他信誓旦旦地跟父亲保证他是以结婚为目的的，一定会认真待我。

父亲应该是被他的一番说辞给打动了，主动叫我过去跟他认识，让我们以后多多相处。

就这样，我们很快就开始正式交往了。

他是一家律师事务所的合伙人，在悉尼市中心的写字楼里有一层自己的办公室。他家就在市中心的海边，一幢推窗见海的大房子，可能是我家面积的十几倍。还有一艘漂亮的船和一台豪华的小汽车，这些都是我一个穷学生从未见过的奢华。

我住的生活区离市中心有一个多小时的车程。他每天开一个多小时的车过来找我，给我送花、送情书。情书都是手写的，文采斐然，每一封都像诗歌一样美。他带我吃遍了悉尼最高端的餐厅，玩遍了悉尼最高档的夜店，我们一起出海，在他的船上饮酒聊天，感受世界的辽阔……

每天在平民区和富人区间来回穿梭，我深刻地感受着两个阶层的生活差距。我的家境很普通，连中产都算不上，家里始终有还不完的房贷、车贷，而跟他在一起，我体验着一种前所未有的物质的极大丰富带来的愉悦感，眼界也一次又一次地得到拓展。这种从天而降的幸福感让我很快沦陷了。

这是一个多么理想的爱人啊！仪表堂堂、成熟自信，他的学识与财富都打破了我的认知壁垒,这样一个让我仰望的男人,让我对未来的向往也是笃定的。

交往了一段时间,他让我搬到他家去住,这样离我学校和打工的地点也近一些,方便他每天接送我。我征得了父母的同意,搬去了他家。

涉世未深的我没有什么自我保护意识,我们住在一起之后没几个月,我就发现自己怀孕了。这个消息让我有点措手不及:我还是一个学生啊!书都还没有读完,我怎么可能在这个时候当妈妈?

我确定这个孩子是不能要的:我还没有做好当妈妈的准备,我的人生承接不住这个意外。于是我跟他商量着,联系医院去做手术。

做手术的医院很快就联系好了,预约的时间也确定了。本来这件事我一直瞒着父母,但在手术前一天,我突然觉得这可能是一件大事,需要跟母亲报备一下。于是我打电话给母亲,告诉她我怀孕了,要去做手术。母亲也同意我的决定,她也觉得现在太早了,不适合把孩子生下来。

谁知,第二天一早,父亲带着母亲过来了,把我们堵在了家门口。

"不许去!"父亲坚决地说。在母亲跟他说的时候,他就打定主意要来阻止我了,"你上了6年天主教女校,你跟我说说,天主教的信仰允许打胎吗?"

他找了很多理由来说服我。

他说,我的血型是熊猫血(RH阴性血型),做手术要冒很大的风险,如果第一胎流产,怀第二胎的时候很容易产生溶血反应,造成习惯性流产,到时候我想当母亲都很难了。我知道他不是危言耸听,在我知道自己血型的时候就多少对我们这个群体的特殊性有了解。

他还说，一个家庭最重要的就是人丁兴旺，每一个生命都是值得珍惜的。这个孩子既然投胎来找我，那就是我与他的缘分。可能是因为我爷爷在特殊时期放弃生命的缘故，少年丧父的父亲对生命有着强大的敬畏，他不止一次地说：不管多难都要好好活下去，活下去才有希望。据说母亲当年怀上我时也没准备要，是父亲坚决要把我留下来的。

父亲斩钉截铁地对我说："如果你的男朋友不想要这个小孩，那就由我们全家来抚养，不管多难，我们都不要放弃这个小生命。"

我从来没见过父亲那么紧张。他是典型的严父，一向有着中国传统家庭里的"大家长"做派。在我心里，我一直认为哪怕是天塌下来他都会不动声色。但那天，我第一次见到这个铁骨铮铮的硬汉落泪，甚至在他严厉的语气里听出了几丝哀求——那种软肋被戳中，却还要在疼痛中佯装坚强的无奈。

母亲一直在一旁偷偷抹眼泪，听到父亲的这一番话后，终于忍不住大哭起来。我一时也感觉无比心酸，跟她一起抱头痛哭，那一刻，我们所有的坚强都被瓦解了。

父亲知道我开始动摇了，又用武装到牙齿的口吻问我男朋友："这个孩子你要不要？"而后又补了一句："你不要，我要。"我知道他补这句话的用意。他把我当宝贝呵护了20年，不想让人觉得他的掌上明珠是要上赶着出嫁的。他想让我的男朋友知道，无论走到哪一步，我都有一个为我兜底的家。

我的男朋友回答："我尊重萌萌的意见，她说不要我们就不要；她想要留下这个孩子，我们就结婚。"

于是，还是一名大学生的我就要结婚了。

4克拉的钻戒，海边婚礼，游船盛宴……我像童话故事里的公主一样嫁给了心仪已久的王子。在教堂宣誓的时候，我自己都感动得快哭了。

那时我怀孕3个月，身材还没什么太大的变化，大家都夸我们是"金童玉女""郎才女貌"。其实后来想想也着实可悲，好像我对婚姻的价值就只有美貌而已，这或许是整个社会对女性价值的一种偏见吧，但当时我听到这种评价感到很开心。我校园里的好朋友、选美时结识的好朋友都来了，张萌也是伴娘团的成员之一。这场婚礼的盛大程度在我们当时所在的华人圈子里是罕见的，也带给了我极大的满足，至今想起来仍然是一段很甜蜜的回忆。

度完蜜月，我继续回学校上学。除了几个特别近的朋友，一般人都不知道我怀孕了。我穿着大风衣在校园里穿梭，没有人觉得我有异样。即使后来身材开始发生变化，也没有人奇怪我的肚子为什么突然变大了。

大三毕业季，也到了孩子快出生的时候。我们课程安排比较轻松，每周两天大课，一天小课，只要小课保证一定的出勤率就可以参加考试，所以那段时间我都是一周只去一次学校，剩下的时间都是在家里复习备考。

生完孩子，我又搬回了郊区的父母家住。因为律所的工作太忙，他没有时间带孩子，我也要继续我的学业，所以带孩子的重任就落在了母亲身上。母亲辞了工作，在家全职帮我带孩子，这样我才有机会在大三毕业后又继续读了一年硕士。

这一年，是我有生以来过得最艰难的一年。我们夫妻之间，我和父母之间，一直矛盾重重。

其实从怀孕开始，我就察觉到我的爱情并没有我想象中的那么完美。那时我的孕吐反应比较严重，很多东西吃完就反胃，但他总是很容易忽略我的感受。一起出去吃饭的时候，他永远只点他喜欢吃的东西，从来不问我想吃什么。说来挺好笑的，恋爱的时候，这恰恰是他让我迷恋的一个优点：有主见，让我可以像个小孩一样跟随他的步伐走，不用思考太多。但是婚后，"主见"的另一个极端便暴露出来：一方过于有主见，必定需要另一方绝对服从，否则就会产生矛盾。这是我在恋爱时期从未考虑过的问题。

不得不说，谈恋爱与过日子存在两种截然不同的心态。恋爱中每个人都是无所求的，对方的一切想法我们都能轻易接纳。而婚姻不同，我们进入婚姻的那一刻便对婚姻有了理想的标准，也对自己的付出有了回报的期待，当预期与现实产生冲突的时候，伴侣原先的优点也可能变成缺点。

我觉得他的控制欲过强，便开始激烈反抗。闹脾气，耍小性子，争吵，打闹……我们的矛盾一步步升级，哪怕一周只见一次都会"硝烟弥漫"。

这些事情在多年后来看并没有多么不可原谅，但在我当时的认知里就觉得自己受了天大的委屈。也是因为当时太年轻，对婚姻抱有太多不切实际的幻想，太过完美主义。如果心智再成熟一点，再包容一点，许多困难或许也能克服。

每个人都是带着原生家庭的烙印走进婚姻的。他出生在中国，3

岁就被过继给一对美国的夫妻，跟随养父母在美国生活，虽然生活物质条件不错，但从小就没有什么安全感。国外的家庭教育观念也跟中国有着很大的不同，家庭成员之间也是独立的个体，他从小就要学会独立自主、学会不依赖任何人，以随时应对外界的变数。

　　他没有经历过亲密的亲子关系，所以成年后对这个世界也是疏离的、防御的、不信任的，婚后必然会一边寻找爱，一边保持距离来维护自己的安全感。

　　我却是在一个截然不同的环境下成长的，父母对我管教严格，保护过于严密，从小我就知道父母是我最坚强的后盾，知道家庭就是遮风挡雨的地方，我对家庭的温暖是过于信任和依赖的。这样的我必然希望自己的伴侣能延续父母的呵护，继续守护我的安全感。这样的共生需求对于习惯独立的他而言无疑是困难的——一个从小未被好好照顾过的人，又何谈照顾别人呢？他心里缺爱，只会找我要，我又怎么能指望他还有多余的能量分给我呢？

　　在婚姻里有一点我们是相似的：我们都没有把自己当成对方的伴侣，而是把自己当成了孩子，渴望对方带来爱与自由。我们在彼此的世界里横冲直撞，只觉得对方不可理喻，却没注意到对方也有自己的需求。两个不懂得如何去爱的人走在一起，注定是矛盾重重的。

　　婚姻的本质是两个人原生家庭生活习惯和价值观的碰撞，它们需要慢慢磨合才能融为一体。所以，婚姻关系其实是对心智最残酷的考验。它不仅仅是寻找另一个人来满足自己的情感诉求，更重要的是两个成长背景和理念迥异的人走在一起，如何以慈悲的胸怀接纳另一半的存在。

每个人都有和这个世界相处的方式，无关谁对谁错。当你知道自己的标准不能衡量所有行为的时候，才能真正在婚姻里获得自由。

我的这场婚姻来得急促，我还没有做好任何心理准备就成了妈妈和妻子，此后受的苦都是在为之前的选择买单。身为女孩，一定要明白，怀孕是一件重大的事情，当你还没有做好准备与另一个人组成家庭、生儿育女的时候，千万要保护好自己。意外怀孕会让你的生活受到牵制，这是一定的。

有关婚育，我没有足够多的经验，但我有足够多的教训来告诉你：不要为取悦谁而生育。当你决定当母亲，一定是因为想认真体验与新生命联结在一起的过程、一定是因为你对新生命的向往与欣赏，而不是什么别的原因。消耗自己的能量孕育下一代是一件伟大而艰辛事情，只有你真正愿意扮演母亲这个角色，你才能在亲子关系中得到真正的滋养。

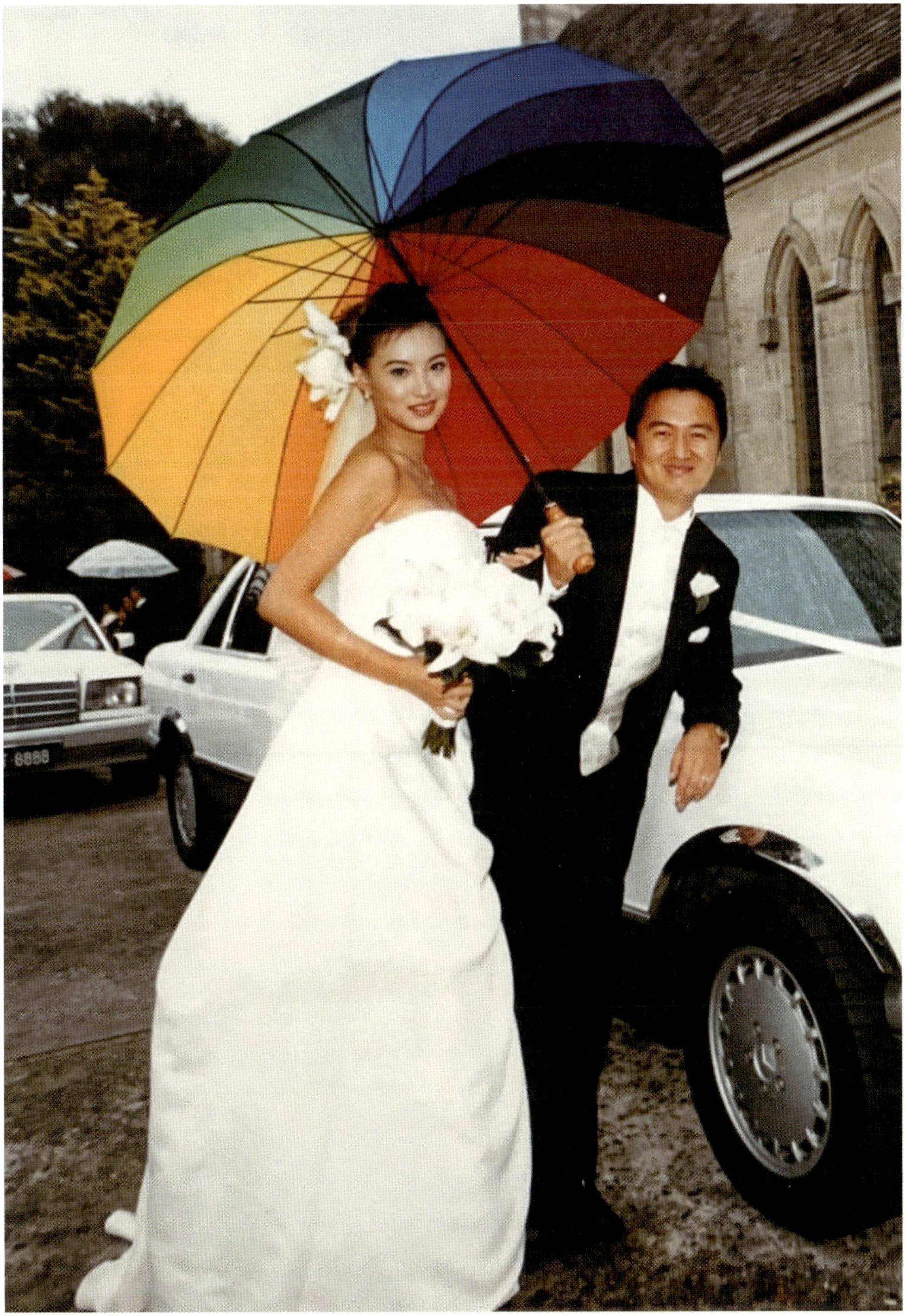

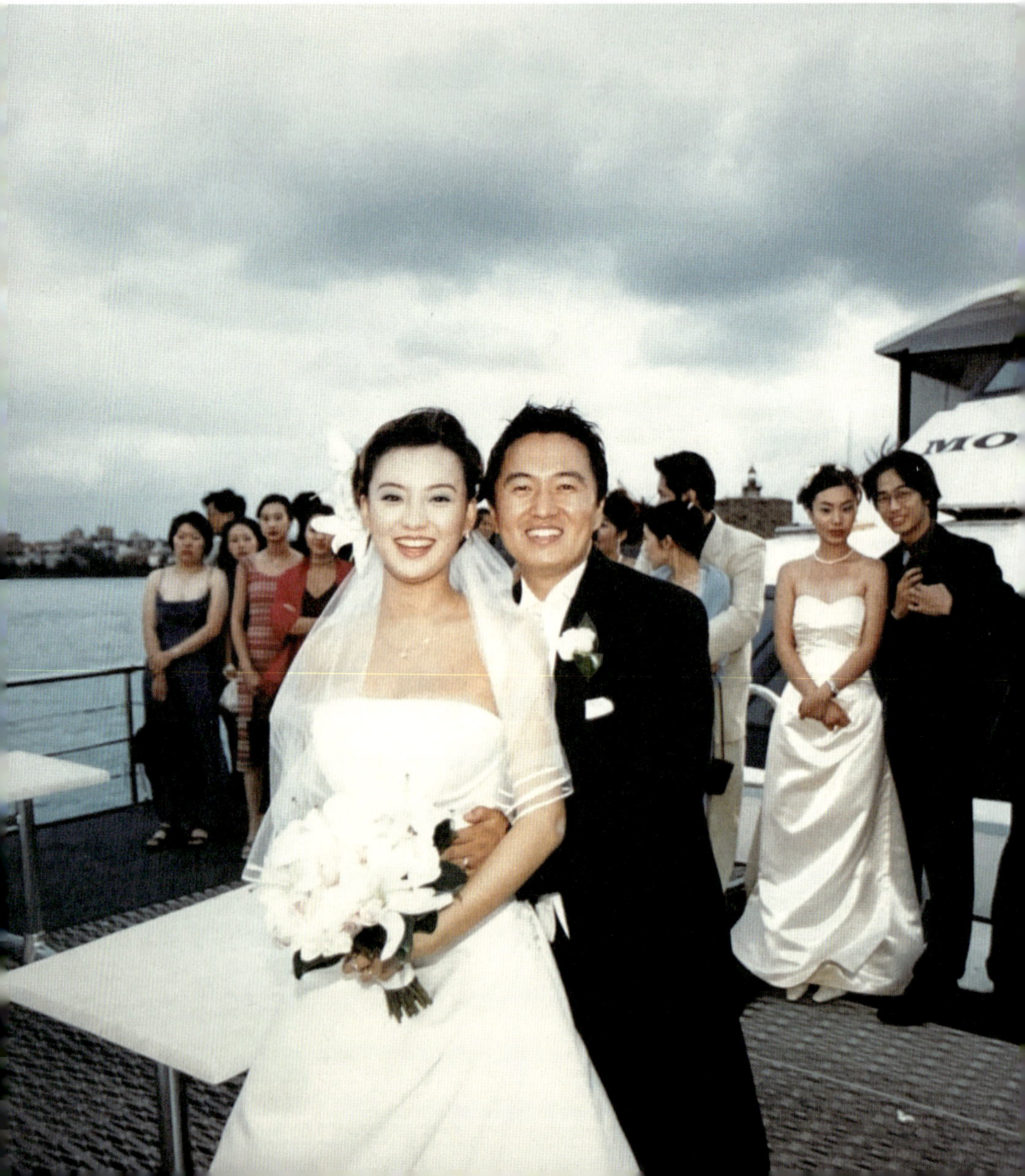

07 是婚姻失败，还是我失败

最开始产生离婚这个念头，是在我怀孕 7 个多月的时候。

那时我们的价值观已经产生了很大的分歧，比如在日常消费上，他可以买名牌西装、名牌包，出行坐商务舱，但我不可以，必须买平价服装、平价包，出行坐经济舱。

我始终想不明白这是为什么，是觉得我没有创造经济价值，还是他认为他有商务需要，而我居家则不必追求这些？多年后我或许猜到了一些：他是一个如此害怕受伤的人，必须要确保我的这份爱没有掺杂任何功利欲望，才觉得我和他的小家是安全的。他对亲密关系缺乏信任，这是他的成长经历决定的，跟我是谁、我做了什么没有关系。

但以我当时的心智，我是没有办法这样换位思考的，只觉得他在我们之间分出了等级，他自己高高在上，而我则卑微如尘。我不断地抗争，不断地跟他争吵，也会经常质疑自己：我到底哪里做错了？我到底哪里不好？

他是一个害怕深度沟通的人，每到争吵时都会逃避，或摔门离去，或一声不吭。那种满腔愤怒却一拳打在棉花上的憋屈感让我越来越抓狂，心里的怨恨也越积越多。

长期住在一起，我们的性格差异和生活习惯的差异也日渐显露出来。他会把家里有的房间的门锁起来，而钥匙只放在他手里。我问他锁起来的房间里是什么，他告诉我说是文件。他接受的是西式教育，哪怕家人之间也非常注重隐私，这在我们传统中国家庭理念里是不可思议的，在我们家里，一家人之间是没有秘密可言的，一旦有秘密就意味着信任的崩塌。

如果能想通这是中西方文化的差异，便不难理解他的做法，但是当时的我是想不通的：门锁到底在锁谁呢？这不是把我当外人吗？

我最受不了的是他总爱居高临下地教育我，人生观、价值观、未来的事业方向，他都要一一指点，我感觉自己像个小孩一样在新的家庭继续接受"管教"，而不是以一个妻子的身份在这里存在。

也是在多年以后我才明白，他愿意把他的人生经验传递给我，这是他表达爱意的一种方式，只是这种方式过于笨拙，而我又阅历尚浅，理解不了，便格外抵触。在后来的人生道路中，我也慢慢感受到他的很多建议都是很中肯的。人生或许就是这样，听来的道理不一定能明白，总得自己亲自走一遭才能真正领悟。

总之，这样的种种行径，都被我简单粗暴地归结为"不爱我"。矛盾日积月累，爱情的滤镜很快就破碎了。

有一次，我们一起去超市买完东西回来，他把车停好，我就去后备厢拿东西。平时我们也是这样，我也慢慢习惯了不被他照顾，尽可能做自己力所能及的事。

那天刚好母亲在楼下等我，看到我挺着个大肚子从后备厢里提出大包小包的日用品，顿时就慌了，赶紧冲上来护着我："萌萌都这么大肚子了，你怎么还让她提这么重的东西？"

面对母亲的质问，他也似乎很委屈，说："是她自己要拿的，她又不是拿不动。再说，她也没喊我帮忙啊……"一个人心里要有许多的爱才能给别人爱，在这点上他是匮乏的，所以哪怕年长我14岁，他也是真的不懂得照顾人。干活不会帮我，产检不会陪我，在我们眼里理所当然的每一件事，在他那里都是苛求。

这件事让我第一次认真思考，我要一辈子跟一个情感这么冷漠的人过吗？我们的婚姻是不是一个错误？如果没有肚子里的这个孩子，我们是不是已经分手了？

后来经历了产检的一件事，更加剧了我对婚姻的失望。

他平时不给我现金，只给我一张信用卡，那张信用卡的额度是3000澳币。那次产检的时候我跟医生预定了剖宫产的日期，需要提前支付10000澳币的手术费用。在医院做完检查、办完手续后我给他打电话，却四处找不到人。我尴尬地待在交费处等待他的回应，觉得这场婚姻让自己的尊严尽失，我曾是那么骄傲的一个人，中学时代就知道去餐厅挣钱养活自己、18岁就能给父母分担房贷压力，现在却成为一个求人施舍的可怜虫。

这个社会对男性的价值是包容的，只要他事业成功，好像就尽到了义务。女性则不一样，一个女人要在这个社会获得尊重，不仅要有经济价值，还要有家庭奉献，没有家庭价值的独立女性会被人定义为

"不完整"，而女性一旦放弃事业回归家庭，生育价值和养育价值又好像都变得不值一提，对她们的评价又成了"依赖"，似乎不挣钱就变得低人一等。不管是国外还是国内，这都是一个非常普遍的现象，一旦成为家庭主妇，手心向上的代价必然就是尊严向下。

高傲如我，是断然受不了这种委屈的，所以在生完孩子3个月后我就开始出门找工作了。那时我在一家金融公司找到一份实习生的工作，一星期能赚450澳元，其中有300澳元给我父母，我自己留150澳元。谁知这件事让他知道后又是一番争吵，让我们之间的矛盾升级到了不可调和的地步。

他不能理解为什么我要把大部分薪水留交给我的父母。他认为，我们两个人的收入应该都属于我们这个小家庭，我是不应该拿自己的钱去补贴我父母的。我跟他细算，带孩子每个月的开支有多少，母亲丢掉工作全职在家带孩子的付出有多少，带孩子是一件多么辛苦的事情……他却反问我："你父母愿意帮忙带孩子是他们自愿的，这件事跟你挣的钱有什么关系呢？"

他认为，父母愿意帮我们带孩子，那是他们的选择。如果不愿意，我可以自己带，犯不着把这份帮助折算成金钱——他受的教育里没有人情概念，而我却是在人情社会长大的，对他的冷漠绝对无法苟同。我父母为我们这个小家付出了那么多，母亲甚至为了我们的孩子牺牲了她的事业，他却能说出如此让人心寒的话，如此不懂感恩，我还敢跟这样的男人过一辈子吗？

于是，我们爆发了结婚以来最大的一次争吵，彼此都据理力争，试图证明对方是错的。他极力向我输出他的那套个人主义价值观，谁选择，谁承担，让我不要把不同的事情混在一起；我却不吃他这套，中国人向来讲究"投之以桃，报之以李"，无视别人的付出就是狼心狗肺。最后，我们谁也说服不了谁，狠话却伤透了彼此的心。

我终于明白这场婚姻来得太过草率了。我们对彼此都还没有足够的了解就匆忙地进入了婚姻的殿堂，如今接连不断的分歧就是当初草率结婚埋下的定时炸弹。要是没有这个孩子，我们一起生活几个月后可能就会发现我们彼此并不合适，也许就自然分手了，但这个孩子的出现把我和他一这辈子都绑定在一起，进退都要伤筋动骨。

如果人生能重来，我一定不要那么早怀孕，即使有了意外也不会因为怀孕而匆忙结婚，有时在人生路上走错一小步，后面就要绕好远的路、多吃很多的苦。

才1年多的时间，我们的婚姻就完全破裂了。我从他那里搬回了我所有的东西，他也很少再来找我。

我的父母曾试图帮忙挽救我们的关系，但最终还是作罢，因为当时我的情绪状态太糟糕了，他们不忍心让我继续跟他纠缠下去。

产后抑郁应该算是我们婚姻破裂的另一个推手，只是当时谁也没有这个意识，家人都知道我整个人不太对劲，但并不了解还有产后抑郁这种病症的存在——上一辈人很少有这个意识，甚至到我们这一辈，能真正关注新妈妈产后情绪的人也不多。

所以，身为女人，对自己的情绪保持觉察也是一件很重要的事。进入婚姻后尤其要保持这种觉知，不然你会比别人更能伤害自己。产前产后尤其要关注自己的情绪状态，即使所有人都不爱你，你也要好好爱自己。如果当年我有这样的意识，也许就不会有后面的艰辛了。

生完孩子之后，看到镜子里那臃肿得像雪梨一样的肚子，我瞬间崩溃了。我以为一个七八斤的孩子生完，肚子就可以还原了，它怎么还是大大的？到底还消不消得下去？我可是"华裔小姐"啊，我怎么能允许自己的身材走形成这个样子？

如果往后推 20 年，或许我不会这么慌张。因为 40 岁的我对自己的个人价值相当笃定：才华、财富、学识，哪一样都比外貌和身材更让人有底气。但 20 岁的我做不到，那时的我还什么都不会，空有一副好皮囊，说我肤浅也好，说我俗气也罢，美丽是唯一能带给我自信的东西。现在，这唯一的自信被切断了，我面对生活的勇气也就不存在了。

与此同时，更大的挑战还在等着我。失眠、脱发、堵奶……当妈妈真难啊！我感觉自己快承受不住了。带孩子睡觉，每天晚上都要起夜无数次给孩子冲奶粉、换尿布。孩子哭，我也哭。我母亲看到情况不对劲，才赶紧把孩子带到她身边去睡。

虽然如此，但我的精神压力并没有减轻多少。我开始疯狂地节食和运动，想在一个月之内把体重恢复到和产前一样。身体眼见着瘦下来了，但我的生活并没有因为减肥而变好。节食对身体的消耗极大，我的能量越来越低，精神状态越来越差。

当时我们的夫妻感情已经恶化，我每天都在掉眼泪，身边的每一件事都让我感觉悲伤，每一段过去都让我感到后悔。他为什么要来招惹我，给了我爱的幻觉，却始终不肯放下防备来爱我？我为什么要爱得那么投入，像个傻瓜一样痴痴地等着他的垂怜？我为什么要生下这个孩子、为什么要这么早结婚、为什么一点经营婚姻的智慧都没有……

偌大的世界，没有一个人能体会我的凄苦。我不想出门，不想见任何人，也不想听任何人的意见。有一次，父母劝我好好坐月子，不要减肥，免得伤了元气。我直接冲到餐厅拿起一把水果刀伤害自己，跟他们说："这个肥减不下来，我宁愿去死！"

还有一次，父母有意撮合我们和好，打电话让他来看孩子，我无论如何也无法接受他们这样的做法，狠狠地一头撞在墙壁上，痛哭流涕地告诉父母："我真的不要再见到他了，我每次见到他都好痛苦啊……"

我闹过两次自杀后，父母都觉得我疯了。他们终于无可奈何地同意我离婚了。父亲说："离吧，我们也帮不了你了，你好好活着比什么都重要。"

产后抑郁是许多新母亲产后必经的一道坎。女性生产后身体内的激素变化、心理压力以及睡眠不足、育儿劳累这些客观原因都会诱发产后抑郁的症状。据悉，女性产生抑郁症的发病率在15%～30%，这是一个相当高的比例。

有些人的症状可能跟我差不多，不断地自我攻击，伤害自己；也有些人是对外攻击的，她们会突然变得对身边的亲人毫不客气。我有一个朋友就是这样：她当了30年的乖乖女，从不跟家人乱发脾气，但是在母亲照顾她坐月子乃至帮她带孩子的第一年，她对母亲暴躁无比，甚至会当着母亲的面砸杯子、砸手机。不了解缘由的家人可能会觉得，一个女人生了个孩子怎么跟变了个人似的，但事实上，新妈妈们自己也不想这样，只是她们的情绪时刻都在崩溃的边缘，发脾气、伤害自己，这些都是她们向外界求助的方式，如果亲人们能从这个暗示中知道她们的无助，多给予关怀，将会避免很多悲剧的发生。

此后，我一直有情绪上的问题，很多年都没有完全摆脱。就好像白纸上被涂抹过印记一样，无论怎么擦拭，都还是有阴影存在。产后抑郁加上离婚和事业上的冲击，使我之后的很多年一直很压抑，始终快乐不起来。所以也奉劝各位女性朋友，一定要关注自己的精神状态，一旦发现自己有情绪问题，要勇敢地寻求专业的帮助，去做心理咨询、去看医生都可以，千万不要硬扛。

现在想来，我是如此幸运，如果不是父母一直这样护我周全，我是很难闯过这一关的。他们替我扛下了养育孩子的一切琐事，我才能一边读硕士一边打工来分散精力；每一次我情绪出问题的时候，他们都坚定地陪在我身边，让我知道无论生活怎样糟糕，我都是有路可退的，这才让我有了重生的勇气。

没错，人们常说莫小奇有过一段"失败的婚姻"，我不太同意这种说法，我更愿意把离婚看成是我的一次"重生"。

虽然当年我的确觉得自己的人生挺失败的，但多年后回头来看，这并不是一个客观的想法。

我误打误撞闯进婚姻的殿堂，这可能是我自己的一个失误，但这段婚姻绝对不能算是失败的。我们彼此爱过，也真实地向对方展示过自己最柔软的一面。我们都有自己要解决的安全感问题，尽管相互伤害过，那也是我们向对方索取爱的一种方式。

我们都尽自己最大的努力想走进对方的世界，只是我们并不合适生活在一起，仅此而已。我们是两个不同世界的人，所以只能相伴一

程，无法相伴一世。

他并不是一个绝情的人，相反，他有他长情的一面。我们当初住的房子到现在还保留着我当时住过的样子，隔段时间他就会翻出我们的旧照片来发给我看。在我们离婚的前 10 年，他几乎每年都会跟我聊到复合的事情。他的爱来得慢，去得也慢，而我不一样，总是不顾一切地去爱，激情消耗殆尽后就再也无法复燃。在我最爱他的时候没有得到回应，心冷了之后就再也焐不热了。所以，错过的只能错过，余生我们可以继续是亲人和朋友，但不能再做回爱人了。

我也不是一个失败的女人，一个女人的价值不是单靠婚姻的完整与否就能定义的。

在这段婚姻里我没有做错什么，哪怕当初他只是被我的年轻美貌所吸引，我也并没有拿这个当成感情的筹码。我全心全意地爱过，虔诚地感受过，我对自己的付出没有遗憾，我相信他到最后对我也是一片真心。分开的时候，我只是拿走了我自己的东西，没有拿他的一分钱，后来养育孩子也没有找他要过抚养费，这也算是我的一点小清高吧，我想要的东西都可以自己挣，不会再向任何人伸手。

差异太大的两个人，是很难走到一起的，这是短暂的婚姻带给我最大的触动。

无论是年龄差异、身份差异、财富差异，抑或是文化背景差异，都足以造成夫妻关系中难以逾越的鸿沟。你总要放弃一些东西才能融入对方的世界，比如自我、尊严、价值观……如果你坚持要活在自己的世界里，就得割舍对另外一个世界的牵挂。

身为女人，独立是第一要务，这是一个女人面对风雨的底气。你不一定要赚钱养家，但一定要保持赚钱的能力。一旦依附于人，就很难维持自己的自尊。

多年以后，我才明白恋爱与结婚是两码事：恋爱的时候，你是无所求的状态，会主动忽略对方的许多缺点；结婚之后，你会对付出的回报有所期待，曾经不以为意的小问题会无限放大。并不是婚姻让两个人的感情变了，而是两个人最终要面对彼此最真实的状态。

世上没有100%为你定制的恋人或伴侣，也并不是每个人都能陪你走到最后，能相伴的当下是快乐的就足够了。不能奢求太多，要相信走一程就有一程的欢喜。

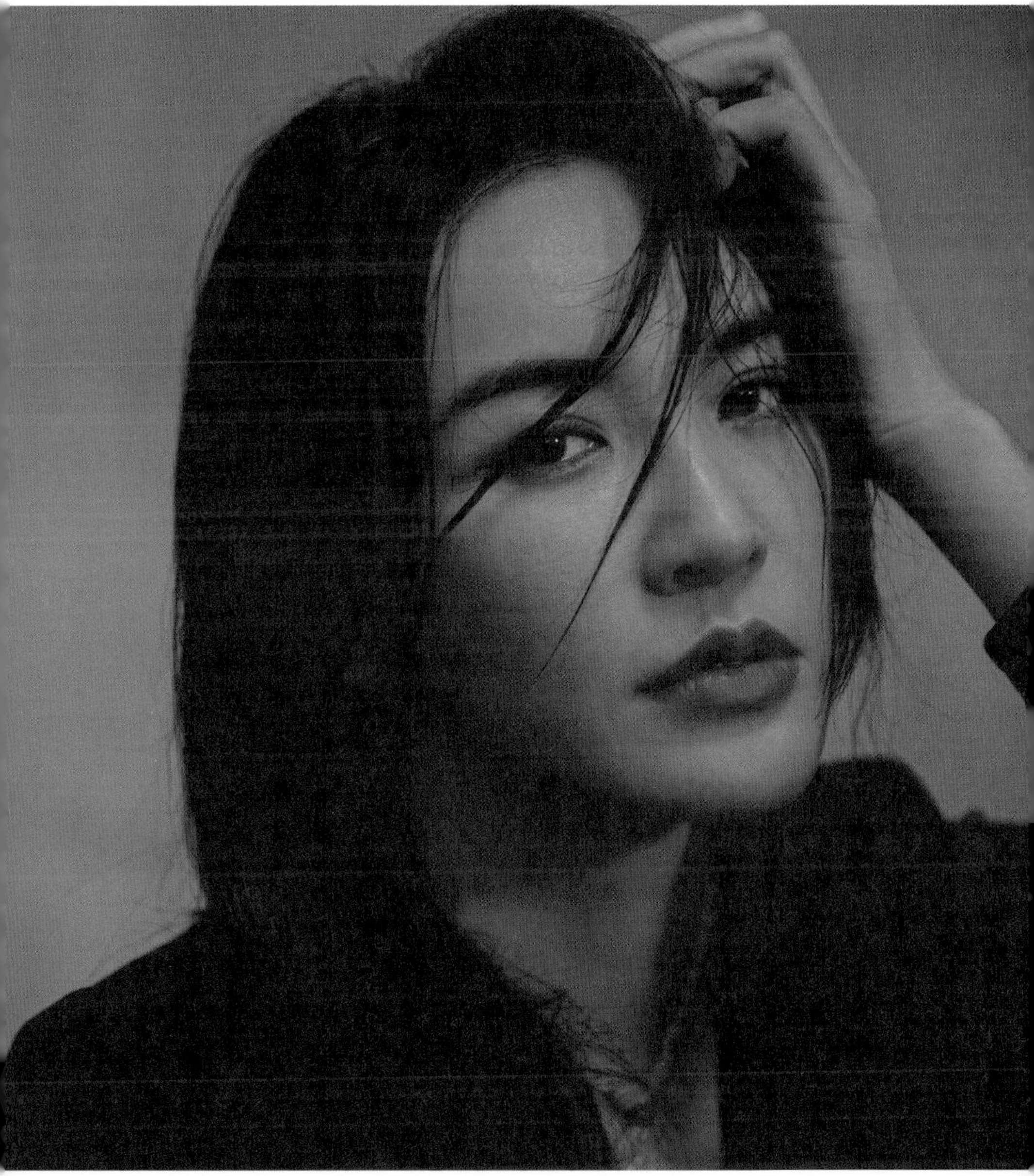

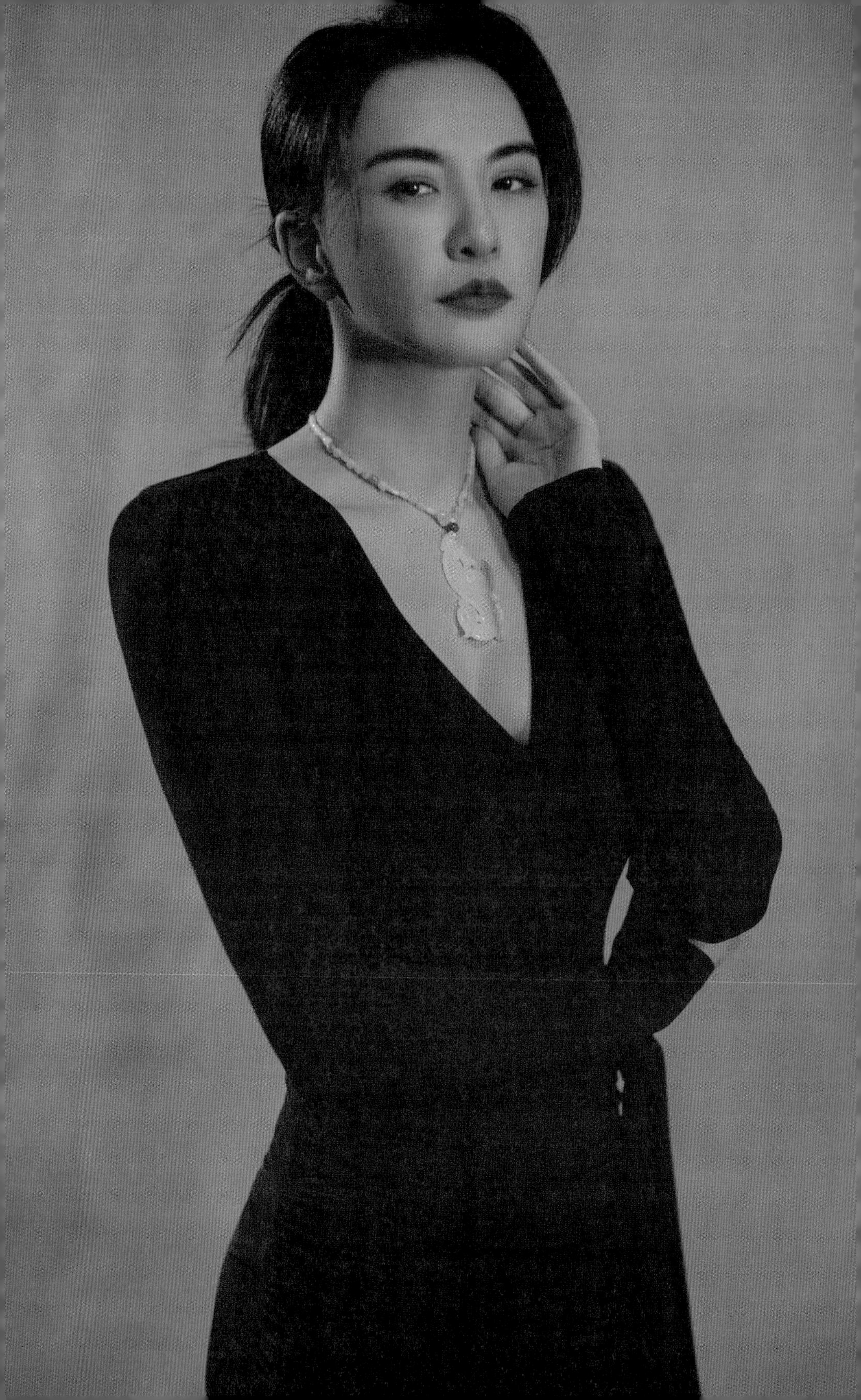

把失去当成重整命运的机会

离婚,是一段情感生活的终点,却也是开启人生新一段路程的起点。

走到离婚这个阶段,我才生平第一次认真思考自己的人生。我自认心地善良,从不做亏心事,认真完成命运赋予我的每一个角色,奈何生活却不停地刁难我,前方似乎总有翻不完的山、过不完的坎。我怎么也想不通,命运对我为什么这么不公平。

生活还要继续,面对生活的勇气也得一点一点地找回来。

工作让我重新有了自己的社交圈。我结识了一帮朋友,经常和他们聚会,人不孤独了,就觉得未来也没有那么可怕。还是有不少男性追求我,让我意识到原来我的年轻美丽并没有因为生育而有所折损,我也并没有自己想象中的那么糟糕,这样,自信心好像也慢慢捡拾回来了。

只是,我还是很难真正开心起来,尤其是一个人的时候,那种物是人非的凄凉感怎么也挡不住,让我无处躲藏。

终于,我等来了一个机会。有一家证券公司准备在中国上海设立办公室，我拿到了这家公司的 1 个 offer。办公室要年底才会正式建立，记得当时还有 3 个多月的时间，我已经迫不及待地要和这里的一切划清界限了，心里只有一个强烈的想法：我要离开这里，我要回中国去，多一天都不想等了。

未来的 3 个多月无事可干也没关系，就当是熟悉一下上海的环境也好。于是，我买了去上海的机票。

那是 2002 年的初秋，我清晰地记得自己双脚踩在虹桥机场地面的那一刹那，心里有种近乎悲壮的激动：过去的一切都留在澳大利亚了，我要在这里开始新的人生，余生我不会再成为任何人的附庸，我只想把命运掌握在自己手里。

我报了上海戏剧学院的短期训练班，刚好是 3 个月的时间。报班的目的很简单，一来是想巩固一下中文水平，二来也是想弥补一下当年错过演艺圈的遗憾，想近距离接触一下这个圈子。

我住在上海戏剧学院的学生公寓，平时和表演系的同学一起上课。我一向是个好学生，学什么东西都很投入，在这里也是如此。3 个月的校园生活让我感觉非常充实，我结交了一些志同道合的朋友，认识了很多后来在演艺圈里非常活跃的演员，比如胡歌、郭京飞。我和朋友们聚在一起谈理想，谈艺术，分享各种试戏机会，那是一种久违的纯粹。

3 个月的进修结束，我收到了证券公司的通知：公司决定不在上海开设办公室了，让我去香港报到。我舍不得离开上海，思来想去还是放弃了去香港发展的机会。

我在上海的一家投资公司找了一份工作，业余时间接拍一些广告，也会跟着朋友们一起跑剧组。机缘巧合下，我接到了《出水芙蓉》里的一个角色，也是我正式出演影视剧的第一个角色。她叫谈潭，是上海花样游泳队里的主力队员，一个孤独中带点倔强的姑娘。我体验着她的人生，带着她的感受在水中起舞，跟她一起感受艰难，一起寻求突破……我是她，她也是我，她身上的自卑与骄傲也曾深深地刻在我的灵魂上，让我饱受疼与苦，这种深度沉浸的感觉让我着迷，我想我是热爱演戏的。

《出水芙蓉》播出后反响很不错，我接到了更多的邀约，也有了一些主持的工作，比如星空卫视的《中国越来越好玩》，还有央视的元旦双语晚会，都向我抛出了橄榄枝。我知道，这个圈子的大门再一次向我打开了，这是我重生的机会。

在上海，我又遇到了发小李晨。多年不见，他还是原先那个安静的少年，好像这个世界的风雨从来都与他无关。一切都是那么熟悉，让我也感觉仿佛一下子回到了小时候。那时的我们对未来充满了期待，觉得有许多奇迹要等着我们去书写。

自从大学怀孕开始，我就收起了我所有的梦想，按部就班地被生活推着走，觉得自己的价值就是为家庭付出，为一个男人生儿育女。我并不知道自己还能创造什么别的价值，也不知道自己放弃了多么精彩的世界。在一条黑暗的路上独行了很久，终于见到了一丝光亮，我心中的想法慢慢坚定了：这才是我真正该走的路啊！

我开始了不断拍戏的日子，一年拍四五部戏，基本上就没有空闲的时间了。其实一路走来我还是很幸运，虽然不是科班出身，但那些年的机会一直没断过。我也很珍惜这些机会，总是认真演绎自己接到的每一个角色，努力不辜负每一份信任。

孩子在澳大利亚跟着我父母一起成长，我心无旁骛地在中国发展我的事业，一切都在慢慢变好。

过去的一页好像翻过去了，但其实并没有。

我慢慢发现，逃避并不是解决问题的最好方式。我对过去无法释怀，无论逃到哪里，伤痕还是埋藏在心底，我只是假装忘记而已，但它还是真真切切地存在着。每当我回到故地，或者遇上什么特定的日子和场景，那种熟悉的恐惧还是会扑面而来。

所幸，此时的我不再是当初那个孤独无助的小女子了，我有了独立面对困难的底气。回澳大利亚的时候，我和前夫还是会一起带着孩子玩，我不再害怕面对他，也不再否定我们的过去。

当年如此怀疑人生，不过是因为我不相信自己一个人也能过得很好。感情走到尽头的时候，我不愿委曲求全，迫切地想要结束，却也恐惧另一个开始。这是一个强大的自我暗示，越觉得自己没把握过好余下的人生，就越是活得拧巴，这样就会陷进"无论怎么做都是错"的死胡同，处处都是绝望。

当我有足够的勇气去面对这一切时，我发现最大的心魔已经被我打败了。有了重新开始的勇气，就不再逃避，所有的恩怨都会慢慢放下，释然了，生活就轻松了。

我和前夫依然会有一些小分歧，这些分歧大部分都与孩子的教育有关。孩子要上补习班，他反对，我会学着用他的思维方式来理解这个事情，然后用他能理解的方式做决定——谁选择，谁承担。我愿意培养孩子，就自己担负培养的一切费用。他不太过问孩子的情况，希望孩子早早地独立，不要太依靠家庭的帮助。但我觉得家庭的支撑才是一个人面对风雨的底气，所以我愿意提供给孩子我能提供的一切帮助，并不强求他怎样做一个父亲。也许是分开后我们对彼此都没有苛求，也许是我自己的心智在逐渐成长，我们处理矛盾的方式也越来越成熟了，有时候我们带着孩子一起玩闹，居然还会有一家人的感觉。

中间他无数次来找我，直到很多年以后他才彻底放下了想跟我复婚的念头。我们相约吃饭，一起回忆过去，也曾在一起抱头痛哭。但我们都清楚，回不去了。我们就像两条交叉的直线一样，都有各自要奔赴的方向，匆匆交集后就渐行渐远，只有交叉的那一刻在我们的回忆里永恒闪耀。

人生中的很多东西失去了就是失去了，没有必要回头看，你只要随时有重新出发的勇气就好。

每个人都有力量掌握自己的人生，我们永远都不会走投无路。

永远记得：不要后悔你自己的选择，选择没有对错。回头看，都是老天在让你明白些什么。

也许你会觉得人生很难，可人不就是在艰难中成长起来的吗？所以，不要逃避难题，所有的困局都是在逼你做出改变。也不要崩溃，那无济于事。失落的时候，想想自己做成的那些事；想想那个无数次穿过风雨却安然无恙的自己。

珍惜每一个挫折的机会，因为漏掉的课程总有一天还是要补回去的。我们不需要抵抗任何遭遇，不抵抗就不会有内耗，没有内耗才可以轻松地对待生活中的事情。每个人都无法逃避外界的风浪，只能修炼一颗平静的心，心定了，才会真正做到波澜不惊。

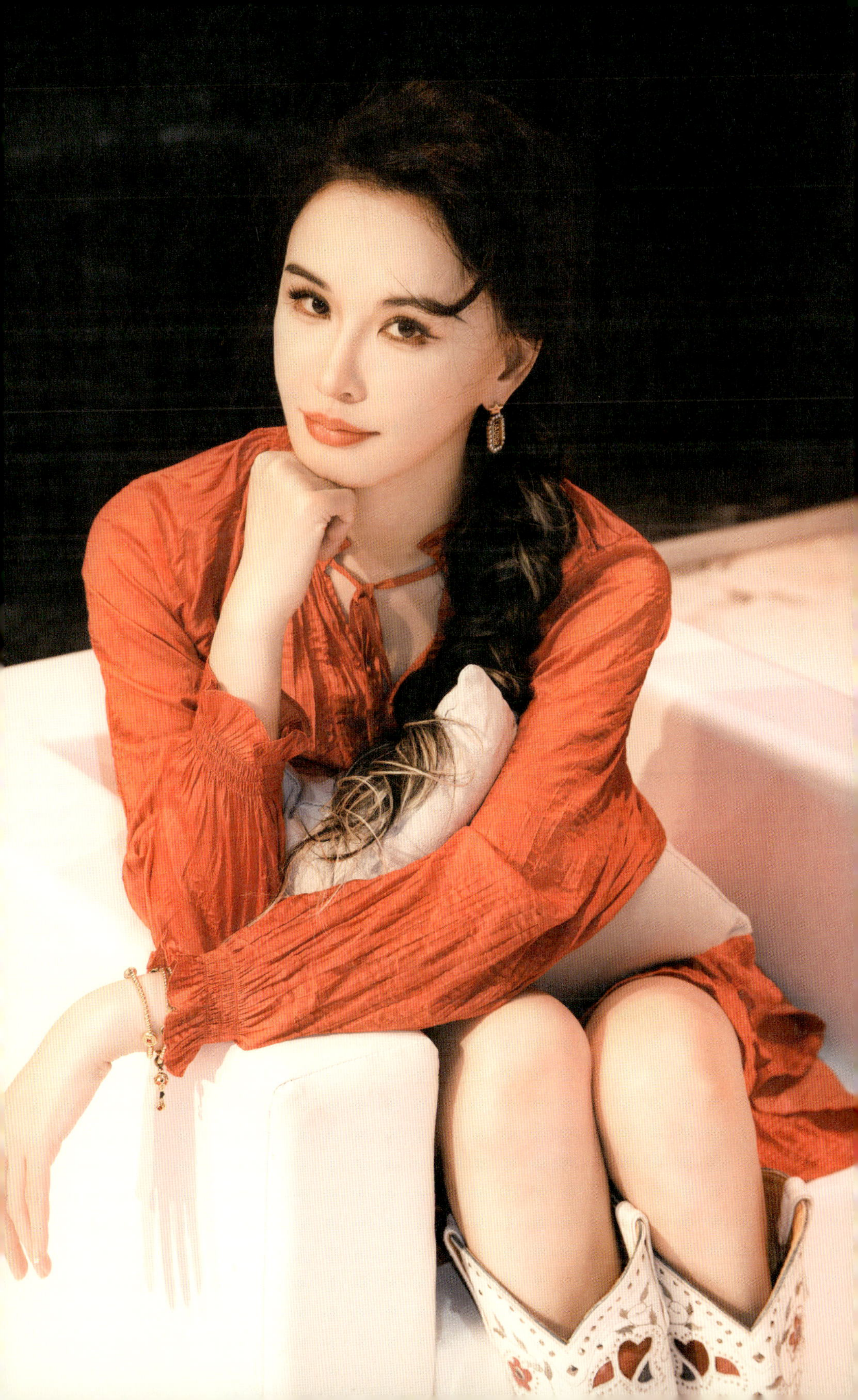

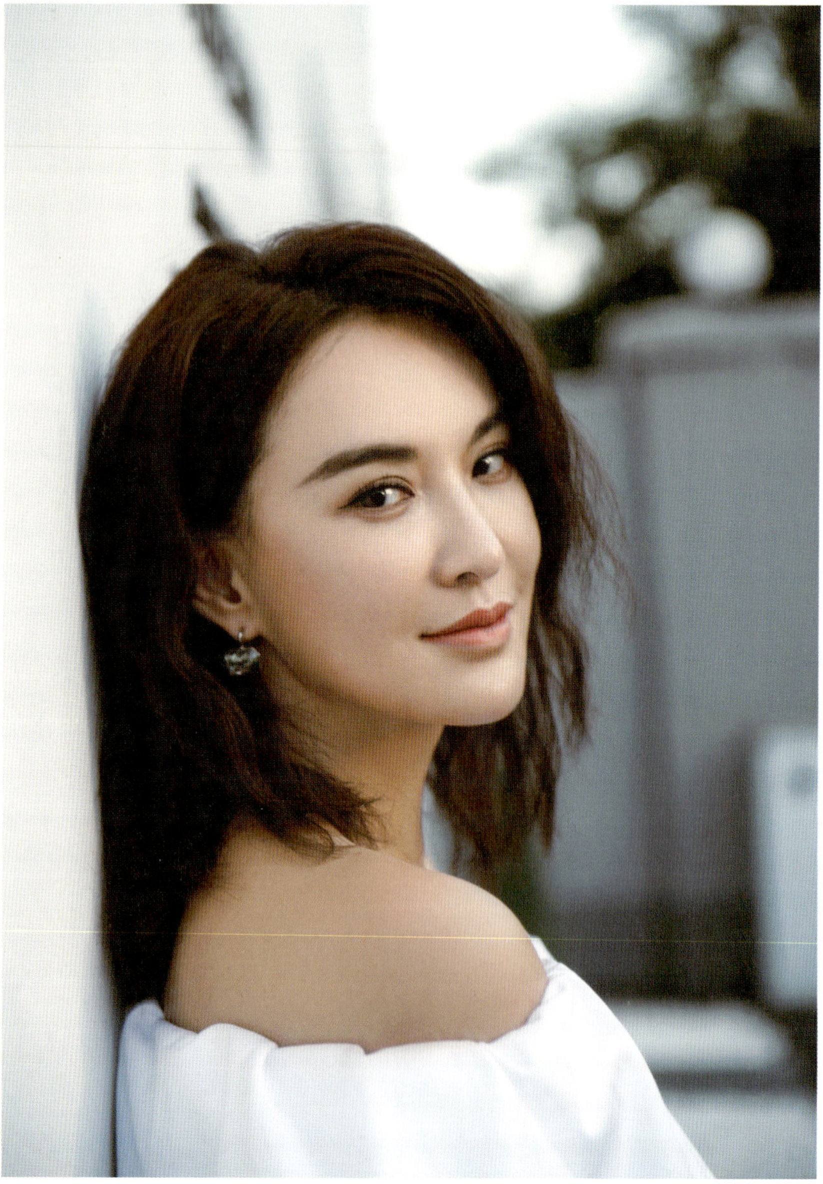

第三章

每一个困局,
都是在逼你蜕变

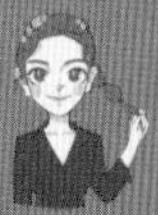

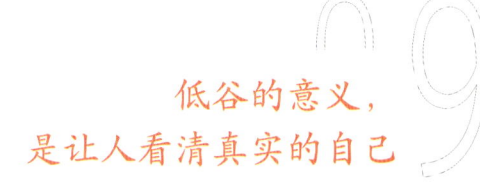

低谷的意义，是让人看清真实的自己

2003年和2004年那两年，我感觉自己终于又活过来了。

首先是投资公司的待遇很不错，我本是金融专业出身，再加上海外教育背景的加持，投资公司老板对我格外器重。与此同时，我的副业也在发展，跟星空卫视的合作很稳定，我们签了一整年的合约，我的主持工作排得满满当当，几乎每个周末都没闲着。

我主持的这个叫《中国越来越好玩》的节目，介绍中国最好玩的地方、最好吃的食物、最流行的服饰、最受欢迎的音乐等。节目的定位在当时很有创意，也邀请了很多演艺明星来当嘉宾，比如胡歌、胡彦斌、袁宏。这档节目播出后很受年轻人的欢迎，也为我聚集了不少人气——那时我的艺名还叫莫麒。

总之，当时我的人生是两条赛道并行，每条赛道看上去都是前途一片光明，我开始有了点"顺风顺水"的错觉。

投资公司的发展很快，老板投资了很多项目，我也跟风"押宝"。

我积攒了一些存款，准备在上海买房子，父母听说我有置业的计划，也给我汇来了他们的积蓄作为首付支持。但买房子不是一件能迅速达成的事，要慢慢看慢慢选，所以在找到合适的目标之前，我就先把所有的钱都放到了公司的一个项目里，想着房子也不急于一时付款，等投资的项目起来了再敲定也不迟。

我万万没料到的是，这个项目出了问题。老板一夜之间不见了，不仅当月的工资无处讨要，我投进公司的钱也打了水漂。

难以置信，我两年多的辛苦和父母多年的积蓄都在顷刻间蒸发了。

那是 2005 年初，我与星空卫视的合约刚刚到期。投资公司解散后，我的主业和副业一下子全部停摆，我没了经济来源。看着银行机器上显示出来的几百块钱银行卡余额，我感觉这两年的顺利就像是一场梦。

贫困带来的挑战接踵而至。1 个月数千元的房租付不起了，我不得不另寻地方栖身。有一个住在上海的闺密愿意收留我，只是去她家里只有沙发可以睡。在当时那种情况下，能够不流落街头都已是万幸，我也顾不得那么多了，便把所有的衣服鞋子打包起来，全搬进了闺密的家里。

我在闺密家的沙发上睡了将近两个月。这段时光虽然落魄，但想起来心头依然是暖的。人在高峰的时候，身边总少不了一些锦上添花的朋友，但是一到了低谷，这些朋友似乎都不见了，愿意雪中送炭的人并不多。我的那个闺密是一个很仗义的人，记得那年春节我都是跟她一起回她的安徽老家过年的。我的衣服鞋子特别多，装了几大麻袋，一直放在她家里。有一年，她准备卖掉上海的住所，特地打电话问我这几麻袋的衣服和鞋子要怎么处理,我根本没想到这些占地方的东西会被她一直悉心保管着,简直大吃一惊,这份情谊真的太厚重了。我的这个闺密后来嫁到了韩国,我们见面的机会少了,但在我心底她依然是一个很特别的存在。

回到我当时的状态:每天睁开眼,衣食住行都是压力,自然任何赚钱的机会都不能放过。朋友介绍的戏,无论角色大小我都会接下来,不敢挑。那时候,我常常一个人从上海坐五六个小时的大巴到横店,一天拍完一场戏,拍完了就连忙离开。当时我接的大多是小角色,戏份都不多。在上海和横店两地奔波很辛苦,我的情绪也很低落。靠几个小角色无法维持生计,戏份太少无法发挥的憋屈也让我对演戏这个职业的体验大打折扣,我还是想回到金融行业,找一份踏实的工作。

不拍戏的时间里,我到处投简历。彼时金融业也很低迷,工作并不是很好找。简历投出去许多,真正能约上面试的却没几个。兜兜转转了几个月,我终于在一家期货公司谋得了一份工作。那是一家英国公司驻上海的办事处,我一入职便要去伦敦工作3年。此前我并没有期货市场的从业经历,但是公司老板很看好我的双语能力和我的金融教育背景,觉得这个职位非我莫属,还答应给我支付一笔数额不小的搬家费,给我1个月的时间在上海收拾东西。

找到这份工作后,我心里终于踏实了。

本来一切都按部就班,但演艺圈的机遇再一次阻挡了我离开上海的脚步。

那是7月份,去伦敦报到的时间是8月,我也没多少东西可收拾,大部分时间都在无所事事地等待。这时正在上海拍摄的《红美丽》剧组正在找一个会讲英文的女二号，有朋友介绍我去面试。面试的时候，我能很明显地感觉到剧组的人对我释放的好感，果然，这个角色被我拿下了。我的戏份拍摄时间为10天，正好和我去英国报到的时间不冲突，于是我开开心心地进组拍戏了。

这一次拍戏跟之前拍戏的感受完全不同。《红美丽》剧组的摄影制作班底是邬君梅从国外带来的，整个剧组的演职人员待遇全部是"好莱坞标准"：每天只拍8小时，超时就付加班费，片场有吃不完的点心。剧组里有许多外国人，大家都用英文交流，也很能让我发挥语言天赋——要知道在之前的环境，我是不敢贸然开口跟人讲英文的，如果一不留神语言中夹杂着英文，会被人攻击"忘本"，或者被视为"海归"群体的傲慢，我跟人交流时一直小心翼翼地注意着这一点。在这里，我可以毫无忌惮地放开自己，也前所未有地感觉到自己被尊重，所以跟剧组的工作人员也相处得特别好。

这段不长的拍摄经历让我遇见了我演艺路上的第一个贵人孙慧娉，我们叫她阿娉姐。阿娉姐当时是《红美丽》的制片人之一，她得知我即将要去英国伦敦从事金融工作，诚恳地劝我再好好考虑一下。在当时，她觉得，像我这样条件的女演员在中国太少了，有外形优势和语言优势，对演戏的悟性也不错，很适合走国际路线。阿娉姐是圈内有名的经纪人，她带过的演员并不多，但个个都成绩斐然，比如邬君梅、陈冲、江珊。以她的身份能讲出这番话，我是很心动的。

她建议我趁年轻给自己3年的时间试一下，3年时间也并不长，如果3年没做出成绩来，再考虑回到金融行业也不迟。接着，她承诺带我3年，让我跟着她去北京。

有这样的伯乐，我自然求之不得。于是，我辞掉了期货公司的工作，搬到了北京，自此，我这大半年颠沛流离的日子才算真正结束。

自我从澳大利亚回到中国找工作，一直都没遇上什么坎，这一年却命运骤变，生活的挑战一个接一个地来，像历劫一般。投资失败的失落、无处栖身的窘迫、不被重视的憋屈、四处寻找工作的艰难……我在这一年悉数领教，这才发现之前自己对金融圈和演艺圈的认知都是片面的。

人在低谷，也是认清自己的好时候。

我永远只能看到自己遇到的那一面，视野局限，导致我无法预见这个行业的变数，而我的思维模式也太过被动，一直被环境推着走，没有办法应对外界的变化。一旦变数发生，我就被打得措手不及。

在没遇到挫折和挑战的时候，我总是觉得自己很厉害，很受欢迎，也会错把运气当能力；真正遇上事了我才会反思，为什么这个事情会落在我头上，我到底做错了什么。这些经历也让我对人生、对命运产生了极大的兴趣，我开始学习玄学、心理学、哲学。这些东西了解得越多，我就越发觉得人的命运跟自己的思维模式息息相关。

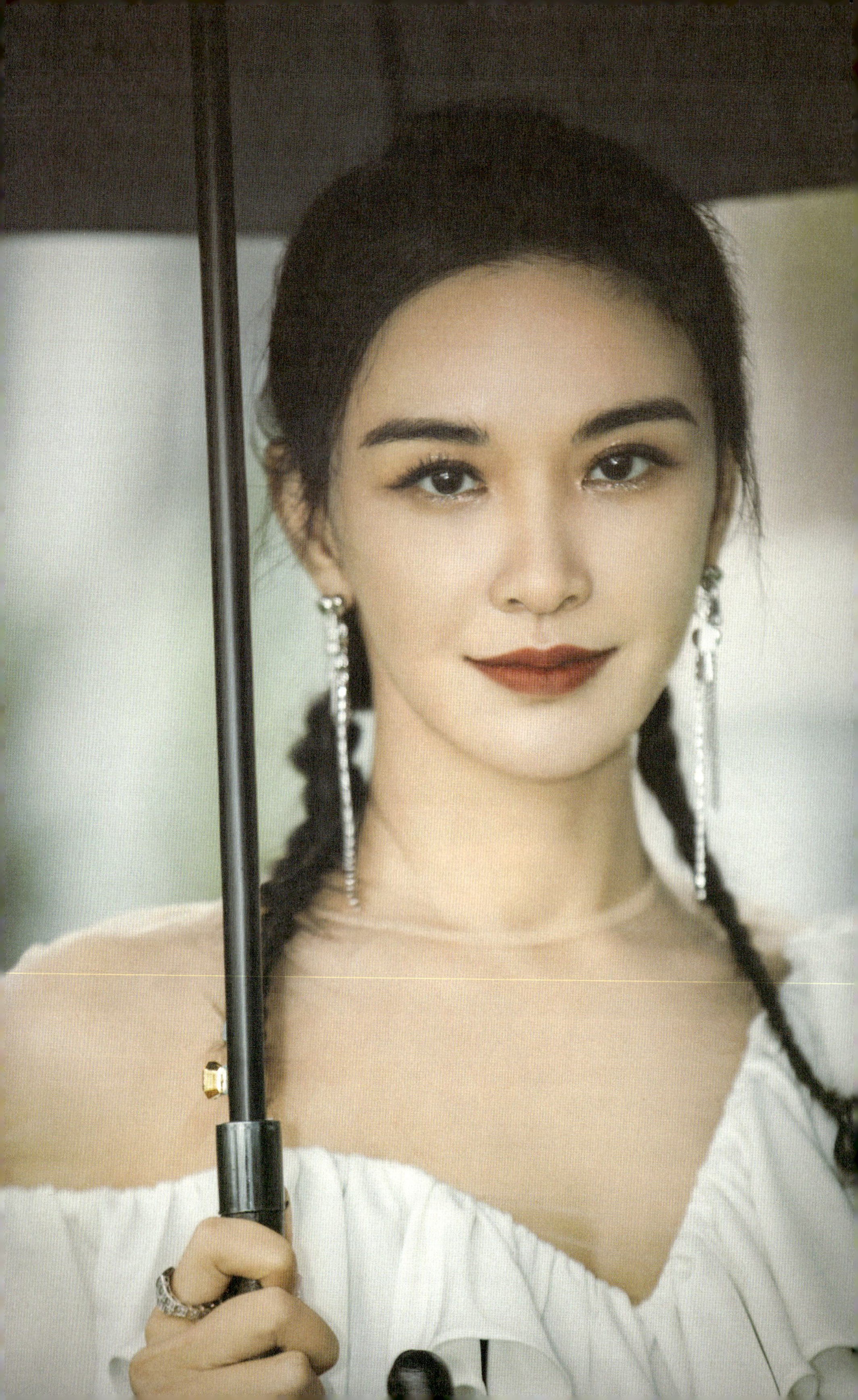

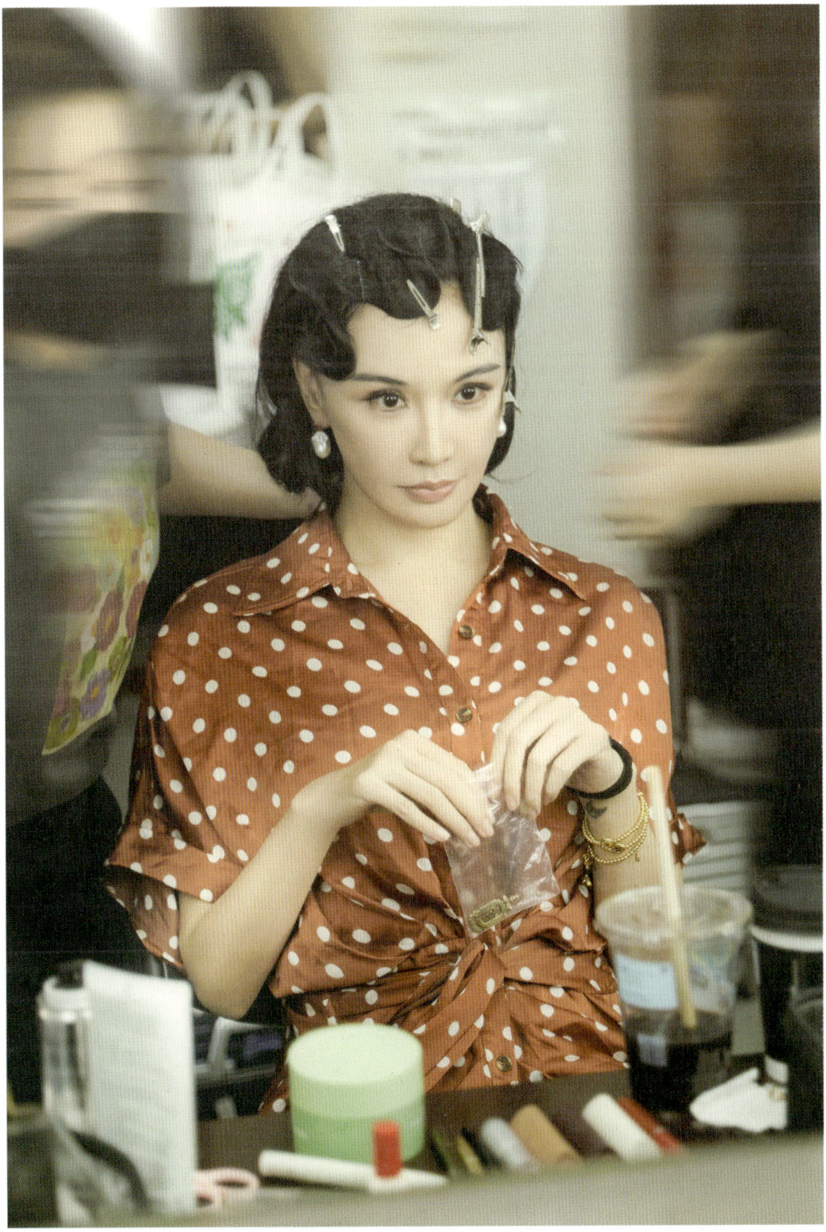

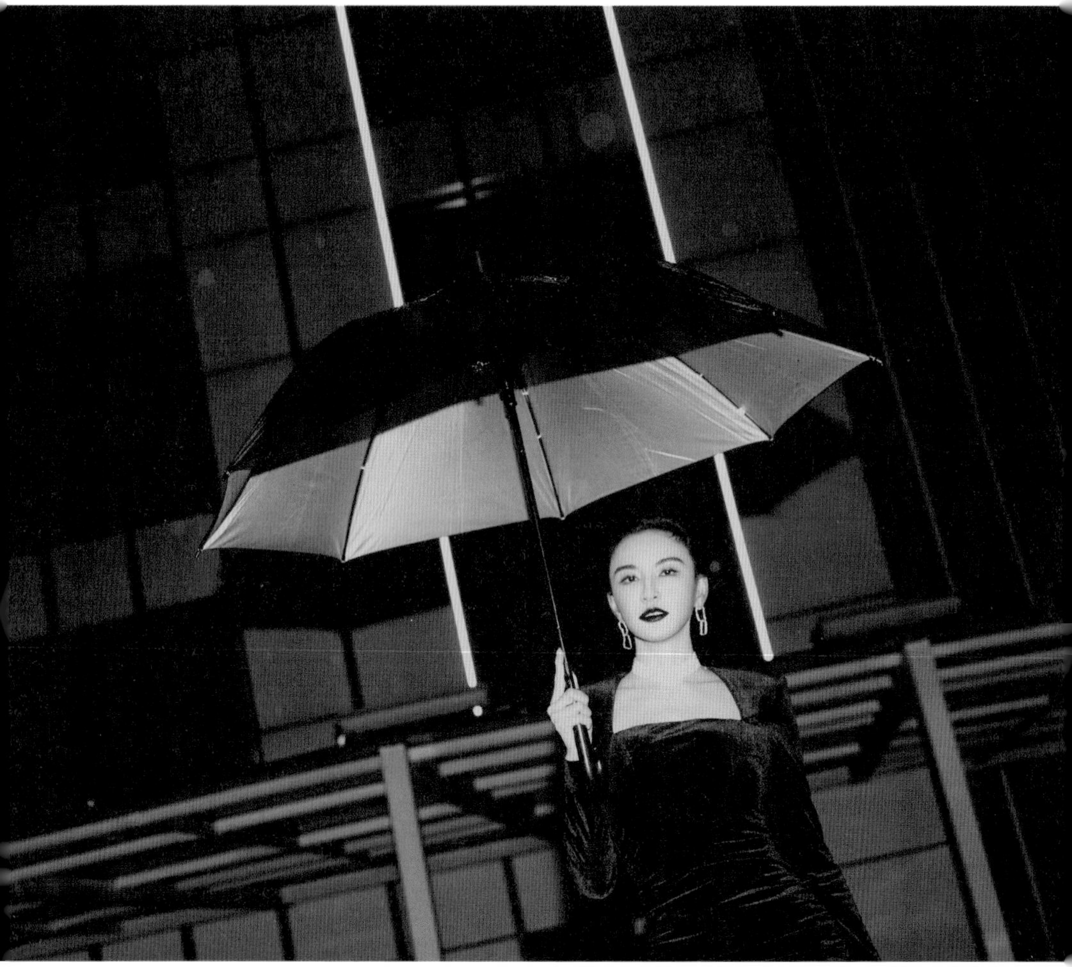

每一条路都是必经之路

阿婶姐说,在上海机会太少,拍戏要去北京。

9月初,我搬到北京,住在炫特区。

虽然我一直觉得自己的根在北京,但在那时我们家在北京已没有了住所,所以回到故土第一个要解决的问题就是住哪儿。去北京前,我给李晨打了电话,问他如果回北京的话在哪边租房合适,李晨说刚好他有一套房子是空着的,让我直接过去住就行了。这是他当演员后买的第一套房子,但一直闲置着没怎么去住。知道他另外有住的地方后,我也不跟他客气了,欣然接纳了他的好意。

落脚的地方解决了,又有了专业的经纪人带路,接下来我就放心地在演艺圈闯了。阿婶姐待我很好,我在北京安顿下来之后就开始忙起来了,10月便开始接新戏,自此,这一路就再也没停下。

我似乎又回到了之前顺风顺水的状态,甚至比之前风头更甚。自从跟了阿婶姐,我的戏约就一直没断过。演戏于我而言是舒适区,只要我能接到好本子，我就能投入角色，把我理解的状态很好地呈现出来。演戏的过程也是我释放情绪的过程，我又开始享受演戏的状态了。

拍摄《一半海水一半火焰》是我演艺生涯里最重要的一个突破。在此之前，我接过不少电视剧，有女一号，也有"大戏"，角色对我而言都没有太大的挑战。

有一天，阿婶姐问我："你认识王朔吗？"我摇摇头。她告诉我，王朔是一个非常优秀的作家，他有一部作品叫《一半是火焰一半是海水》，现在正在筹拍电影，马上就要开机了，女一号人选还没正式敲定，我们这个年龄段的女演员都试戏去了，她问我要不要也去试一试。

大银幕一直是我的梦想，这个机会我当然不想放过。打听到剧组搭的景在广东，我便立刻买机票飞到了广东试镜。

试戏时是夜景拍摄。当时我对剧本还不那么熟，导演说需要我做一个什么样的表现，我就认真听着。他告诉我说："如果你的男朋友带你出去出卖色相，在酒店给人做仙人跳的笼子。本来说好让你进去就来救你，但是他来晚了，害你真的被人强暴了，你要如何面对他？你回家看到他的时候，他身边还有另一个喜欢你的男人，刚受到伤害的你又该如何面对你爱的男人和爱你的男人呢？"

这正是《一半是火焰一半是海水》这部作品里的故事情节。我按自己的理解演绎了3种方式，试了3种不同的表演风格。最后导演说："行吧，回去等消息吧。"这样不冷不热的一句话让我的心里很没底，不知道他们对我的表演到底是满意还是不满意。我的演艺经验仅限于电视剧，第一次接触电影也不知道自己的表现是否合适，不过既然人家让我回去，我也只好乖乖地回北京等消息。

回到北京在忐忑中度过了两天,我接到工作人员打来的电话,说:"导演定你了。"我长吁一口气,心里的石头终于落了下来。

我又买机票飞到广东,开开心心地进组拍戏。

开机的时候才发现,剧组里还有另一个备选女一号,还是戏剧学院的在校学生,小我两三岁的样子。她已经在剧组住了一两个月了,一直陪着剧组工作人员排戏走戏。开机的时候我们同时出现,我觉得自己把别人换掉了,很尴尬,但那个女孩很坦然,对我没有任何敌意。我演戏的时候,她就在旁边看。

开机的第一场戏就是裸戏。我要和廖凡一起表演男女朋友情感起冲突的细节,在争执中间会有一段激情戏。

那时我对剧本就已经非常熟悉了,我知道这部戏里会有激情戏,来的时候也做好了心理准备,但是一开机就脱衣服这架势确实让人有点招架不住。很多人都以为,在国外受过教育的人都很开放,不会在意这些小细节,但其实我的内心非常保守:一来我本身就是在传统家庭长大的,保守的基因是刻在骨子里的;二来我受的教育也并不开放,我像修女般地接受了6年天主教女校的熏陶,太知道女性需要怎样的矜持才能被这个社会接受。

正在我努力为自己做心理建设的时候,导演的一句话让我停止了犹豫。他指着旁边的那个备选女一号的女孩对我说:"你演不好就她上。"听到这句话,似乎全身的血都一下子冲到了头顶,我突然有了一种豪迈的勇敢:脱!既然决定当演员,演好每一场戏就是我的基本素养,剧本需要什么样的表现,我就要有什么样的表现,好莱坞的那些演员不都是这样走过来的吗?连衣服都不敢脱还怎么当演员?

当时剧组有 100 多名工作人员在周围忙碌。这么多人看着,我本来心里很是发怵,但是被导演一激将,我突然什么都不怕了。

工作人员问导演要不要清场,导演说不用。不清场就不清场吧,只要突破了脱上衣那一刻的心理障碍,就什么都不是事了,演戏一旦进入角色根本顾不上旁边有没有人在围观。我对自己的身材还是很自信的:我的先天条件不差,后天也一直努力保养和健身,生育经历几乎没在我的身上留下任何痕迹,我依然如少女一般青春挺拔。

这场戏我拍得很投入,很快就过了。后面拍戏的状态越来越好,我沉浸在角色"丽川"的经历里,跟她一起爱、一起恨、一起堕落、一起绝望。我太爱这个角色了,只要能把她完整地呈现出来,我自己的这点牺牲又算得了什么呢?

刚开始拍戏的时候,投资这部戏的影视公司负责人就来找我签约了。那是一家在香港颇有影响力的影视公司,负责人说,让我演这个女一号的条件就是和他们公司签订经纪合约。

这个条件让我觉得自己很受欺负,但当时我已经骑虎难下了:激情戏都演完了,这衣服脱也脱了,裸戏拍也拍了,如果不签,他们把我换掉怎么办呢?如果换掉,这些裸露镜头外流又怎么办呢?我不知所措,只好找各种借口一直拖、一直拖。

我跟他们说前一个经纪合约还没到期,签不了,但他们给了我解决方案:先签字,合约上注明一年后生效,也就是一年后我跟阿婶姐的合约到期就不能再跟她续约了。这对我来说是一个很痛苦的选择,阿婶姐对我那么好,想办法提携我、帮我找机会,我转头就要把经纪合约签给别人,她一定会觉得我辜负了她的期待。越这样想,我心里越是内疚，原本想找她商量的，到最终也没提起勇气。其实事后再来看，当初也是我思想太过狭隘，如果我能把自己的困境坦诚相告，以阿婔姐的见识，她未必不知道这份合约之后等待我的将是什么，也许还会给我更好的建议。但当时我并没有这个觉悟，只是一厢情愿地觉得阿婔姐会对我失望了，特别害怕面对她。

庆幸的是，我和阿婔姐在多年后的今天依然保持着良好的关系，她是我的恩人，我会一辈子感激她。

戏拍完了，实在拖不下去了，最终我还是咬着牙签了这份合约。这份合约为我人生的第二个大坎埋下了伏笔。

我是在恐慌之下签下这份合约的。我怕影视公司换掉我的角色，我怕自己的裸露镜头会出现在它不该出现的地方。如果我对未来的规划更清晰一些，说不准也能争取在双方平等的基础上谈条件，避开各种不公平的待遇。但当时的我并没有这么清晰的思路，只是被恐慌支配着，硬着头皮签字。

我时常反省自己的作为，尤其是在低谷的时候，我总是想着，如果当初自己做了另一个决定是不是能避免眼下的遭遇。但平心而论，即使人生重来一次我也未必能修正多少错误，在当时所有既定的情境之下，我能做出的对自己最有利的选择依然是签下这份合约，因为我看不到别的选项。

任何人面临选择时都是这样，选择的对错是我们在事后看到了更多的结果才做出的判断，而回到当时的情境，是没有人能预料事态的发展的。如果当下做这个决定让自己更好过，那它就是你命中注定的选择，这无关对错，而是每个人都要经历的成长过程。

一个人的认知决定了他的选择，因此每一条路都是当下必然会走的路。

阅历不够，思考不够，对演艺圈的认识以及对人性的黑暗面了解都不够，这样的我是必然会在圈子里栽跟头的。活得懵懂，就得需要在生活一个又一个耳光中觉醒。美国的一位叫露易丝·海的心理咨询专家曾说过这么一番话："我们不必因为没有做成某件事来责怪自己，就当时我们所具有的理解和觉悟来说，每个人都已经做到了最好。每个人来到这个世上都是要学习某些经验和教训的，我们从未走错路，脚下的路就是我们要走的路。"

是啊，的确如此。

有时候我们的生活陷入困局，并不是自己赌错了人生的选择，而是我们的认知还不足以撑起一个更好的方向。我就是这样一路被困境逼着成长，每被困住一次，智慧就再长一分。

不过，事情有坏的一面必然也会有好的一面。虽然我签的这份不平等合约让我走上了一条无比艰难的路，但也让我遇到了后来的经纪人杨苹果，她工作很拼，为我的事业付出了很多，和她一起共事的6年让我很知足。

所谓"祸兮福所倚，福兮祸所伏"，一件事不会绝对糟糕，它在给你带来麻烦的同时也会在冥冥之中引导着你，去遇上你该遇的人，去

做你该做的事。

生活总是多面的，有不足的一面，也会有富足的一面。不开心的时候，不妨试着换一个角度来审视自己的生活。

如果你相信命运，请一并相信命运对你的仁慈，它只会给人跨得过去的坎。如果你不相信命运，请相信自然界的万事万物都有它的发展规律，有起始必然有消亡，否极泰来是永恒的法则。不要害怕，转机会来。

人生运势有起有伏，每个人都不例外。顺境不一定只有动力，逆境也不一定只有阻力，要学会以平常心看待人生的起伏，顺的时候要低得下头，不顺的时候要直得起腰。谦卑与勇敢，能护你一生平安。

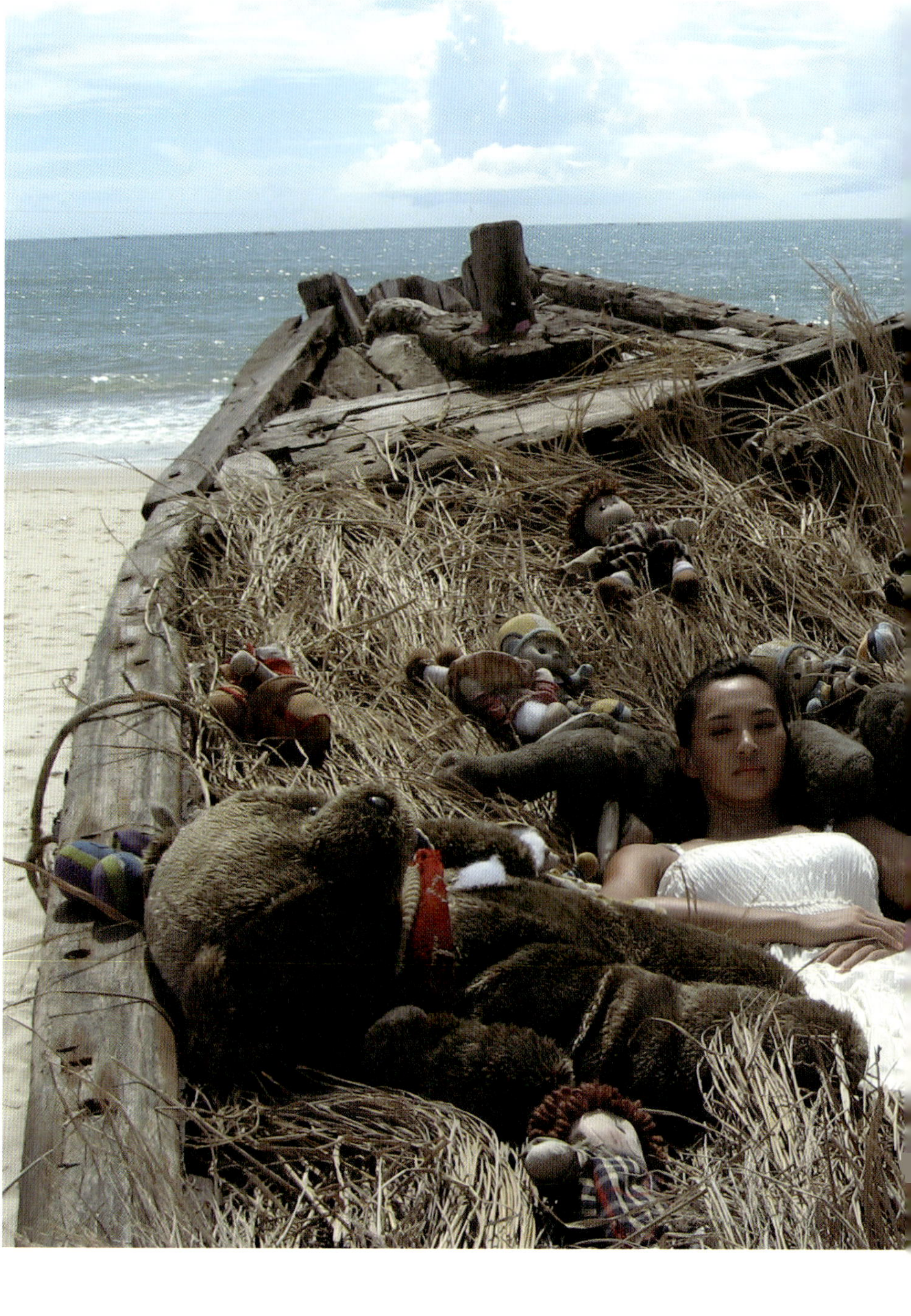

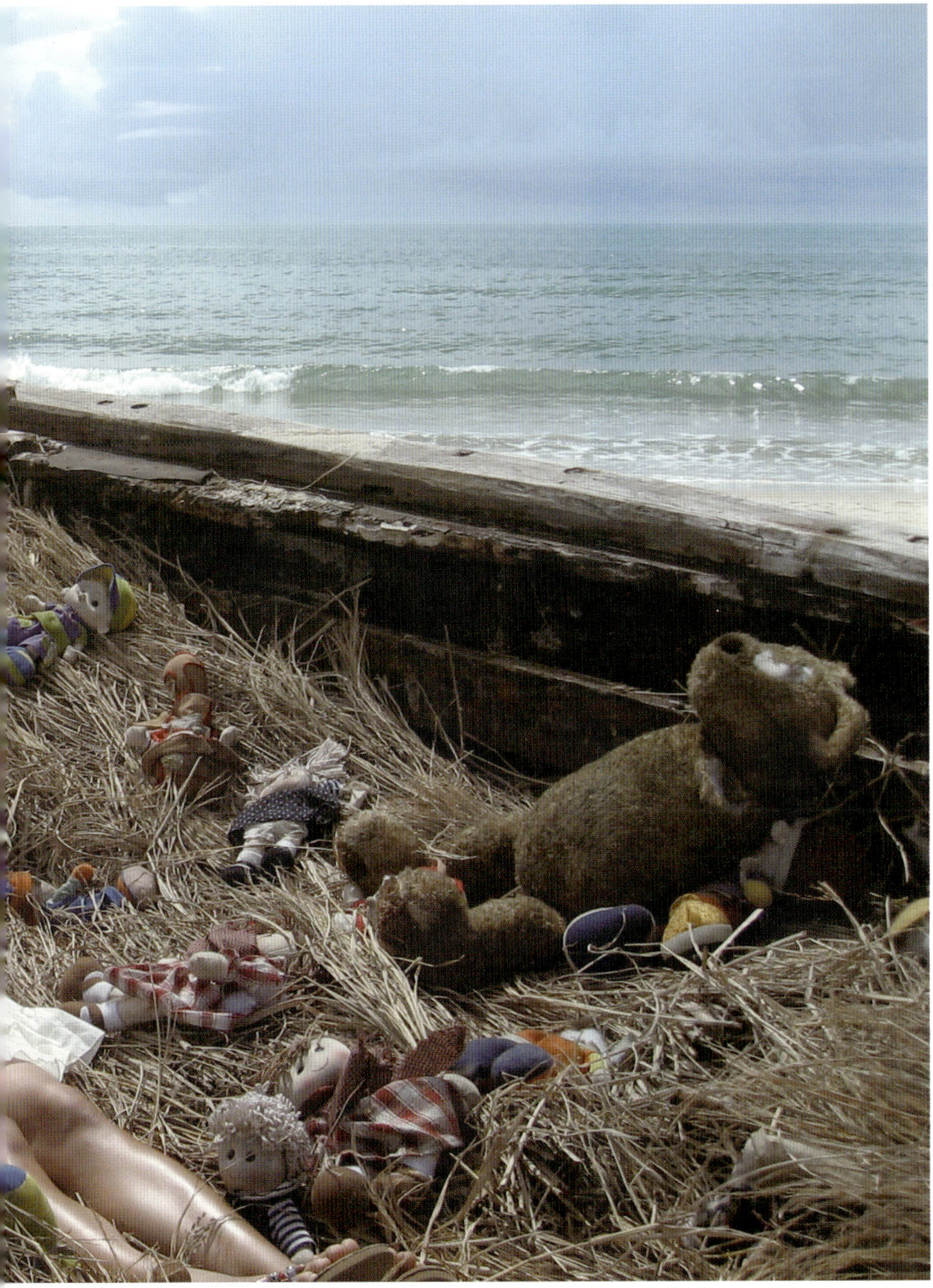

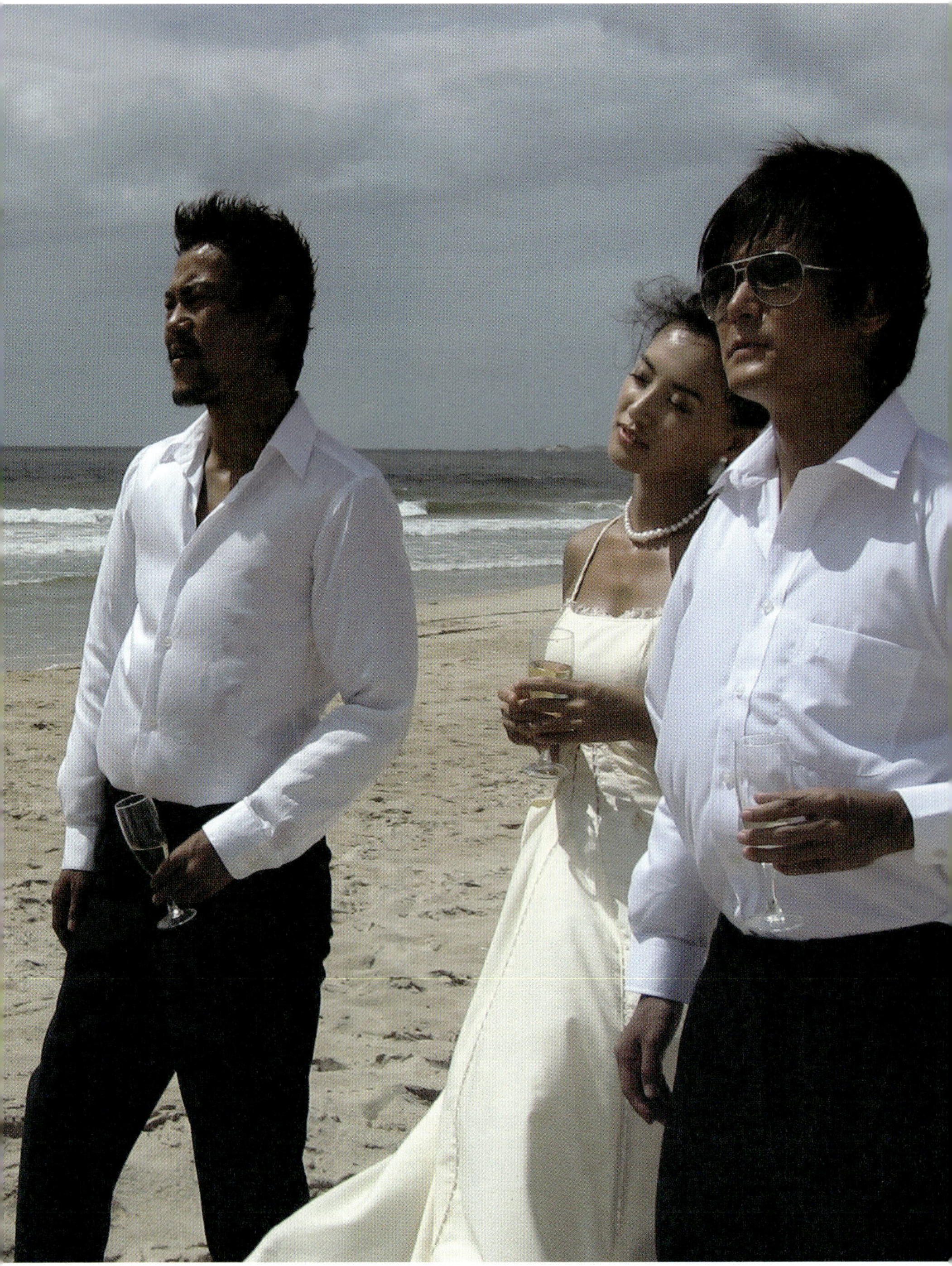

最艰难的时光，
也是最重要的时光

《一半海水一半火焰》这部作品对我的启发很大，算是我演技的分水岭。

我此前的表演不能说不好，但多少还是有点浮夸，尤其是在自己进步了之后来看，能提升的地方还是很多的。虽然别人觉得我演得很好——多年后与圈内朋友吃饭，还被人夸我在之前第一部饰演女一号的电视剧里特别漂亮，对角色的演绎也很棒。我知道之前的表演只能算是没有辜负自己的美貌和青春，每个年龄都有每个年龄的魅力，我在那个青涩的年龄里展现了自己最美好的一面，就可以算得上是圆满的状态。这些经历对我的人生是意义重大的，它让我从婚姻不幸的阴影里走了出来，重新发现了自己的价值。之后我也常跟人说：不要觉得自己感情上受了挫折从此就一蹶不振了，在不同的领域你依然可以绽放自己的光彩。

演完《一半海水一半火焰》，我对演戏的理解更加深刻了，导演的高标准和同行的优秀都让我叹为观止。记得有一次我们在沙滩上拍一场厮打的戏，廖凡扇我耳光，一巴掌接一巴掌地真打。他完全融入了角色，情绪爆发后也顾不得下手的力度，这场戏拍完，我的脸被打得伤痕累累，廖凡跪在沙滩上痛哭。我被紧急送往医院，走到一半时又接到电话通知说要补一场戏，于是又返回现场继续拍。

那一次我的脸肿了半个月，其间不能以正常面目示人，拍摄进度又不能耽误，最后剧组决定临时更改我的戏，将我的角色加了面具，这样我就戴着面具拍完了后面的戏。面对高水平的对手，我丝毫不敢怠慢，一直全情投入，这一次我也感受到了什么叫真正的"走心"。自始至终，我完全沉浸在"丽川"这个角色里，这导致杀青以后我又陷入了抑郁的状态。丽川躺在浴缸里面自杀了，我的心仿佛也跟着她死掉了，整个世界一片灰暗，后来经历了好长一段时间我才从这个角色里抽离出来。

我想，这应该算是真正意义上的开窍了吧。

有了成长，我自然想接更多有挑战的戏。

次年，我跟阿嫖姐的合约到期了，按照之前与电影公司的协定，我的经纪合约转到了香港。我本以为前方会有无数的机会等着我，没想到跟公司的磨合一直不太顺利。

公司想让我走性感路线，这当然是因为我之前拍过裸戏——衣服脱过了，以后就只能走性感女神这一条路了。我感觉我的工作性质发生了很大的改变。我自认我的演技正在提升，但没人在乎这个。我总会接到一些香艳的角色，拍杂志的时候也总被人安排穿一些性暗示的衣服。记得有一次去拍了一本非常出名的男性杂志的封面，我的衣服布料少得让人看上去几乎像是全裸拍摄一样，最后照片出来我自己看了都尴尬。

我本身并不是一个善于利用女性优势的人，这种工作状态让我不太舒服。我并不后悔在《一半海水一半火焰》里的表演，它给我带来了很多光环，让我得到了很多关注。但我不认同我拍完了这部戏，我的价值就只剩下露胸露大腿，好像大脑和演技一点都不值钱，我也想像我非常欣赏的一个影后那样，把脱掉的衣服一件一件地穿回来。

公司给不了我想要的资源，我就只能靠自己的努力去接戏。好在《一半海水一半火焰》这部戏的口碑不错，电影上映以后，很多导演都认可了我青春文艺的形象，我的敬业程度也得到了业界的认可，专业的口碑也渐渐树立起来了。

这部电影上映后反响不错，我还因此获得了第28届香港电影金像奖最佳新人提名和第15届台湾电影金马奖最佳女主角提名。这两项入围让我更加自信大胆，更有勇气去争取和优秀导演合作的机会。

记得在金像奖的红毯上，我看到了王晶导演在前方，便主动迎上前去跟他打招呼，告诉他我很喜欢看他的电影，期待以后能与他合作。在我毛遂自荐后的第二个月，我就收到了《旺角监狱》剧组的邀约——王晶导演来找我演戏了，与张家辉搭戏，还是演女一号！

那一年，我去过很多电影节，结识了一众大导演，王晶导演和文隽导演对我的影响都很大。《旺角监狱》开启了我跟香港导演合作的黄金时代，之后我就戏约不断，大部分都是女主角。几乎没有闲下来的时候。

我一直在努力争取拍戏的机会，每次的片酬都会让公司抽掉一半，但我并没有觉得自己接戏帮公司赚钱有什么问题，公司有收益自然也乐意看我自己折腾，所以很长一段时间我们都相安无事。

后来因为两部戏的安排，我们积累已久的矛盾终于爆发了。

先是公司给我接下了一个三级片的主演角色，那是一部以裸露为卖点的情欲片，片酬很高，但我不愿意接。此前在《一半海水一半火焰》中露胸是为了角色的完整，那部戏毕竟是一部文艺片，也符合我的演艺理想，我愿意为之做牺牲。如今为了脱而脱，性质完全不同，我不愿为了高片酬做自己不喜欢的事情。更何况，一旦接下这个角色，以后"欲女"的标签就很难撕掉了，我也不愿拿自己的前程开玩笑。在这件事情上，我坚持自己的原则，寸步不让，最后没有去演，但和公司闹得很不愉快。

第二次产生冲突，是公司筹拍某玄幻大制作电影的时候。戏里有两个重要的女性角色，一个是铁扇公主，一个是九尾狐，我想争取其中的一个。我想着这些年我一直凭借自己的努力给公司做贡献，好不容易公司拍一部大制作的戏，怎么算也有机会去争取一下。没想到公司那边说这两个角色已经定好了，只能给我七仙女中的一个角色。最终的决定是让我演大仙女：这个角色一句台词也没有，在整部剧里活像个背景板。

我憋了一肚子的委屈无处诉说，这时公司来了一个更"绝"的操作，他们拿来另一份合约，让我再续九年的经纪合约才能把这个酷似背景板的大仙女角色给我演——跟当年拍《一半海水一半火焰》一模一样的做法，只是这一次更加欺人太甚。

我急了。一个女演员的黄金时期能有几年呢？圈里大部分女演员都不过是吃一碗青春饭而已,真正能熬成老戏骨的演员真的屈指可数。如果未来的九年依然像现在这样不给我资源,我又该如何在这个圈子里生存呢?我知道这个合约不能再这样签下去了。

我六神无主,当时能想到的唯一懂法律的人就是我的前夫。我们一直保持着友好的联系,再加上我们本身有孩子的羁绊,相处起来既像朋友也像亲人。他的专业能力和职业素养是毋庸置疑的,哪怕我们过去有过情感上的恩怨,他也是一个绝对值得我信赖的人。

前夫觉得这个事不小,也迫在眉睫地需要解决,所以他专程从澳大利亚飞到中国,以我代理律师的名义帮我约经纪公司的老板谈判。谈判前,他仔细看了我之前的经纪合约,觉得这场谈判不会太难,因为以他的专业知识判断,我不存在违约情况,反倒是经纪公司有许多责任未履行到位。

我倒是隐隐有些担心,因为我太了解我老板的为人,气盛且傲慢,他不会轻易在道理面前低头的。果然,这次谈判非常不愉快。前夫指着之前合约上的条款细数公司有哪些地方对我不公平的时候,老板就已经面露愠色了,再加上前夫护我心切,谈判的时候情绪比较激动,他们两人迅速进入了激烈的争吵,老板暴躁到根本听不进任何话。

最后,老板站起来说了声"不聊了"就拂袖离去,留下我跟前夫两个人面面相觑。

我想着或许可以再私下找老板谈谈,前夫也觉得我们可以另外约个时间继续把这件事情谈完。就在我们为下一次协商做准备的时候,我收到了老板的律师函,说我之前未征得公司的同意私下接了很多戏,要告我违约。

我有点不知所措。看来谈判这条路是走不通了,我试着私下去找老板求和:"老板,既然你不想给我角色,那就放我走吧,以后我还是会帮你演戏,免费都行。"如此的低姿态并没有换来老板的让步,他明确地告诉我:不接受任何条件,只能法庭上见。

起诉很快就来了,公司告我违约接私活,要我赔偿1600万元。我再一次被命运推到了走投无路的境地。

这官司到底打不打,我犹豫了很久。虽然跟经纪公司打解约官司的人很多,但打赢的艺人寥寥无几——在合同上,我们似乎天生就是弱势的一方。这场官司一旦输了,我在演艺圈的前程也差不多就断送了。经纪公司开出的违约金于我而言是一个天文数字,我不知道要何年何月以哪种方式才能还清。

但即使是赢了,我也不一定能得到太大的好处,别人再来找我合作多少会有点顾忌。所以好多朋友都劝我,好聚好散吧,不要跟经纪公司撕破脸,也有人建议我找中间人帮忙讲和,不然怕以后在圈子里不好待。

人在屋檐下,该低头的时候要低头,这道理我懂。可我并没有做错什么呀!如果在被欺负的时候不敢为自己出头,以后又怎么挺得起脊梁在这个世上行走呢?权衡再三,我决定正面应战。即使赢面不大,这场官司也一定要打,我要为自己讨个公道。

谁也没料到,这条艰难的路一踏上就是4个年头。公司在香港高等法院起诉我,我每次出庭都必须到香港。于是,3年多的时间里,我不断地在香港和内地来回跑,不停地举证、出庭,也无数次把委屈的眼泪憋回肚子里。

那段时间真称得上是我人生的至暗时刻，如今想起来还是不寒而栗。曾经笃定的人心、圈子，以及对自我的认知，几乎都在那段时间土崩瓦解了。我前所未有地深切感受到人性的悲凉和自身能力的局限。

我不知道未来迎接我的会是什么，只能让自己忙起来，以此来驱逐内心的不安全感。那段时间，我疯狂地接活，没日没夜地工作，心里想着，万一败诉，我必须要攒到足够多的钱才能获得自由。

我不怕辛苦，没有什么苦是我不能吃的。小时候学艺术体操，压腿拉筋疼得直哭；不到10岁就随家人漂泊海外，去人生地不熟的地方求学，时常感到孤独无助；14岁开始勤工俭学，常常在餐厅站得满脚血泡，这些日子我都捱过来了。对于身体负荷上的苦，我从未当回事，我内心唯一惧怕的就是这一辈子受人牵制，不能按自己的心愿而活。

所以，我做好了充分的心理准备：一旦官司败诉，我要想尽一切办法尽量让自己重获自由。那段时间，我接了很多并不适合自己的角色，但我没有别的选择。

那场官司在圈内引发了很大的反响，基本上整个圈子都在关注，媒体也持续跟进，舆论的透明公开对我这个弱势群体还是很有帮助的。

公司在法院的起诉被驳回后，又转向了仲裁。1600万元的赔偿变成了1200万元，后来又降成了400万元，最后又说让我赔100万元就放我走。我一直坚信自己没有做错任何事情，不能不明不白地赔这个冤枉钱，坚持要按流程走。人在做，天在看，我相信人间是有公平在的，没有谁能够一手遮天。

2013年底，法院判决终于下来了：我赢了。

前东家败诉，被法院判定支付我300万元赔偿金。关于我的胜诉和获得的赔偿，媒体在报道的时候用了"罕见""鲜有"这一类词，许多报道都称"这是艺人独斗经纪公司鲜有的胜诉案例"。我把这个视为对我的肯定。是的，我终于为自己正名了，以后可以堂堂正正做自己喜欢的事，过自己想要的生活。

多次经历这样的大起大落，我越发明白低谷对于一个人的意义，它以最残酷的方式让人认识到自己的局限，并以最快的速度逼迫人成长。

很多次我都以为眼下的这道坎可能跨不过去了，可硬着头皮一路扛下，却也是"关关难过，关关过"。现在回过头来看，也正是生活中的这一道又一道的坎，才让当初那个惶恐弱小的我一路成长为现在这个从容而强大的我。

随着阅历的增长，人能承受的东西会越来越多，等你到达了波澜不惊的境界，便会发现最终还是路上的这一道道坎成全了自己的人生。

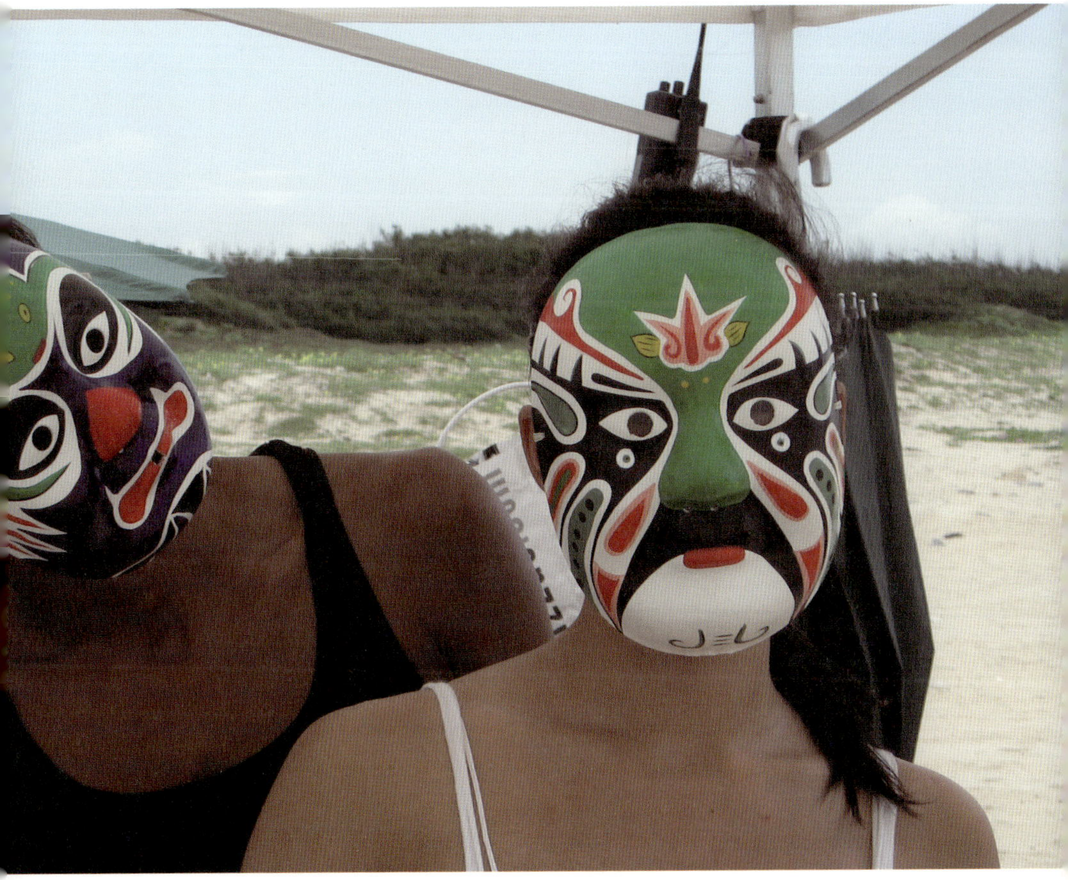

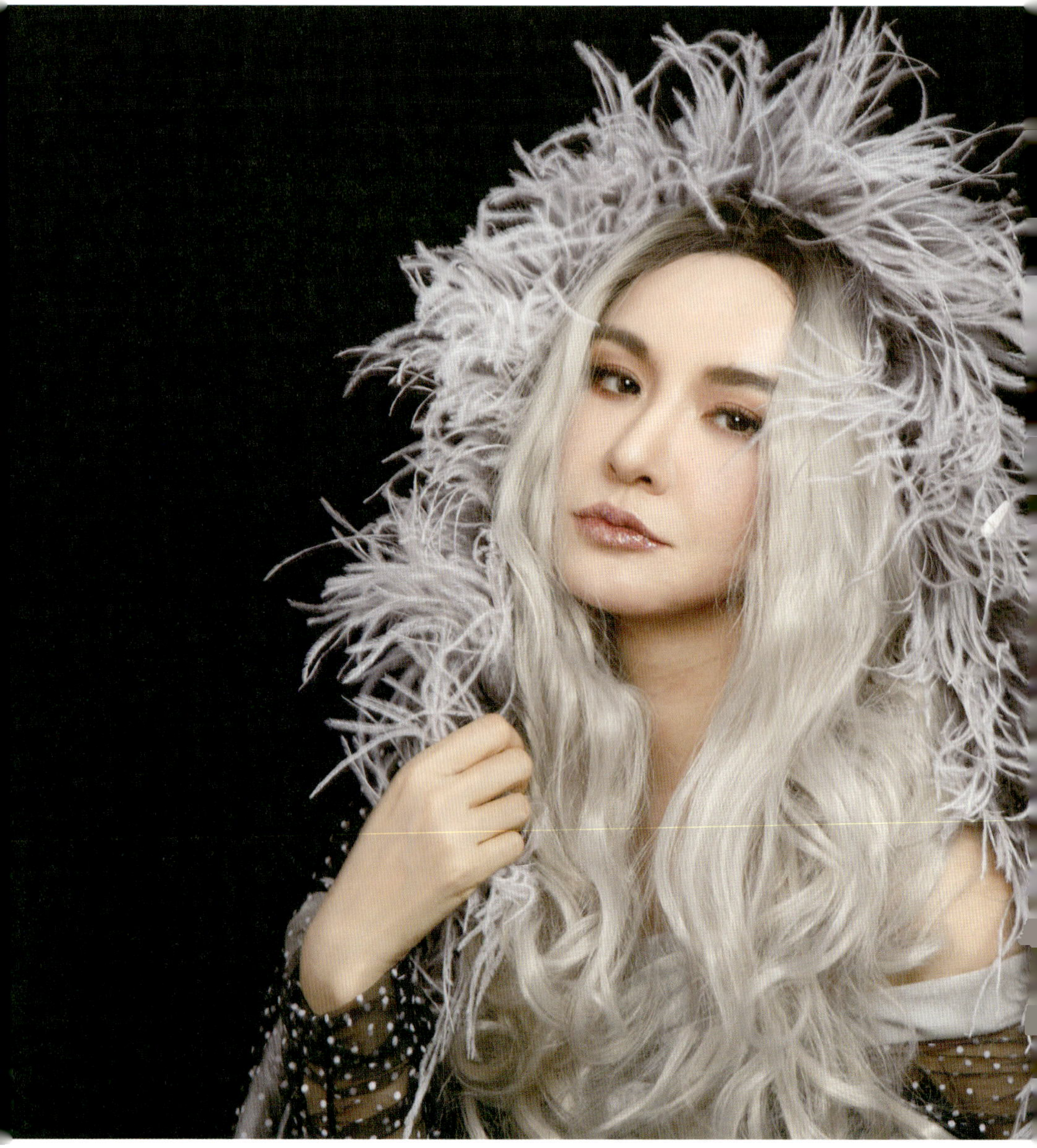

内心秩序失衡，
便会有危机感

历时 4 年的天价官司拉锯战，让我见识了复杂的人性。

前东家摆出了跟我势不两立的架势。那段时间我拼命接活，却不断地被中止合作，问及原因，全是因为收到了律师函。每次我前脚刚进新剧组，前经纪公司的律师函后脚就到。几次三番，他们甚至发了公告警告圈内人，任何公司与我有演艺工作往来都有可能被起诉。

在香港出庭时，我好多次遇到了合作过的导演。在此之前，我一直觉得我们的关系都是很好的，但在法庭上，他们却是对方的证人。每次见面总免不了尴尬，他们总会提前跟我打招呼说声抱歉，我云淡风轻地笑着，告诉他们："我理解的。""没关系的，在法庭上只要如实说就好。"其实我的心里就像突然被利器划开一样，左一道，右一道，猝不及防地疼。

我对任何人都恨不起来，我深知，他们有他们的立场，每个人做事都有他的理由。只是这种被抛弃的感觉却始终挥之不去，我越来越深刻地意识到，在这条路上，我孤身一人。

这场官司越来越受人瞩目，但很少有人认为我会赢。这个时候，身边人的真心假意全部一目了然。

有导演被律师函逼得没办法了就来找我商量，坦诚相告：小奇，希望你能体谅一下。我特别能理解这种左右为难的心情，于是自愿终止合作。

但有的导演的做法不一样，本来合作得好好的，收到律师函以后就如同收到"江湖封杀令"一般，对我的态度急转直下。可能他们也后悔用了我吧。

最让我感动的是文隽导演、叶伟民导演和王晶导演，他们也收到了律师函，但原本决定给我的角色依然为我保留着，一点都不怕因为我而受到牵连。所以我一边被前东家围追堵截，一边还接拍了诸如《大上海》《绣花鞋》《京城81号》这样大制作的电影。

我很庆幸自己有勇气面对这一切，最终没有向恶势力低头。我相信也是这份勇气让我生命里的那些贵人如此"挺"我。

我一直觉得，人与人之间是靠能量场相互吸引的，一旦自己虚弱，就会感觉到整个世界都联合起来压制自己。只有自己足够勇敢，才会吸引那些愿意帮助你的人。

跟前经纪公司打官司的这几年我一直步履艰难，尤其是2011年，整整一年我都过得特别辛苦：一边精力被官司牵扯，要应付各种负面效应；一边是情感不顺，我当时谈了个男朋友，但相处得并不愉快，情感危机频发。

与此同时，舆论的潮水也向我涌来，我不确定是哪里出了问题，一时间网络上多了许多我的黑料，有夸大其词的，有无中生有的。每每看到网络上的那些负面评论，我都很想退圈。从小到大，我都是被父母捧在手上的宝贝，我不害人不作恶，无非是为自己讨一点公平而已，为什么要遭遇这些无妄之灾？

我从小耳濡目染的处世之道是"与人为善"。我一直觉得，如果我掏心窝子对别人好，别人就会对我好，再不济，哪怕没有善意的回报也不至于遭受别人的攻击。但那几年的经历颠覆了我之前对人际关系的所有认知。

一个人不跌落到最低处是无法真正感受到人情冷暖的。

我从入行开始就一直很顺利，身边围绕着各种善意与尊重，直到这个阶段才明白，锦上添花是人的本能，不对低处的人落井下石才是真正的善良。

别人对你不好，很多时候并不是因为你做错了什么，而是因为人性本就如此。趋利避害是再正常不过的选择，你能给人带去价值，别人就愿意靠近，你本身对别人没有任何价值，甚至因为你的存在别人还有可能惹上麻烦，别人对你自然唯恐避之不及。

说到底，还是我对这个世界有太多不切实际的期待。希望周围的人能满足自己的情感需求，本质上还是一种虚弱——自身能量不够，才会希望从外界索取。

那几年，我一直过得很不快乐。虽然还是在照常工作，但始终无法接纳自己，无法真正开心起来。我讨厌自己不会为人处世，给自己招来了这么多的麻烦；我也讨厌自己身处在复杂的环境却不自知，太过天真、愚蠢。

内心秩序的失衡让我感受到了深深的危机，我无法跟自己和平相处，也无法与这个世界和平相处。

我再一次对演员这个职业产生了质疑。虽然演戏本身是一件简单快乐的事情，但这个复杂的环境让我心生倦意。这个圈子太过功利，太过现实。当你是主角的时候，所有人都捧着，剧情为你服务，灯光为你服务；如果你是一个无足轻重的小角色，便会被所有人忽略，没人在乎你的妆好不好看、你的造型好不好。一个人的位置决定着别人对待他的方式，在这点上可能没有哪个行业比演艺圈表现得更直接。

这一系列的经历也让我重新思考了一下自己的定位。

演员是一个被动的职业，永远等着别人来挑选，没有任何自主性。在资本面前愿意乖乖听话也就罢了，如果不好控制，就随时等着别人来"卡脖子"，我觉得这是一件很悲哀的事情。我也终于理解为什么那么多演员都喜欢开辟副业，无论是开小餐厅，还是做什么小生意，都是他们驱逐恐惧的方式，有一份安定自主的事业，心里才能踏实。那时的我也初次萌生了创业的想法，虽然还没想清楚具体要做什么，但我确信不想再被任何人抑或是任何资本牵制。

人都有自主需求，每个人对个人控制和自由选择都充满了本能的渴望。我很认同《动机心理学》里有关自主需求的理论：自我和谐意味着目标与个体的自我感觉相符或一致，这意味着当我们选择最符合自己个性和价值观的目标时，我们最有可能获得自主的益处并充分发挥我们的潜力。

人最终还是要坚持做自己喜欢的事才能找到自己的价值，价值笃定了，心也就踏实了。如果放弃自己的原则去追逐所谓的利益，最终会失去对生活的掌控，那种心悬在半空漂泊无依的感觉让人很没有安全感。人生有所得必有所失，只有顺心而为才能看准自己生命里最重要的东西。

这是我第一次主动思考自己的未来，虽然前途并不明朗，但这份主动已在我心里产生了能量。我渐渐地觉察到了自己的弱点，也会下意识地去纠正自己的思维模式。

此前，我总爱逃避，总是逃无可逃了才会选择面对。许多事情并不是我主动选择的，都是逼上梁山之后我才被动承受的。而逃避并不能带给我成长，一时的逃避或许能让我躲开一些困难，但最终我的弱点还是会变本加厉地以另外一种方式呈现，给我的生活带来更大的障碍，这种思维模式是有问题的。

人是没有办法逃避痛苦的。如果能在痛苦中看清问题的本质，这份心智就会成为日后的护身符。

发现自己的思维模式有问题，就会下意识地觉察自己，避免潜意识再一次引导我走向重复的路。跌跌撞撞这些年我才开始觉醒，这些挫折功不可没。

　　但它们总归是来了，而且来得并不晚。我一向觉得，困境早来比晚来更好，年轻的时候，人有大把的心气和生活抗争，越不怕折腾就越有机会翻盘；挫折来得太晚，人早被生活磨得没了棱角，无论是勇气还是体力都消减了，无法像年轻的时候那样充满战斗力。

　　想明白了这些，我便对这一切经历都心怀感恩。

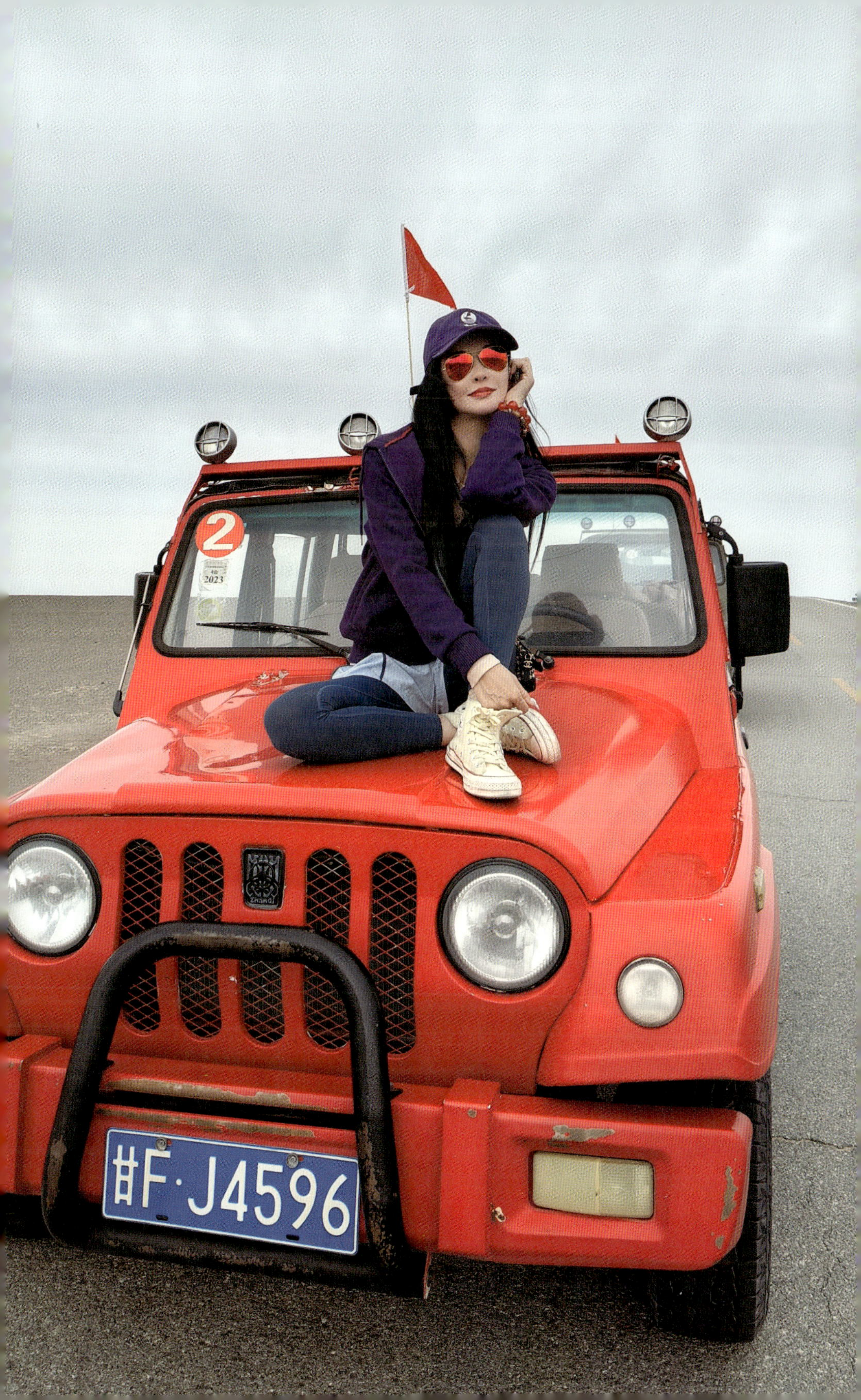
2
2023
甘F·J4596

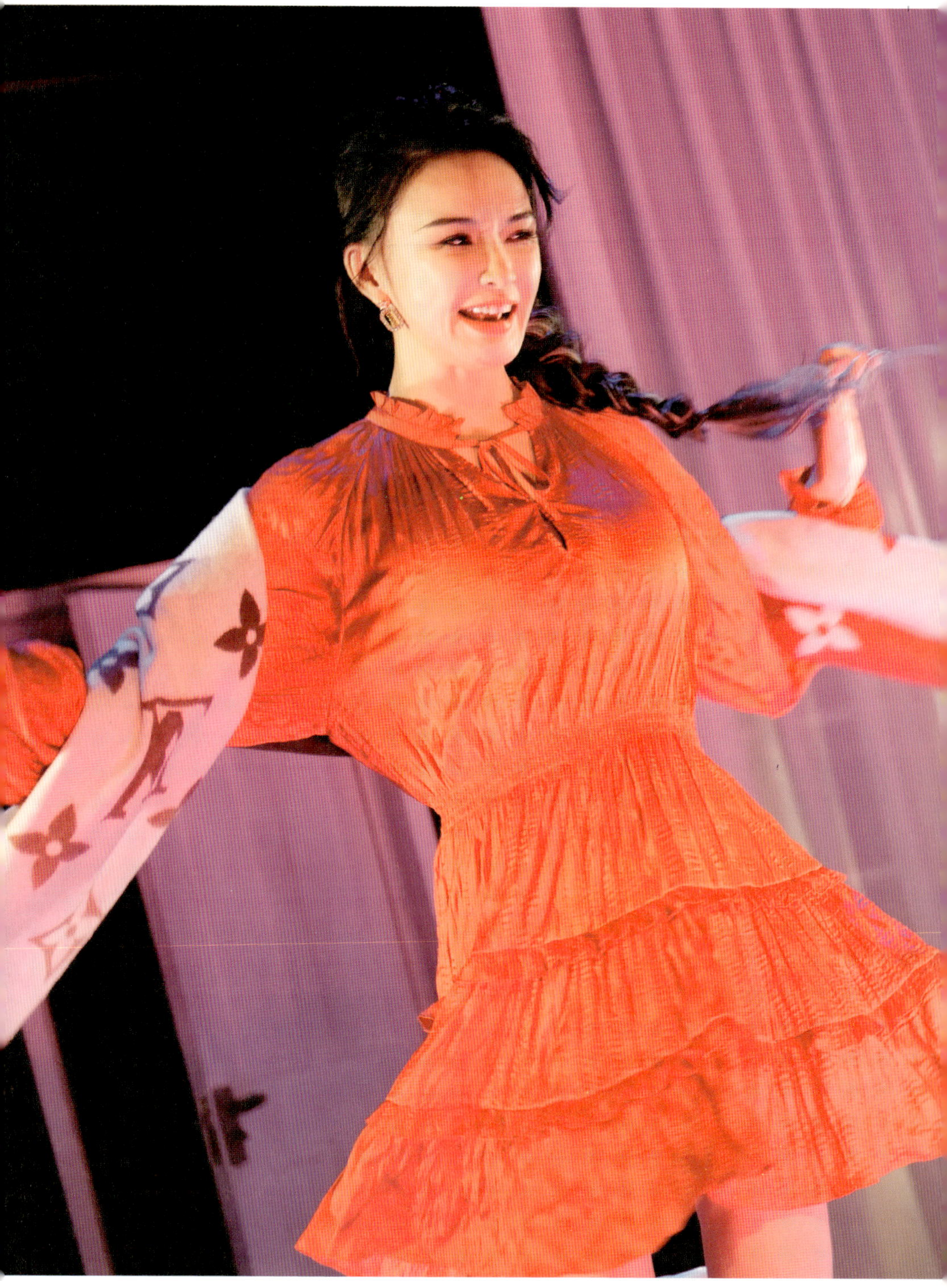

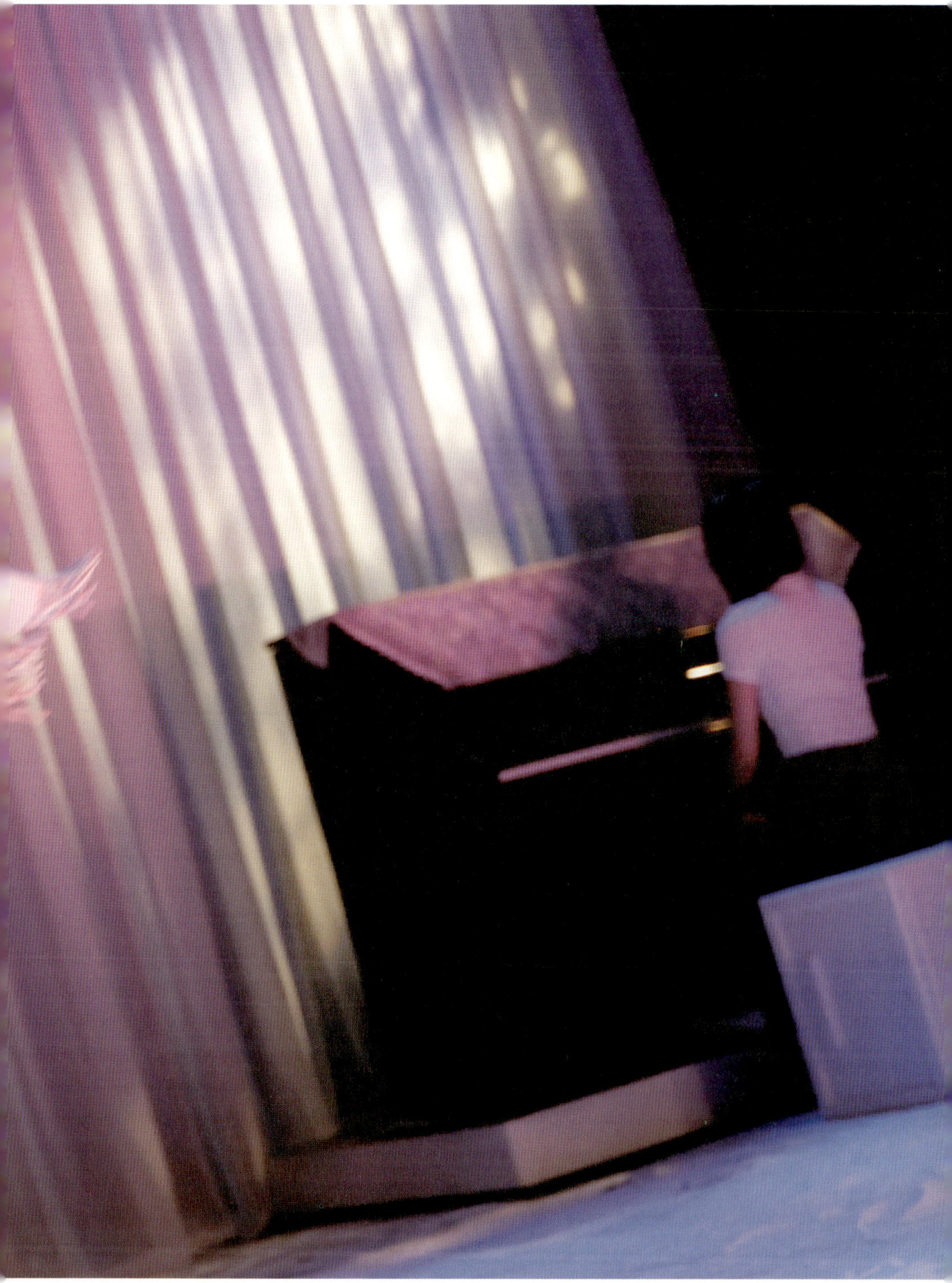

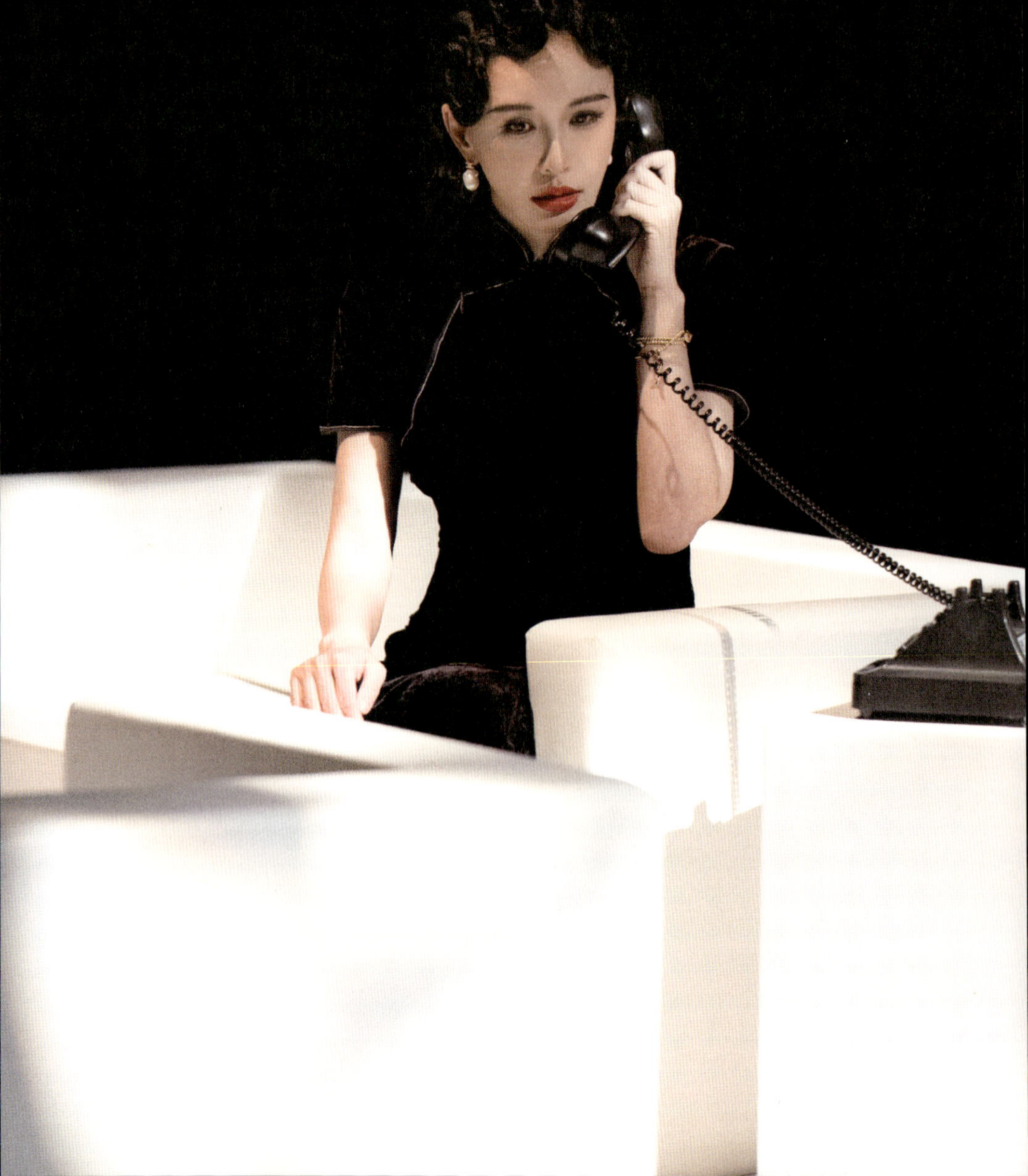

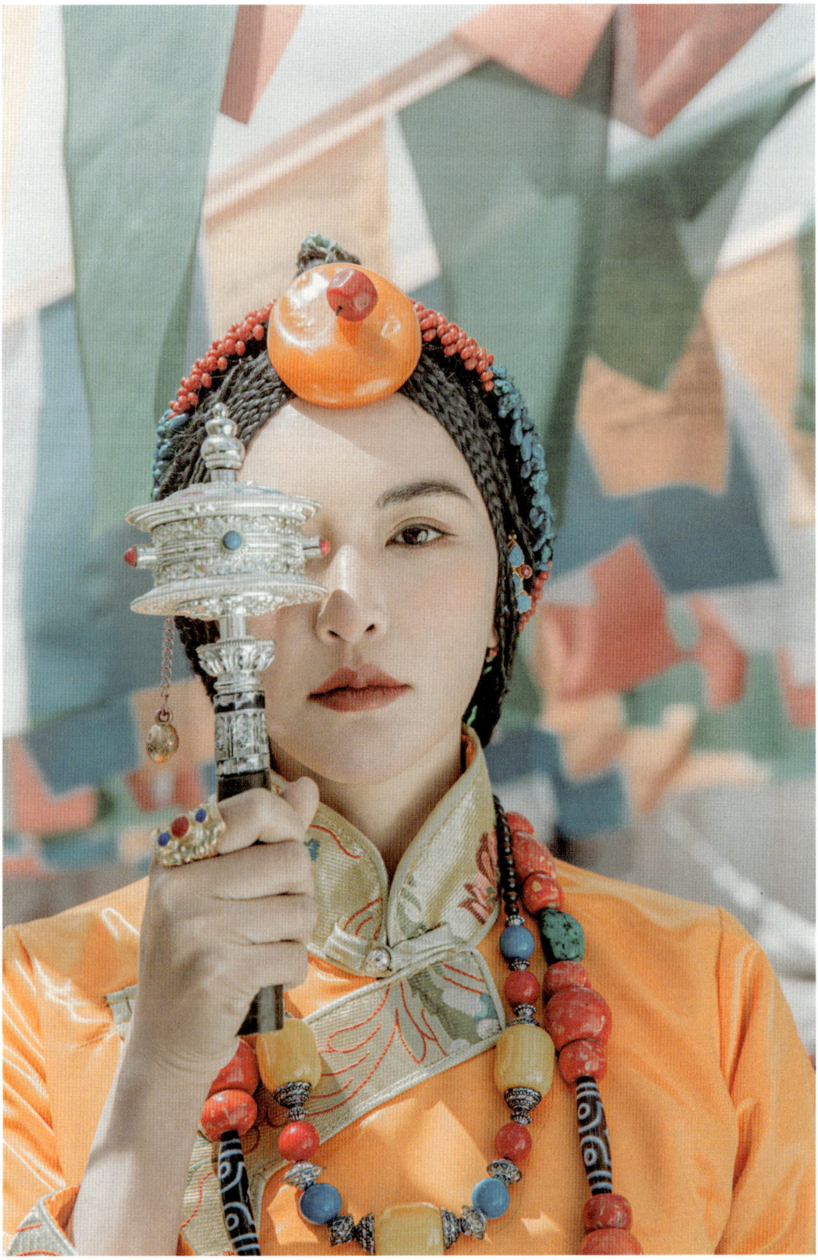

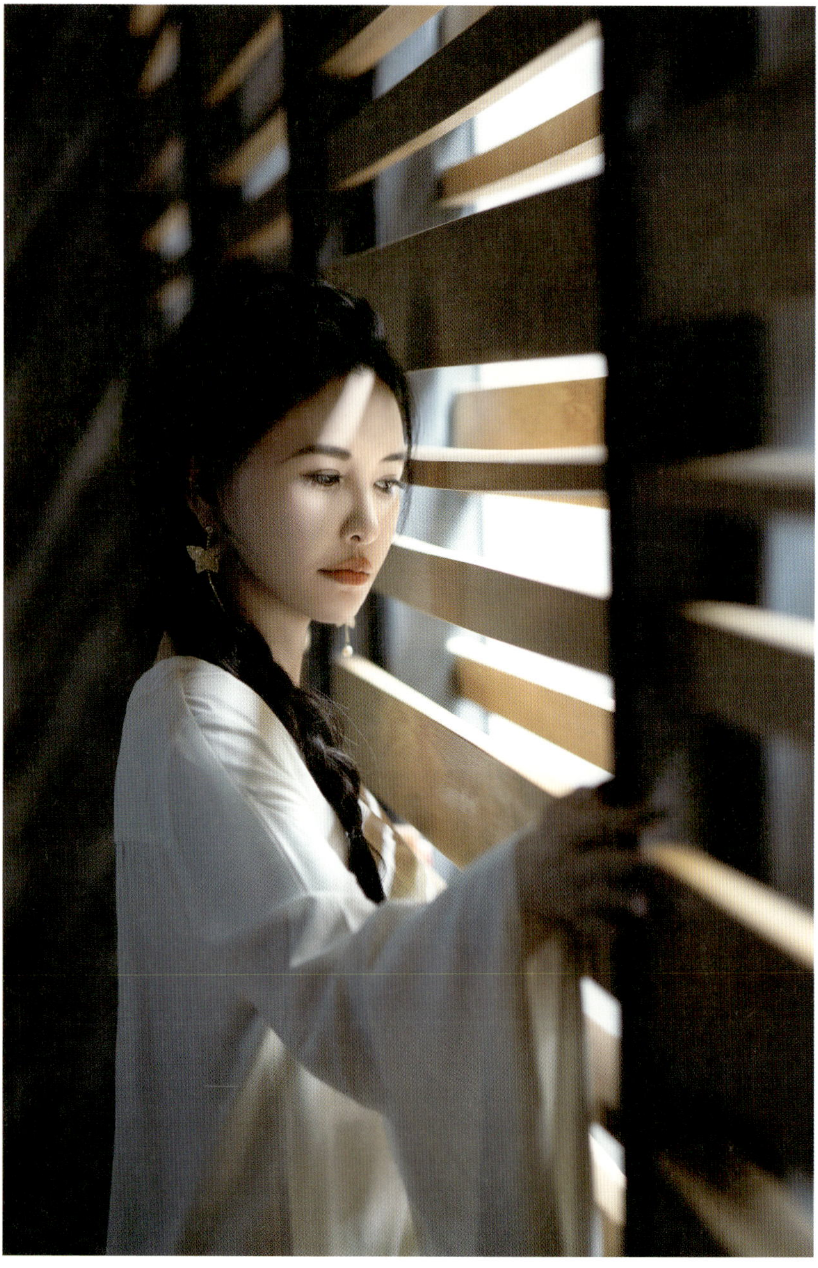

第四章

没有无瑕的人生,
接纳就是完美

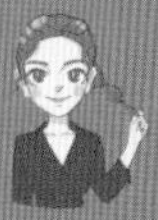

13 人最糟糕的状态，就是与自己为敌

遇见某先生是我人生路上避不开的一个坎。短短的一段恋情，让我对爱情的态度又成长了不少，之所以想要花一点时间来写这段感情，是因为它带给我很多感动，同时也是我感情观成长的一个转折点。

大概 10 年前，我接受过一家杂志的采访，说过一句"感谢不娶之恩"。时至今日，我觉得这句话有那么一点不成熟——似乎"娶"变成了衡量人生是否完整的一部分，而"恩"这个字，也将自己定义在了一个低的位置。现在回过头来看，就算我至今未嫁，也依然会拥有富足的人生。

我们是朋友介绍认识的。有一天，我们同一剧组的女演员问我有没有看过一部最近非常火爆的关于婆媳关系的电视剧，说想介绍里面的男主角给我认识。

当年这部戏很火，哪怕我没有特地坐下来看，也多少知道一些剧情和演员的情况。这部戏男主角的人设很有生活气，也很完美——温

柔、细心、疼老婆,小两口闹矛盾的时候他永远都是认错的一方,这样的人设非常讨女孩子喜欢。有强大的角色光环加持,我毫不犹豫地同意了,给对方留下了我的电话号码。

不久后,我在片场接到了某先生的第一个电话。

记得当时风很大,我正在户外拍戏,在一个长长的楼梯上奔跑。间隙间接到电话的时候我刚刚经历了数次上下楼梯的折腾,累得直喘气。趁着休息的空当,我站在楼梯口那儿跟他聊了很久。讲电话的时候我还没觉察那是一个风口,事后肚子疼才发现那天吹风吹得太久了。

那段时间我在横店,他在北京,我们一直都是电话联系的。他对我说:"你回北京的时候我去机场接你。"正好我也接到了李晨邀约的另一部戏,接下来需要在横店和北京两地来回跑,没多久就正式和他见面了。

他真的来机场接我了。我推着行李箱从机场走出来,看到他满脸笑意地在门口等着,如剧中的男主角一样温柔。

在此之前,我们都看过不少对方演的戏,再加上电话聊过很久,所以我们没有初次见面的生分,第一次见面就感觉认识了很久一样。他刚结束了上一部戏,正处于空档期。我拍戏的时候,他就去片场陪我。记得那时大夜戏拍得多,他一直在旁边默默地看着,等我收工。

北京的冬天很冷,那个冬天对我而言却格外的暖。

两部戏杀青后,就已经临近春节了。某先生主动邀请我搬到他家住,我们像寻常人家的老夫老妻一样过着每天围绕柴米油盐的、热气腾腾的烟火日子。

他大大方方地跟我逛街,带我一起参加活动,不怕被公开。他还会让我邀请我的朋友们来家里吃饭。我跟朋友们一起喝茶聊天，他就在厨房里忙前忙后。看到这样的场景，我的朋友们都惊呆了：这不就是剧里那个完美的小男人吗？这么会照顾人，这么宠女朋友，小奇真是好福气！

那一年某先生特别火。这部剧余热未消，又有一部战争剧进入了宣传期，继而在各大电视台轮番播出。打开电视，铺天盖地都是他的戏。在这部很棒的战争剧里，他饰演男一号，看完电视里古灵精怪又侠肝义胆的他，再看生活中的他就多了一层"重情重义"的滤镜。虽然我自己也是演员，知道塑造角色形象是演员的本分，但也抵挡不了"角色光环"的影响。包括我的朋友们也是，我的经纪人、化妆师，还有我的闺密都觉得我应该跟他在一起。我也被幸福冲昏了头，觉得这次总算遇对人了。

跟这样的一个人恋爱，很容易产生满足感。我时常暗自得意：在这个圈子里，还能找出第二个如此优秀又懂得疼爱女朋友的人吗？

我们的相处也并不是没有矛盾，只是这些矛盾对于爱情的甜蜜来说不值一提。

我们的性格很不一样，在为人处世方面往往南辕北辙。他情商很高，与人交往有一套自己的方法，我始终学不来，但这无伤大雅，只要我们彼此真心，一切都不重要。

我们对事业的看法也不一样，尤其是对我的事业。我自然希望自己能奔向锦绣前程，与他并肩站在高处。但他认为以我的性格来说，在事业上已经不可能再有什么突破了，以后演戏也不可能火，最好的未来也不过是当个全职太太，支持伴侣拼事业就可以了。

如果放到现在，我可能会觉得对方不尊重我的价值，甚至怀疑自己是否被PUA，但当时我踩在30岁的节点上，正是恨嫁的年龄，听到这样的言论并不觉得自己的能力被低估了，反倒觉得对方分析得很客观，甚至觉得他有这样的考量正是因为他在认真思考我们的未来。

我不确定他是否知道我曾有一段婚史并且有孩子这个事实。我在澳大利亚的姐妹们回国发展的不少，同在演艺圈的也不少，我的过往经历很多人都是知道的。对于这段记忆我始终无法释怀，那时的我觉得婚姻失败是一件很不堪的事情，虽然没有刻意对谁隐瞒过，但也没有刻意对谁提起过。它让我自卑，无论我在恋爱中有多高的姿态，心里还是隐约做好了感情无疾而终的打算，觉得别人不一定能接纳我的过去。每次爱情来临，最让我苦恼的就是如何让人知道我的过去。

我多希望某先生之前在别人那里听说过我的事情，是带着对我所有的了解来跟我交往的啊！这样他就不会惊讶于我的过去，我也不必纠结什么时候向他开口以及如何开口。从跟某先生正式交往开始，我的内心就一直在拉扯：我们的感情是否到了可以开口讲这件事情的地步？娱乐圈内的人消息都那么灵通，他应该知道我的情况吧？万一他觉得结婚只是我的一厢情愿，我又该如何自处？我感觉自己需要一个更加笃定的信号，确定他对我是足够认真的，我才有足够的勇气跟他认真聊自己的过去。

没想到，这么一点点的犹豫就给我们的感情埋下了一颗雷，而且很快就爆了。

过完年，我去海南拍戏，大概是3月底或是4月初的样子。有一天在片场拍完戏，我就发现有许多个未接电话，是经纪人打过来的。

我心里隐约觉得肯定有大事发生，于是忐忑地回拨过去，果然，经纪人焦急地告诉我："你的隐私被人曝光了。"

该来的终于来了，而且是以我最意想不到的方式。我的大脑一片空白。

经纪人向我求证"结过婚""生过孩子"这些传言是否属实，得到我肯定的答复后，她马上帮我安排紧急公关。身为当事人的我则不知所措，不知道自己能做些什么。

我以为我的人生已经重新开始很多年了，我以为我跟过去切割得很清楚了。离开见证过我经历的一切亲人，从悉尼到北京，我逃啊逃，没想到兜兜转转九年，又一头栽了回去。

原来它一直在那里，我逃不掉的。

离婚时经历过的那种无助感又扑面而来，熟悉而强烈。与此同时，还有另一个问题困扰着我：某先生知道了吗？我和某先生怎么办？

隐私没有被曝光的时候，这只是我跟某先生两个人的事情，我们只需要坦诚地面对彼此最真实的想法就好；被曝光后，这件事迅速成为网络上的一场狂欢，一时间各大网站的网友都在讨论这条八卦，相关的跟帖一条接一条。有骂我情感骗子的，有骂我虚荣拜金的，有为某先生打抱不平的，还有添油加醋编排黑料的……光是听到经纪人跟我描述这样的舆论状态，我就已经恐惧到浑身颤抖了。

跟经纪人通完电话，我努力让自己平静下来，打电话给某先生，问他："你看到新闻了吗？"

电话那头的他也语气平静："没看，但大致知道了，下午很多人发信息给我。"

听到这句话,我忍了很久的眼泪"唰"的一下流了出来,原来他并不知道我的那些事情。终于要开口了,一切都要结束了。

我不停地向他道歉:"这是我的不对,应该早点跟你说清楚的,我以为你之前就知道这件事情了。对不起,太对不起你了,我们马上分手,你去过你自己的日子吧,对不起……"我语无伦次地向他表达我的诚意,从头到尾我都如此认真,哪怕爱情的童话破碎了,我也希望他不要把我当成骗子。

他依然语气平和:"我承认,这件事也给我带来了痛苦,但是我不同意分手。"听到这话,我脑子里嗡嗡直响,一方面感恩他的体谅,另一方面觉得自己太失败了,无法面对任何事,也无法面对任何人。

我曾在宁波拜过一个修行的师父。当晚我就匆匆给剧组请了假,从三亚飞到宁波,去山里找她。偌大的世界,这是我唯一能想到的容身之处。在山里待了两天,我关了电话,断了和外界的一切联系。

刚一开机,经纪人的电话就进来了,她安慰我说:"没关系,这不是什么大事。"劝我先回去拍戏,剧组的一大票人都因为我的请假而改了这几天的拍摄内容。虽然每个人都难免有事,但她认为还是应该尽量不要太麻烦其他人。

在山里待了两天,我的头脑也稍微清晰了一些,我得回剧组继续拍戏了。

她又告诉我,说某先生已经在去三亚的路上了,他说要过来陪我拍戏。

回到剧组,一切都与我想象的不太一样。

剧组这两天修改了拍摄计划,没有人责备我,也没有人问我这两天去哪儿了、事情是怎么处理的。所有人都对我格外温暖，大家像什么事都没发生过一样，一如既往地投入工作。经纪人更不用说，一直帮我撑着各种场面，让我安心工作。

也许是大家可怜我，也许是我请假这两天大家多了几分担忧，总之，一时间，我认识的所有人都对我温柔起来，他们用爱意为我围起了一道屏障，隔绝了外界所有的干扰。

最令我感动的是某先生，他来到剧组陪我吃、住，陪我拍戏，没有声讨，没有争执，就那么安安静静地陪着，连续10多天，直到这部戏杀青。

想起这段经历，我至今仍然心存感激。某先生的善意让我渐渐放下了不接受自己的那一面，以前总觉得过去的经历都是阴影，现在见了光，被人接纳了，也算放下了包袱，不再害怕了。原来不够完美的我也有资格被人爱。内疚和感动让我一改过去的骄傲姿态，我暗下决心要加倍对他好，以回报他的这份深重的情义，也当是弥补对他的伤害。我开始主动下厨，洗衣服，去做一个传统观念里女人都会为另一半做的事情。他说他母亲知道我们的事情后很生气，我甚至表态说回北京后我就去他母亲面前请求原谅。

拍完戏回到北京，我惦记的第一件事就是去他家求他母亲原谅。没想到，他母亲一直不愿意见我，还一直让某先生跟我分手。我有点沮丧，某先生依旧说："没关系，我们不分手。"

于是，我又生出一丝希望。来日方长，我有的是耐心等待。人心是慢慢焐热的，我相信他母亲知道我对某先生的一片诚意后应该就不会介意了。

我是一个对待感情很细腻又有些不自信的人，所以哪怕一点点温暖的举动，都会让我铭记在心，同样的，哪怕一丝丝冷淡，我也能瞬间感触到。

5月，我在江苏拍摄另一部悬疑大戏，某先生依旧来片场陪我，前前后后大概一星期的时间。我们的感情依旧很好，只是偶尔听到他说他母亲对我们继续交往的事情感到很愤怒，并说一些很绝情的话。我知道他跟他母亲的感情特别深，所以我认为我也没有资格感到委屈，只是下定决心要早日争取他母亲的认同。

6月，我们各自都有戏要拍，在不同的剧组，彼此都忙，前后有一个月的时间没见面，偶尔会通通电话。每次通话我们都在讨论他母亲对我的态度。他告诉我说，老太太因为我这个事气得生病了，又把他大骂一顿，说如果跟一个二婚的女人在一起，全家人都会抬不起头来。

我自认自己没有生气的资格，只是隐约感觉很对不起他，也对不起老太太。那段时间他很忙，又怕惹老太太伤心，对我越来越疏远。

7月，我回北京拍戏，正好他的剧组也在北京，更巧的是，两个剧组都住在同一家酒店，他住4楼，我住3楼。

久别重逢，我自然欣喜无比。他给了我他的房卡，我收工后就回房给他洗衣服、煲汤。剧组条件有限，我就想着变花样给他变换食材。那时我已开始吃素，包括带肉的汤也不喝，所以每次煲完汤都是他一个人喝，我在旁边看着就很开心了。

他最终还是跟我提了分手。

在提分手之前，已经有种种迹象让我觉察到我们的感情不如之前好了，他对我的态度逐渐冷淡。我很恐慌，总是极力挽回。

在我看来,他对我的态度纯粹是我自作自受,如果我的过去能再单纯一点,如果我没有那些不堪的经历,他一定会好好爱我的。失婚女人在未婚男人面前的自卑感毫不留情地压迫着我,让我抬不起头来。

人家包容了我的过去,我还有什么资格矫情呢?我总会不由自主地这样想,心里满是愧疚。于是,他对我越冷淡,我就越发卑微地讨好他。或许是这份讨好彻底消耗了我在他心中的最后一点好感,他下定决心要结束这段感情了:"我们分手吧!"

那个7月是我人生中最痛苦的一个7月,酷暑的炎热丝毫抵挡不了我心里的寒冷。我也不知道自己能撑多久,只是每天不停地道歉:"我错了,我一定改……""我去跟你母亲道歉,求她原谅好不好……"

现在来看,都不敢相信当年的自己竟然卑微到这种地步,而在当时我是浑然不觉的,只觉得他就是我生活中唯一的希望,就好像溺水的人抓住了一根浮木,断然不肯放手。

就这样坚持了一个月,我的戏杀青了,他的戏转景到河北,他不再跟我联系。我逐渐意识到要彻底失去他的事实。

8月,我让闺密陪着我,驱车一个多小时到河北去探班。我在片场等他等了好久,他让助理来跟我说让我走。我跟他的助理说:"让我见他一眼吧!我没有任何需求,只是想见他一面而已。"

不一会儿,他真的来了,让我见了一面,也真的只有一面而已。一秒钟以后,他道别离开,我知道我们的故事到此结束了。

对于某先生,我的感情是非常复杂的。即使当时的我和所有女人一样,在分手的时候遭遇到了极大的痛苦,我也相信这个决定对他来说也并不容易。时至今日回想起来,他的重情重义也是我生命中的一大亮色。直到现在，想起当年隐私被曝光的那个瞬间，仍然觉得某先生没有在第一时间跟我分手是我生命中的一大幸事，是他的这份善念支撑我走过了人生最低谷的时期。

我也知道他有他的难处，也相信他跟我在一起时的感情是真诚的。爱情有开始就会有结束，这是再正常不过的事情，只是我自己沉迷其中不愿清醒罢了。

等到多年后再回过头来看这份感情，我才想清楚这段感情走向终结的原因除了外力所致，更关键的是我放低了姿态，我们关系的转变就是从这一刻开始的。我把自己看得太过卑微，自然无法赢得别人的尊重。

我以为这世上只有他有足够的胸怀容纳我，离开了他就再也不会有人要我了，也会有许多人看我的笑话。这是我的自卑感在作祟，我不认可自己的价值，也害怕面对别人的负面评价。"我不够好""我不配"就是我的性格底色。

我以为自己离不开他，并不是因为我离了谁就活不了，而是我对自己的能力没把握，不敢面对生活中的种种失去。所以，并不是别人看不起我，是我一直看不起我自己啊！一个与自己为敌的人，又怎么能把生活过好呢？

人最糟糕的状态，不是遭遇了外界的打击，而是内心的力量支撑不住外界的任何变化。

事实证明，后来我一个人也能过好自己的生活。失恋是"世界末日"的错觉，其实是自己内在世界的坍塌所导致的。

有时候我们以为自己离不开一个人,并不是真的谁离了谁就活不了。而我们太看低自己的能力,对未来没有把握,便不敢面对眼下的种种失去。事实上,每个人都有独立生存的能力,当你内心足够充盈的时候,无论是一个人还是两个人,都可以生活得很好。

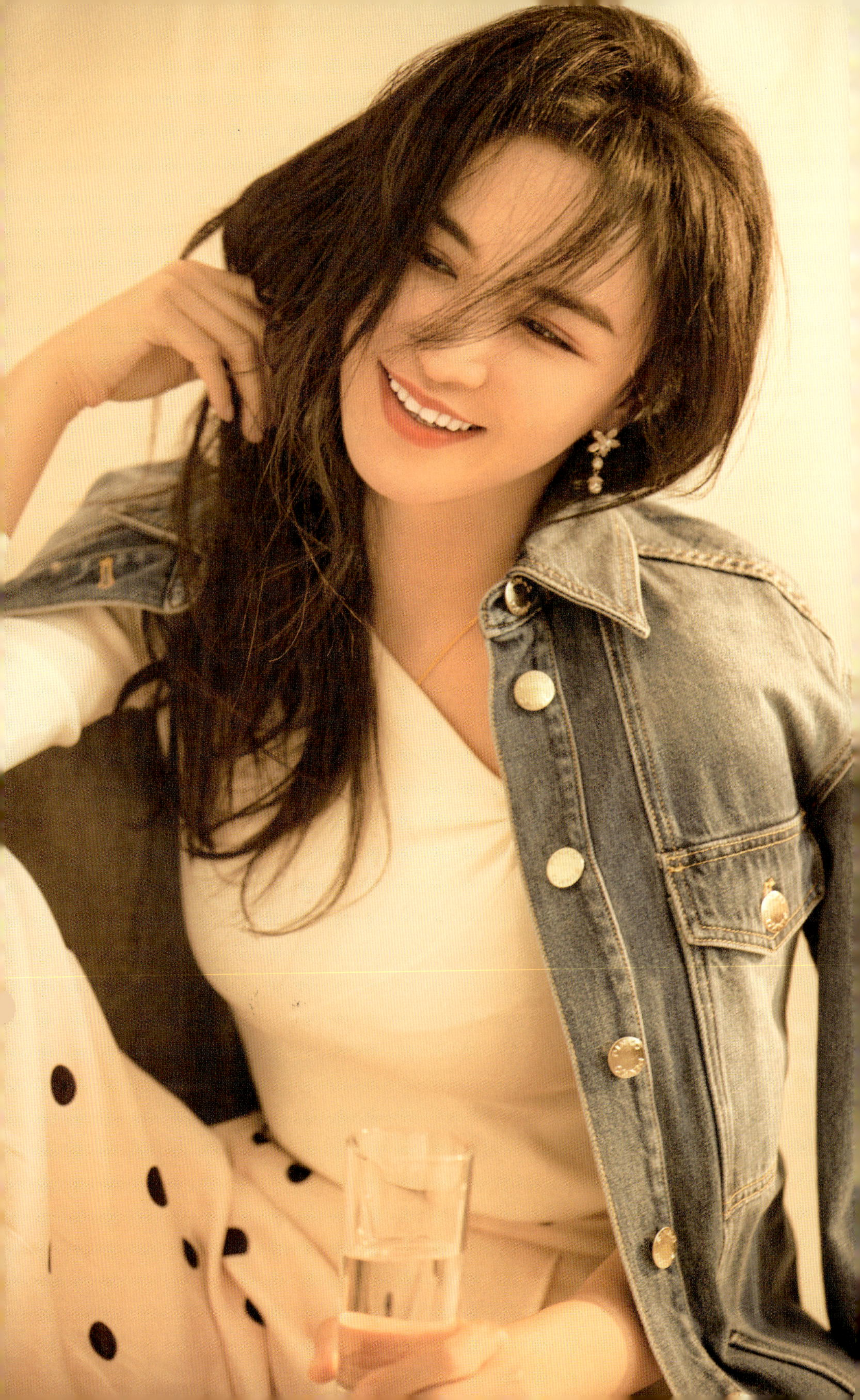

14 不够爱自己，才时刻恐惧失去

从小我就害怕分离，可是我的人生却不断地面对分离。出国、离婚、回国，每一次分别都是将生命里最重要的东西抽离一部分出去。这次失恋更是如此，它给我带来了前所未有的痛苦。

分手之后某先生失联的十分决绝，但我总得活下去吧，于是我想方设法地寻找疗愈自己的方式。8月底，我无意中在网上看到一个心灵成长的课程，要去国外学习30天。我没有丝毫犹豫就报了名，买机票出发了。

跟大部分女生一样，我这个人对感情有些慢热，感情来得慢，去得也慢。虽然我知道跟某先生的爱情走到尽头了，但隐隐约约还盼着他偶尔能给我一点回应，让我觉得这段感情并不是我的一厢情愿。9月6日是我的生日，我满怀期待地等着他的信息，我想，我并没有正式同意分手，在这个特殊的日子里他怎么也会给我发个祝福吧！但是等了一天都没有。次日，我按捺不住给他发了一条信息："昨天是我的生日，我还想着你会不会祝我生日快乐……"他没回。

在国外的一整个月，我可能把这辈子的眼泪都流干了，天天以泪洗面。

从 4 月到 9 月，小半年的时间，随时都有记者找我采访。以前有某先生在身边，我多少有些底气，经纪人也会帮我挡掉一些让我窘迫的问题。但从国外回来后，之前拍的一部戏要开发布会，我得独自去面对外界的质疑。

经纪人鼓励我："这是你迟早要面对的事情，你要勇敢一点。"

"那记者问一些犀利的问题怎么办？"

"接受。"

听到经纪人这样的回答，我已经不寒而栗了。出场前，我的心里一直很忐忑，不停地祈祷记者们不要问我情感问题——我没准备好，不知道要怎么应对。

怕什么来什么。发布会到了记者采访的环节，所有的记者都逮着我一个人问："你是不是骗了他？你为什么要骗他？""你拿了他多少钱？传言他给你买房子、买豪车是真的吗？""你们现在还在一起吗？"……

我的心怦怦直跳，喉咙好像被什么东西堵住一样，一个字都答不上来，连否认别人给我买房、买车的话都不会说，毕竟我也不知道为什么会有这样的传言。台下 100 多个人的目光都盯着我，我感觉自己像一个黔驴技穷的小丑，知道自己必须要对观众做出交代却拿不出任何本事，没有为自己喊冤的能力，只能任由他们借题发挥。

这时闫妮姐帮我解了围。她招呼记者说："大家有什么问题就来问我吧！"她大方地用自己的私生活作为谈资，帮我挡住了这些攻击,这是现在想起来我仍然觉得心存感激的一个瞬间。她真的是一个很好的人。

生活还在继续,我却不知道要怎么继续生活。

我开始天天买醉,每天吆喝一堆好朋友出去喝酒。有时候喝多了就会忍不住打电话给某先生。电话大部分时间都无人接听,偶尔被他接过一两次,都是寥寥数句就结束了通话。

11月底,他的生日到了。我们头一年在一起的时候,他刚过完生日不久,在我心里一直就有个心愿,想好好为他过一个生日。我提前给他准备了礼物,发信息告诉他:"不管怎么样,我还是希望再见你一面,把礼物送给你。"

他答应了,但同时又提醒我说:"这样也不代表我们有复合的希望。"

我知道。我一直知道。无论我怎么做,我们都回不到过去了。我做好了离开的准备,只是心不甘情不愿,想让这个时刻来得再晚一些罢了。

他生日那天,我去他家登门拜访,我们像没事一样再次友好相处。

这是我们最后一次见面。从第二天起,我们就再也没联系过了。

我们的感情前后持续了近一年的时间,因为彼此工作忙,我们相聚的时间并不多。但是因为在一起的时间节点特殊,我们又一起经历了这么多事,这段感情在我心中一直是很特别的存在,带给我的感动和疼痛都是刻骨铭心的。

那段时间,全靠工作救赎。正好2012年是我比较忙碌的一年,《北京爱情故事》《大上海》……戏约一部接着一部,我来不及悲伤太久,就要一次又一次地投入角色。也正是因为这些影视剧的口碑不错,大家似乎渐渐忘了那个"爱情骗子"莫小奇，我的形象慢慢被剧里的角色拯救回来了。

很感激这些赏识我的导演，他们给了我重生的机会，当然也要感谢自己没放弃，如今再回头看，一切都已经过去了。

在接下来的时间里，我对心灵疗愈的渴望也到了"病急乱投医"的程度。我去教堂，去道观，也去寺庙。抄经文、唱咒语、在菩提树下打坐、去专门的学校修行、上心理类的课程……总之尝试了各种我所知道的方式。拍戏以外的时间，我几乎全聚焦在与自我和解这件事上。此前去国外学习的课程，我在 5 年之内又去了 10 次。

后来我也慢慢悟到了一些心灵成长的技巧，不再盲目地依赖某一种方式。只是这个成长的过程比较缓慢，也要经历很多痛苦。

记得在国外学习期间，我每天都会号啕大哭。回溯自己的伤痛的时候，我总是不敢面对，也渐渐意识到，正是这些积压在心里的东西让我不得安宁。我一直没有跨过去离婚这个坎，所以才显化出后来这一系列的恶性事件。我无法接纳离过婚的自己，无法接纳自己不被人爱。

婚姻里残留的问题随时会跳出来给我警示：失去爱情是一件很恐怖的事情，会让你经历另外一场炼狱。以至于我和某先生的感情一旦出现危机，这种恐惧感就立刻被唤醒，让我不停地后退、逃避、自欺欺人，直到我不得不面对失去。而失去的感觉再一次唤醒了我潜意识里的抑郁情绪，我再一次把自己的生活搞得糟糕透顶。

这种猜想也不断地在我后来的学习过程中得到证实。记得《内在疗愈》这本书里也提到过："当我们经历一件能引起剧烈情感激动的事情时，无论其是悲是喜，我们的大脑都会记录下来，而且会记录下所有与之相关的、哪怕最微小的信号。如果你想努力忘掉生活中的一段记忆，那么这段记忆对于你来说一定非常重要，也就是说，它曾经并仍然在引起某种你想压制下去的强烈的情绪波动。只要你一直选择回避，这段记忆就很可能会一直纠缠着你。"

过去的婚姻创伤就是我一直在逃避的问题。我以为避而不提就可以终止伤害，但事实上它一直如影随形，在我的压制下随时准备爆发。我回避了生命中的一段重要历程。这些积压在心里的东西总有一天会逼着我去面对，即使没有某先生，也会有李先生、张先生，它总会在我最出其不意的时候跳出来提醒我，直到有一天我能面对自己的内心为止。

事情的真相是：人不能把自己的命运交给任何人负责，我们都是自己人生的第一责任人。生活出了问题，也怪不得别人。任何事情都是我们自己吸引过来的，即使是受到伤害，也是你自己允许了这种伤害。想要终止这些问题，就得打破旧的思维模式，重塑自己对命运的看法。

我一直渴望从外界索取爱，认为被爱的人才有价值，问题的本质其实是不够爱自己。一个连自己都不够爱的人，是不能奢望在别人那里获取爱的。爱情永远是双向奔赴，一方的低姿态并不能换来和平，只能把关系推向失衡。

人不能逃避自身的痛苦，我们只有与我们的痛苦和平相处，才能真正获得安宁。过去的经历以及这些事件引发的内心体验都是真实存在过并且无法改变的，它们本身就是我们完整生命里的一部分。不与过去对抗，也是不与自己为敌。

书里说："与过去握手言和，才能活在当下。"我花了很多年才能真正做到这一点。

因为与某先生的这段波折，后面我在每段恋情开始之前都会跟对方说："我离过婚，有个孩子，你愿意接受我们再继续往下谈，不然就到此为止，做普通朋友就好。"

我终于有勇气面对过去的一切了。从向外求索到向内生长，这对我来说是一次很大的跨越。

谢谢你在我绝望的时候，曾经给予我那么多的希望，谢谢分手让我认识到自己在潜意识里一直存在的问题，谢谢我愿意将恐惧化成种子种在内心，用耐心和爱让它们成长，最终结出幸福的果实。

我也终于明白：逃避不是放下，接纳才是。

接纳自己，是我们一生中最重要的功课。

接纳得意的自己，也要接纳失意的自己。恋情、婚姻、事业、生活都有可能不顺，没有人能事事完美。只要你不对抗这些遭遇，就没有哪件事算得上"失败"。不要遇到点事情就觉得自己不好，如果你自己都觉得自己不配得到更好的生活，那更好的生活又怎么会主动来找你呢？

人不能总是依赖外界的东西来证明自己的价值，比如别人的爱、评价等。我曾经很害怕衰老，害怕自己的美貌不再，害怕没有人看。后来才发现，只要你从容一点，每个年龄都有每个年龄的美。成熟的女人也有独特的风韵，女人的价值不在于"白""幼""瘦"，也不在于取悦谁。你的智慧，你的成就，你对别人的贡献，以及你对自己的定义，才是你真正的价值，这些并不需要别人赋予你。一切外在的东西都有可能消亡，只有你与自己同在。

正视自己的恐惧。直面自己的内心，熟悉困扰自己的这一切，你的人生才会发生质的改变。当你发现自己不再恐惧别人的眼光、不再恐惧面对困难、不再恐惧年龄的时候，你的生命就真正迈向了宽广。

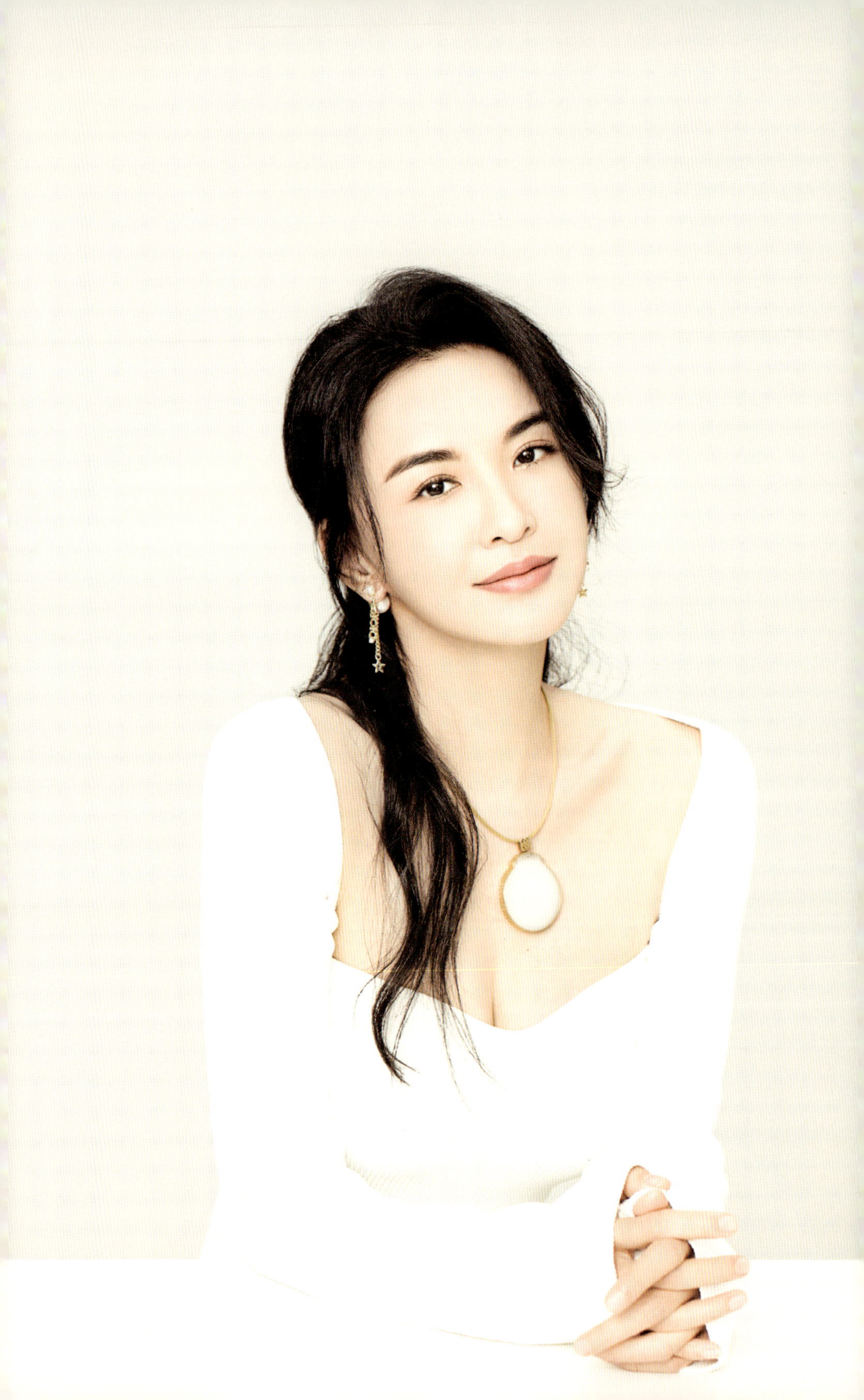

15 接纳父母，也是在接纳自己的人生

在疗愈课程里，我遇到最具挑战性的内容就是"修复与父母的关系"，这比面对离婚时的自己更难。

离婚后，我与父母的关系曾一度僵到极点，尤其是与我父亲。10年来我与他的关系特别差，甚至曾有两三年没说过话，不通电话也不见面。虽然我一直在努力赚钱给他们提供更好的生活条件，但心里总是好像隔着一座又一座山。

父亲是一个悲观主义者，成年后的我也颇为悲观，凡事都只往最坏的方面想，可能我悲观的性格多少也源自父亲对我的影响。此外，父亲一面教育我从小靠自己，让我早早地独立、学会自己挣钱，一面在我面临人生大事的时候给我关键的决策引导，这让已经拥有独立意识的我感受到自己的人生受到了干涉。遭遇了婚姻的不顺，我更有理由把这一切的源头归咎于父亲。

母亲也让我有诸多怨言。她脾气耿直，我鲜少能做到与她心平气

和地交流。离婚后，我不愿意面对过去，也害怕面对孩子，她没有觉察到我的敏感，反而一个劲地催我回去看孩子。她不断地拿过去的事情来刺激我，这在我看来无异于往伤口上撒盐。

我像是一个叛逆期晚到的孩子，在他们面前横冲直撞，把对生活的所有不满都发泄在他们身上。

以前生活在一起的时候，我们总是矛盾不断，冲突特别激烈。我受不了他们的指责和没完没了的"为我好"的建议，很多时候都是我用威胁来结束冲突："我从楼上跳下去吧，这样你们满意了吗？"

都说"不幸的孩子需要用一生来治愈童年"，那时候的我觉得我就是那个不幸的孩子，半生风雨飘摇，找不到任何庇护所。这样的情况，让我如何同父母和解呢？

直到有一次跟朋友聊起过去，我才被朋友一语点醒。当时我们聊完原生家庭对自己的影响，她听出了我言语中的怨气，反问我："你到底是在讨厌父母，还是在讨厌你现在的生活？"

这个问题把我问住了。我究竟在埋怨父母把我养成了现在这个样子，还是在痛恨把生活过得一团糟的自己？

不用怀疑，我一定是爱他们的。这些年我奋斗的唯一动力就是让他们过上好日子。我对他们所有的不满全与我自己糟糕的生活有关。

当生活里的问题层出不穷的时候，我不愿意扛起自己的那份责任，而是为自己的狼狈找了一个借口，觉得自己把日子过得这么糟糕并不全是自己的错，很大一部分原因是父母的教育方式不对，是他们让我形成了这样的性格才导致我在后来的婚姻生活和情感生活里受欺负。

接触了点心理学，我就以为找到了人生悲剧的源头，光明正大地逃避自己的责任，这真是大错特错。

每个人成年之后的行为都与童年的经历有着千丝万缕的联系，一个好的原生家庭培养出来的孩子，人格会更加健全，更能以良好的心态去面对人生的起伏，这是毋庸置疑的，可是又有谁的原生家庭能够十全十美呢？人人都不完美，每一对父母也都不是生而完美，在家庭教育里谁都做不到无可挑剔。

我给自己孩子提供的原生家庭环境都无法尽善尽美，又如何以更高的标准来要求我的父母呢？这对他们来说是不公平的。他们也是第一次当父母，天底下没有几个父母会故意伤害自己的孩子，只是他们也有自己的局限，无论他们做什么样的决定、提供什么样的帮助，他们都给出了他们能给的最好的东西。就像我父亲帮我决定我的恋爱与婚姻，以及强行要求我留下孩子，这些都是他在他的认知里能帮我做出的最优选择。谁的父母都不是圣人，只能探索着以他们自己认为正确的方式来表达爱，就如后来的我探索着想把自己最好的爱给我的孩子一样。

这个问题想通了之后，我迫不及待地想要弥补过去错过的时光。

2011年底，我第一次认认真真地回到家里，陪父母一起过了一个完整的春节。那个春节让我感受到前所未有的踏实。

也是从这时起，我们的关系真正开始融洽了。过去这些年，我的任性让他们受到了不少伤害。我们总是一言不合就争吵，动不动就冷暴力，明明是最亲、最爱的人，却总是互相伤害。意识到自己的问题后，我开始向父母表达爱意，去拥抱他们、发自内心地去亲近他们。

我很明显地能感觉到父母也随着我态度的转变而转变了，我们彼此都开心了许多。

此前逃离澳大利亚，既是逃离自己的过去，也是逃离他们。那时我很少回去，总推托说工作忙，但其实也未必忙到一年连一周的时间都抽不出。所以，父母对我也有诸多抱怨，越抱怨我越不想回去，这样就形成了恶性循环，亲情越来越冷漠。

思维转变后，我发现自己亏欠父母的太多了。父亲总在为家里付出，努力赚钱提升我们的生活质量，却舍不得对自己好一点；母亲也总是牺牲自己的利益来满足我的需求。在离开他们的最初10年里，他们替代了我和前夫为人父母的角色，全心全意帮我们照看孩子，尤其是我母亲，她40多岁就放弃了自己的事业，全职在家替我履行母亲的职责——那本应该是我的责任啊！

与父母和解后，我才发现原来家庭这个港湾才是我能量的起点。

当我不再恐惧面对父母和孩子，认真去感受他们的爱的时候，我发现他们给予了我极大的治愈能量。我们相处的时间比以前更长了，一起散步逛街，一起旅行，爱意在我们之间自然地流动。

在写这本书稿的前不久，有一个场景令我特别动容。那天我打视频电话回家，退休的父亲正在院子里晃荡，我随口问了一句："爸，你开心吗？"他满脸笑容，毫不犹豫地回复我："开心，好开心。"

他那发自肺腑的笑容感染了我，我也觉得自己的心里有一朵花绽放开来。我又问："爸，你这一生最好的阶段是什么时候？"他又斩钉截铁地说："是现在。"那一刻，我感受到强烈的情感联结，内心无比喜悦。

父亲辛苦了一辈子。他出生在特殊年代，早早失去了家长的庇护，这或许也是他后来一路为我护航的原因所在。他这一生做过很多错误的决策，这不单指对我人生大事的干涉，其他如投资、创业等决策，也都以失败告终。他努力想为我们家撑起遮风挡雨的大伞，却时常碰到力不从心的时候。

这样的父亲是豪壮且悲情的，我过去对他的不满也是残酷的。想必在过去的许多年里，他也没有多少真正开心的时刻吧！如今我有了独自面对风雨的能力，他也该放心了。而我也庆幸自己尚有弥补的机会，能看到他真正地开心。

挑剔父母，其实是在挑剔那个不完美的自己。当我们拒绝接受自己的不完美时，就会对周遭的环境有诸多指责，想为自己的不完美开脱。就像朋友劝解我的那样，一切对原生家庭的苛求都是对自身缺点的抗拒：不接受自己的婚姻问题、不接受自己恋爱失败、不接受自己不被人认可等。

每个人都带着原生家庭的烙印生活，但并不意味着我们会将某一种生活模式一直延续下去。父母有父母的局限，我们有自己的使命。每个人都是自己命运的第一责任人，这个无论如何都开脱不了。我们都有能力过好自己的生活，也必然要通过自我觉醒的方式来过好自己的生活。

觉醒是成长的第一步。心理学家弗洛伊德认为心理治疗的目的就是要增强人的意识，要让人的意识勇敢地面对潜意识，不要逃避，不要躲闪。卡尔·荣格直接把心理疾病的根源描述为"拒绝面对阴影"，如果我们一直回避生命里的阴影，它就会藏匿在潜意识下影响我们的生活。所有的心理问题都不是阴影本身造成的，而是我们对阴影的拒绝造成的。

对自己的潜意识保持觉知，通过修正意识来提升生命质量，是最好的成长方式。我很喜欢斯科特·派克的一句话：不要成为自我处境的牺牲品，你是唯一可以思考并做出决断的人，是你的意识决定了你的生活。

不苛求他人为自己的命运负责，这才是真正爱自己的表现。原生家庭也许会影响我们一阵子，但影响不了我们一辈子。与父母的和解，是对自己的救赎。这意味着我们坦然拥抱了那个不完美的自己，让自己重新获得了爱的能力。

请记得：不要责怪父母没有给你更好的条件，他们也是第一次当父母，他们有他们的局限，他们已经给了你他们能给的最好的东西。要接纳每个人都有自己的局限。

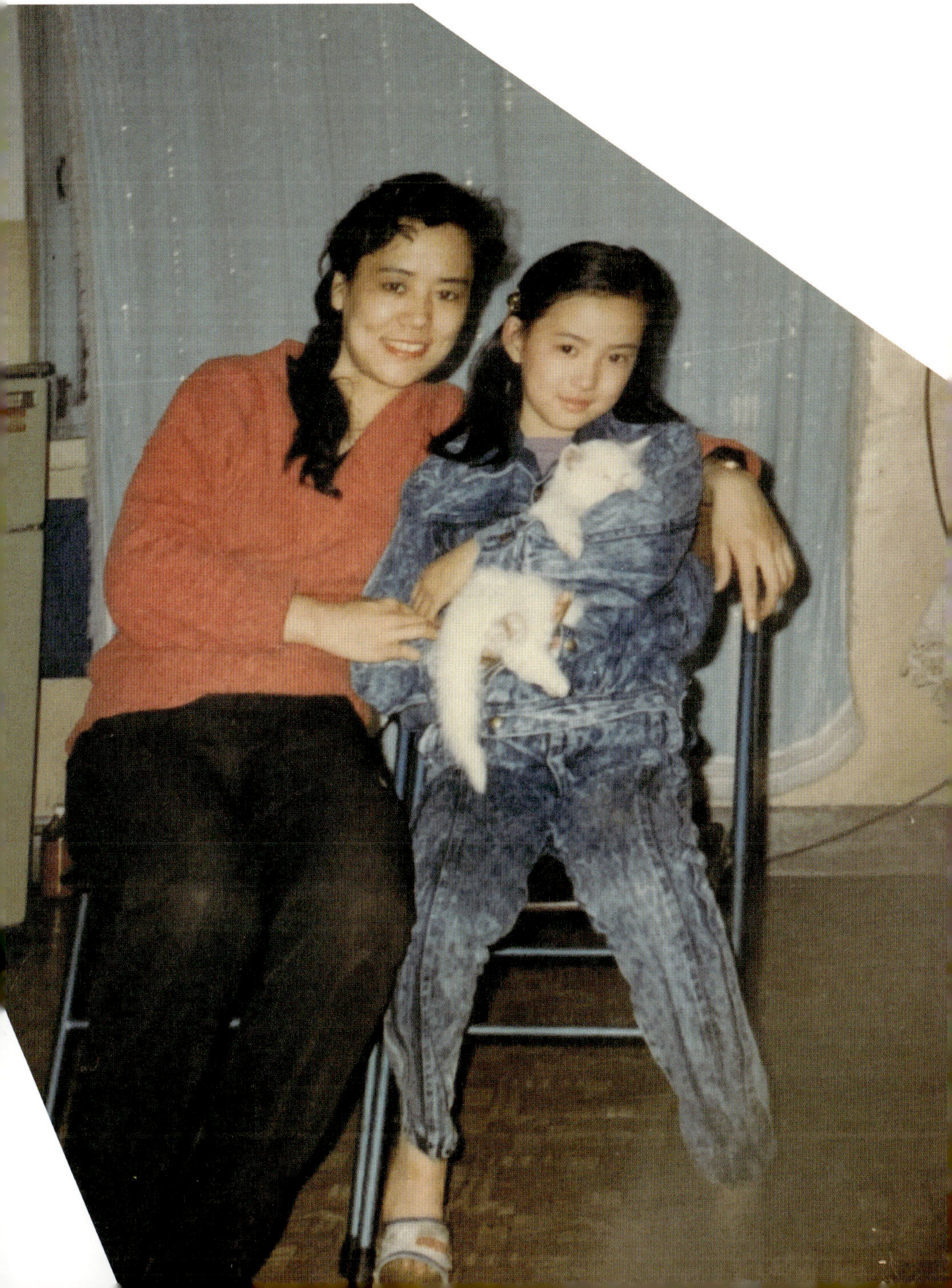

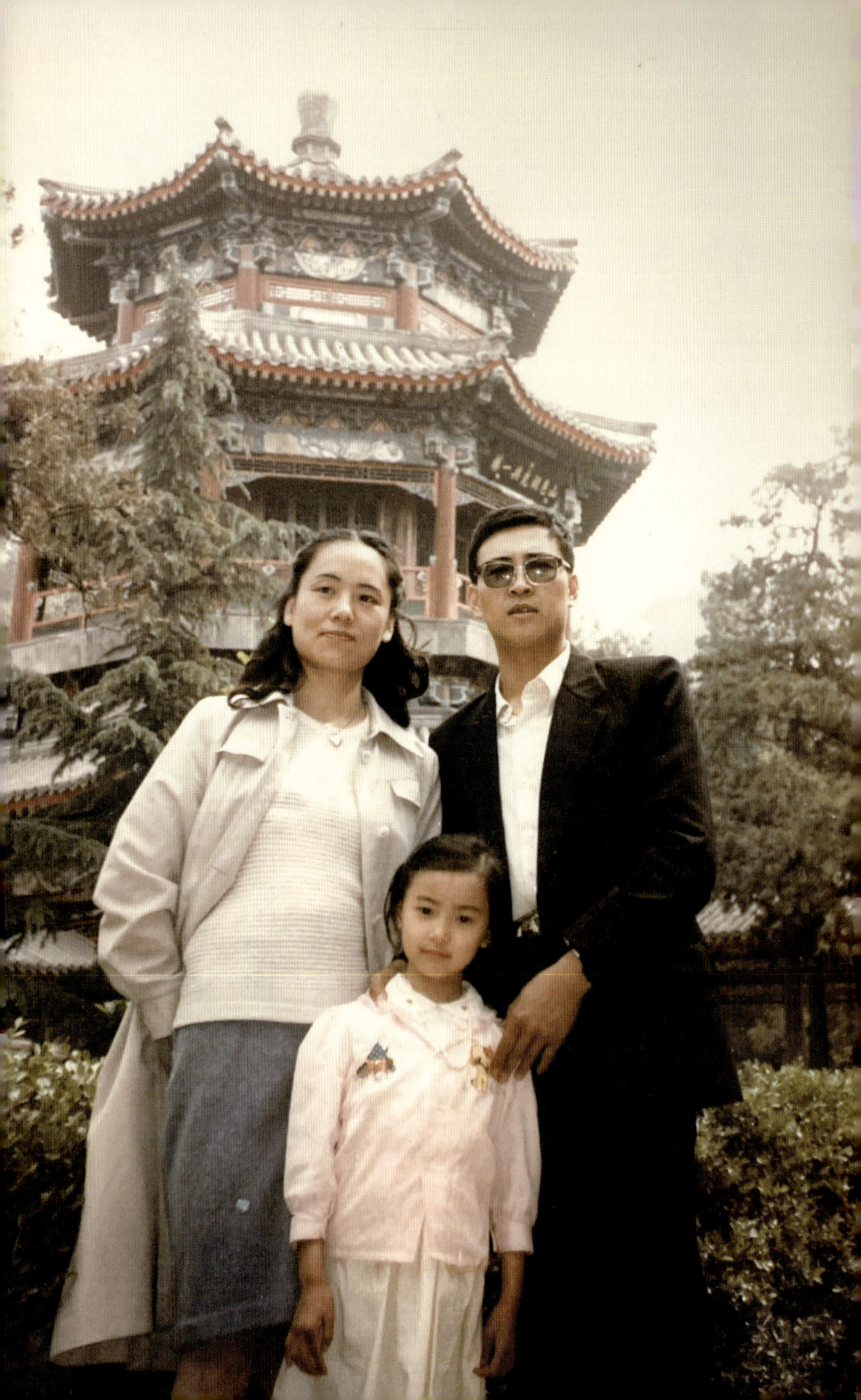

16 自我肯定，是强大的疗愈力量

在我生命的前 30 年，我几乎不懂得如何肯定自己。我对自己的正面评价全部源于外界对我的正面评价：漂亮、身材好、有才华、待人真诚之类的。去掉这些评价，我其实并不知道自己的价值在哪里，所以特别害怕失去这些标签。

别人的喜欢对我而言非常重要，这就导致负面评价出现时我往往不知道要如何应对。

第一次集中的负面评价就是与某先生恋爱的时候隐私被曝光，一时间网上对我的评价全是"爱情的骗子""贪慕虚荣"之类的恶评，还有一些子虚乌有的谣言让我百口莫辩，幸好那段时间我的作品比较多，饰演的角色也都比较讨喜，在角色光环的加持下，这场风波很快就过去了。

第二次集中的负面评价是在我参加了一档综艺节目之后。这是一档有关服装设计的节目，中间我与其他的女嘉宾进行了一些用料和设计方面的探讨，也许是我谈话方式的问题，节目播出后观众对我的解读全是我与别人"起了争执"，甚至说我"欺负"别的女嘉宾。节目播出后，网上的恶评像潮水一样涌来，我看着微博留言区那一排排整齐的"莫小棋滚出娱乐圈"，不明白自己到底做错了什么。他们并没有看到完整的故事，又怎么能判断我对别人是满怀恶意的呢？

我打小就不是一个圆融的人，与自己相处都拧巴，更不知如何应对别人的恶意。这些负面评价让我很难受，让我无法和自己和平相处，也始终会以一个"受害者"的视角来看待这个世界。

所幸，我并不愿屈从于这样的遭遇。每遭遇一次生活的暴击，我都会做一次深刻的自我反省，想从伤害里探究更深层次的、影响我命运的东西。

渐渐地，我发现了自己一些固有的行为模式。

比如，我恋爱时经常遇人不淑，其根源是我觉得自己不够好，我认为自己配不上别人更好的对待，所以会把自己的底线降得特别低。这是我思维上的恶习。事实上，人并不可能永远待在一个地方不动，无论我经历过什么，我的人生还在继续朝前走，我的人格还会继续完整，我的心智还会继续成长，每天进步的我凭什么不能拥有更好的人生呢？

再比如，我受到恶评的时候，我会检讨自己为什么这么容易被这些恶评伤害到，是不是我自己打心底也对自己不认可呢？在演艺圈，遭遇这类事件的人多了去了，为什么别人能够云淡风轻，我内心的力量到底缺失在哪里？

这一类的问题思考多了，就不难发现一个人的生活状态与他的思维模式是息息相关的。负面情绪带来的心理暗示很可怕，我始终会陷入这样的怪圈里，越觉得自己过不好，就越难觉察到生活里的好，这种负能量周而复始，让我不断地怀疑自己的命运。

以前遇到问题时，我只会怪父母，怪伴侣，怪环境，后来慢慢觉醒，觉得这些事都怪不得别人，是我没有肩负起对自己的责任，没有把自己照顾好，这些伤害都是我给自己招来的。

如果总觉得身边的人对自己不好，可能不是运气的问题或别人的问题。多想想自己的性格、思维模式里有哪一点会令自己对这类伤害毫无还手之力，找出这个弱点并试着去克服，才能终止不幸的循环。人生中其他的事情也一样，总是在一个坑里摔倒，多半不是坑的问题。

成长是一个缓慢的过程，我无法一夜之间从消极变得积极，只能尽量对自己的思维模式保持探索和觉知，尽可能不再重复负面的想法。

除了时刻对自己的感受保持觉知，我还刻意提醒自己要以更加主动的姿态去面对生活，这也是积极面对命运的一种方法。

以前我一直是一个被动的人：婚姻进入绝境才离婚，爱情无可挽回才分手，收到法院的传票才打官司，事业有了瓶颈才开始创业。每一个阶段都是困境推着我向前，命运给我什么，我就默默承受什么。这些年我才学着主动寻求成长，提前规划自己的人生，勇敢去拥抱生活的变化。不知不觉间，我对生活的掌握感越来越强，以前向外界求而不得的安全感，竟然也慢慢地在自己的身上找到了。

我也终于明白，人是不可能依赖外界的东西来证明自己的，外在

的世界不可能一直风平浪静，只有自己的内心强大起来才会波澜不惊。

心理学上有种普遍的说法：一个人内心的力量越强大，外界对他的影响越微小。也就是说，当一个人能提供给自己的力量足够了，那么他向外界索取的也便少了，也不会觉得世界对自己不够公平。

一切对外界环境的苛求都指向内心一个不能被接纳的自己：不能接受自己是一个有缺点的人，不能接受自己不被认可，不能接受自己的生活状态。看似不喜欢全世界，实则不喜欢自己，这样当然无法获得安宁。

我们必须意识到，一时的贫穷、困顿、孤单，都不能代表未来的生活；一时的不顺绝不意味着毁掉了整个人生。只有坦然拥抱那个不完美的自己，我们才能以更加积极的态度去面对生活。

所谓美好的生活，并不是指生活必须定格在哪一个理想的状态，而是我们可以在长时间面对生活挑战的情况下不断优化和强大自己，这种完善是没有上限的，所以我们的生活永远可以越来越好。

我很喜欢"悦纳自我"这个说法，愉快地接纳自己，接纳自己的好，也接纳自己的不好。我们有优点也有缺点，生活有惊喜也有遗憾，光明与阴影结合起来才是完整的世界，好的我们与不好的我们结合起来才是真实的人生。既要接纳顺境中得意的自己，也要去接纳逆境中失意的自己。

当我真正接纳自己之后，我不再担心被任何人抛弃，因为我就是自己最好的归宿。

我们始终可以通过自己的努力改变生活。有时候环境对我们的限制远不如我们的意识对自己的限制。

我们的大脑分不清什么样的想法是好的、什么样的想法是坏的，我们给它灌输什么，它就会往什么方向发展。如果一直觉得自己不够好，大脑就会一直强化这些悲观的意识，让你确信自己是一个很糟糕的人。很多时候，我们的生活就是朝着这些意识所指引的方向发展的。比如，我认为自己因为离婚这件事而低人一等，就会不由自主地在与人交往的时候放低自己的姿态，给别人伤害自己的机会，最终的结果真的成了我在恋爱关系中低人一等。看似是遭遇选择了我们，其实是这些遭遇都是被我们自己吸引过来的。

心理学家卡罗尔·德韦克把人的思维模式分为两种，一种是固定型思维模式，一种是成长型思维模式。固定型思维模式的人相信自己的才能是一成不变的，而成长型思维模式的人认为自己的基本能力可以通过努力来培养，每个人都可以通过努力和个人经历来改变和成长。此前我就是典型的固定型思维，认为人必须从一开始就完美无缺，任何一个瑕疵都会打破生命本身的完美。这种思维模式禁锢着我，让我时刻处在恐惧之中，害怕生活出现变故，即使人生有改变也是被生活逼到了墙角才不得已而为之的。这样的思想是消极的、被动的。

换一个角度来看生活的时候，我才发现有些故事看上去是终点，但也会是下一个故事的起点，有时候哪怕眼下不尽完美，也不代表后来不能提升。

不抵抗自己的遭遇，内耗少了，就可以轻松面对生活中的许多事情。外在世界和内在世界达到一个和谐的状态，生活就逐渐走向了喜悦和丰盈。

有意识地去觉知自己的心理暗示，建立积极正向的思维模式，这样的训练让我真正获得了自由。

自我肯定有着强大的疗愈能量。在 30 岁到 40 岁的这 10 年里，我慢慢打破了原先紧绷的状态，心态逐渐舒展，遇到困难的时候不会再埋怨环境，孤独的时候也不会责怪自己或责怪他人。我把每个阶段都视为人生中需要体验的重要阶段，时刻给自己积极的暗示，这样的心态让我的人生之路越走越宽。

抱着这样的心态，我去探索和迎接未知的世界时，就不再有任何恐惧了。我知道，我的未来会更好。

思维方式变得积极之后，我发现生活中的很多难题都迎刃而解了。有能力爱自己，也有余力爱别人。

我不再为未知的事情感到焦虑，而是更关注当下。换个角度看，如果把每个当下都过得很快乐，那么这一辈子加起来总归会是不错的。如果我一直沉溺在自我怀疑之中，那么许多个消极的当下加起来就是一连串的痛苦。

我知道，生命就是由无数个当下串联而成的，幸福不在过去，也不在未来，它就在每一个我们认真生活的当下。不辜负每一个当下，就不会辜负这场生命的厚礼。

恋爱的时候，我不再执着于这段感情要走到最后。我知道人是不断成长的，人的需求也在不断变化。人们在 20 岁时欣赏的人到了 60 岁不一定还欣赏；真心相爱的两个人如果不能共同成长也有可能分道扬镳。强求完美、永恒的爱情本身就是一种不健康的想法，很容易产生与他人共生的心态，要么依赖，要么控制。

每个人都是独立的个体，缘分来了一起努力走向对方，缘分尽了也可以过好自己的生活，只要相伴着走过一程，就有这一程的温暖。

当我们面对生活的态度变了，我们眼中的世界就已然发生了变化。

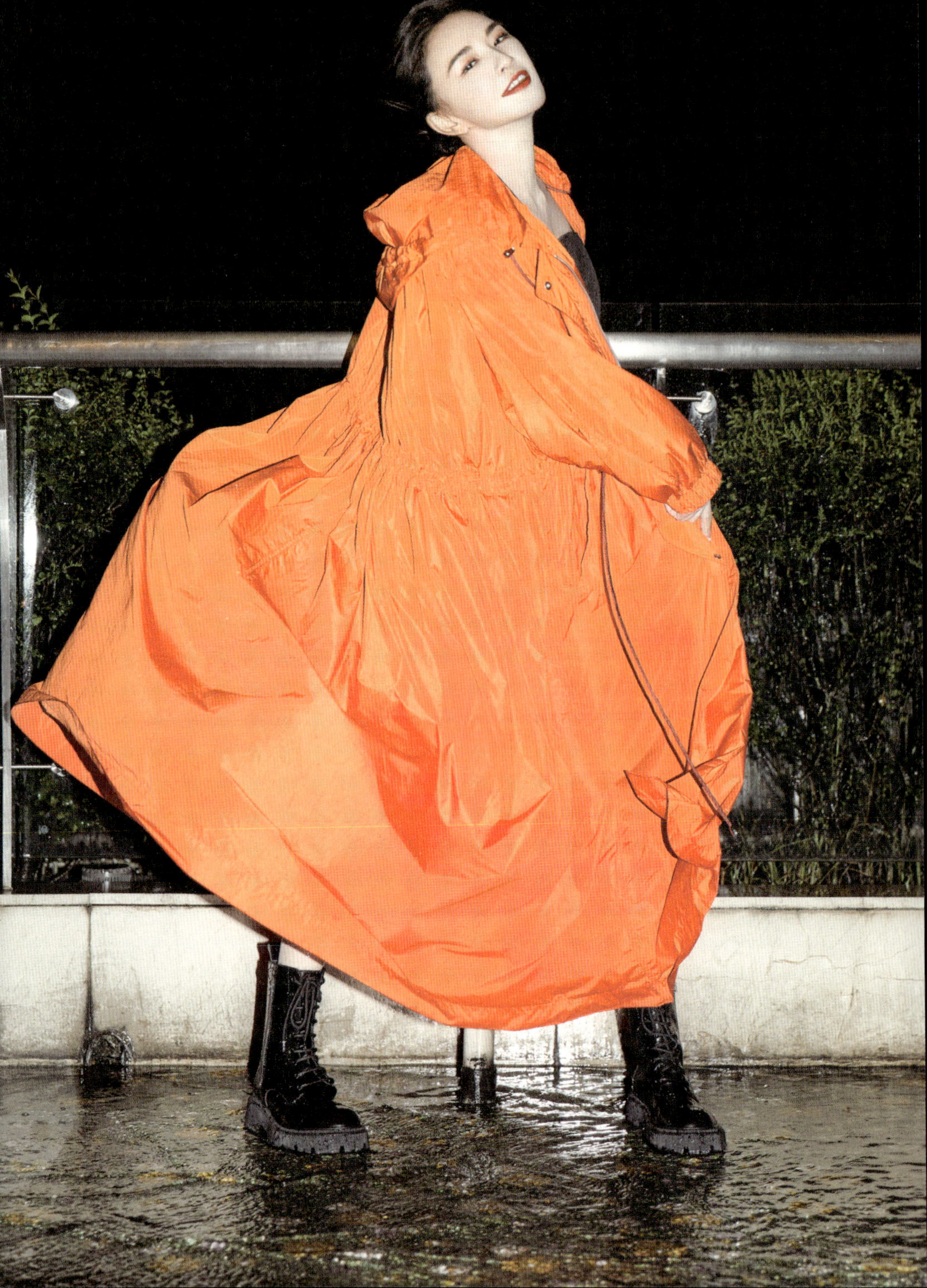

17 任何遭遇都不会将你的人生定格

在演艺圈几经浮沉，我收获了一些荣耀，也引来了很多争议。好多次，陌生人的恶意就像变幻的天气一样猝不及防。

打经纪合约官司的时候，我在网络上时常会看到一些莫名其妙的黑料，内容荒唐到离谱；跟某先生的恋情无疾而终的时候，网上一堆"正义之士"冲上来对我进行讨伐，哪怕他们根本不知道别人经历了什么。参加一档综艺节目之后被网暴，无数不认识的网友冲到我的微博下留言骂我，让我"滚出娱乐圈"。

我一遍又一遍地看着这些留言，难以相信它们是真实发生的。在这个圈子闯荡十几年，我不敢夸下海口说自己比别人更拼，但自认为"兢兢业业"这4个字还是担得起的。我对自己诠释的每一个角色、主持的每一场节目都问心无愧，我自认为自己是一个有职业操守的人。我到底做错了什么，要被这些人要求"滚出娱乐圈"？我到底做错了什么，要被节目组拿来"祭旗"？

也许从 2010 年开始，我在公众面前的形象就开始一言难尽了。与某先生的恋情让我有了"贪慕虚荣"的标签，打官司系列事件虽然有积极影响，但也难免会给人一种"攻击力强"的印象。这档综艺节目的后期和剪辑或许是为了节目效果，或许本身就对我有负面的认知，才会把我剪辑成一个"坏人"吧！

虽然我不是唯一的受害者，后面也有女嘉宾跳出来控诉节目组的剪辑有恶意引导之嫌，但是这件事对我的打击还是很大的，让我再一次对自己产生了深深的怀疑。我的人生到底是有多失败，才会在别人眼里变成这样妖魔化的一个人？我没有强大到面对全网的诋毁还能无动于衷。大街上那些跟我擦身而过的人，或许就是在网上口不择言、对我极尽侮辱之词的网友。每每走在街上，这种念头闪过时，我都会不寒而栗。

这个圈子一而再、再而三地打击着我的尊严，让我无数次产生逃离的念头。我想过再去进修一阵子，多读点书，重回金融行业；也想过自己创业，做点小生意，总之是不想再受人牵制，想把生活的主动权握在自己手里。

我跟当时的经纪人小 D 说了自己的想法。因为我的离去一定会影响他，会让他的工作产生变动，至少短期内他需要找别的合作伙伴、需要跟人磨合，这都不是那么容易的事情。他没有责备我的退缩，反而很理解我。更让我意外的是，他选择跟我站在一起共渡难关。他说："那我们一起创业吧，我们都给自己一点时间，慢慢来。"

创业的念头在脑海中闪了无数次，终于是时候落地了。

2014 年底，我注册了公司，和小 D 一起正式跨入了创业的行列，我们还邀请了另一个合作伙伴小 H。他是那年合作星座节目的时候我和小 D 一起认识的，创业时，我们 3 个人已经一起共事过很长一段时间了，相互都很了解。小 D 原是一家影视公司的总编，小 H 原先在一家知名的时尚杂志工作，因为我，他们离开了自己的舒适区，跟我一起艰难前行。我创业，他们陪我一起创业，后来我转行，他们也陪着我一起转行，这对任何人来说都不是一件容易的事情。我能一路坚持下来，跟他们的支持是分不开的。一个人，成也好，败也好，都是自己扛，但因为有人选择在最难的时候陪着你一起走过来，你就不能轻易对生活投降，无论如何，都不能辜负这样的深情厚谊。

最开始创业的时候，我们连一个像样的办公室都没有。几乎有一个月的时间我们都是在咖啡厅办公，带着各自的电脑，一起讨论要做的项目。我们 3 个人最熟悉的就是影视圈，所以最开始的时候都不约而同地把项目定位在节目制作上，想做自己的节目，输出好的内容。

这一年正是政策鼓励"双创"（大众创业、万众创新）的黄金时期。同期创业的许多人拿着商业计划书就去融资了，我没有选择融资。一来我没有预料到这一路需要多少资金才能支撑下去，二来我也不喜欢什么都还没开始就先欠着别人的钱。我对创业的理解很传统，就是拿自己的钱办自己的事。我把这些年拍戏和主持挣的钱全部拿了出来，计划就用自己的积蓄创业，等项目做出点眉目，必要的时候再去找别人融资。

从 2014 年底到 2015 年初，我们一直在探索前行的方向，公司的运转全部是我的积蓄在支撑。2015 年 5 月，第一个项目终于落地，我们尝试着做了一档真人秀节目，在台湾拍摄，叫《最强星战》。

这是我第一次做幕后制作。许多在台前看不到的事情都要慢慢摸索，再加上我自己也需要在节目中出镜，所以整个拍摄过程非常辛苦。那时我几乎每天都只能睡两三个小时，有时实在扛不住了只能就地眯一小会儿，然后继续拍摄。小 D 一直很担心我的身体状况，不断地提醒我不要熬得太厉害。但是我没得选，箭在弦上，不得不发。我耽误一天，整个团队就得陪着我耽误一天，这样的代价是不可估量的。都说万事开头难，我既然选择了创业这条路，也早已做好了心理准备，不惧怕吃这种皮肉之苦。

只是我没料到的是，后面还有更大的挑战——我们遇上了骗子。

我们在当地请的摄影团队，拍摄的时候就发现不对劲了——不先付钱团队带头人就不让他的团队开工。我一路跟他斗智斗勇，终于拍完了，他却坐地起价，不把素材卡给我们，让我们给他加钱，开口就要 300 万元。

300 万元！我简直不敢相信，这都能顶得上我们公司一年的日常开销了！我被这个数字吓到了，却又不得不硬着头皮去跟他周旋。这个节目从策划到拍摄前后历经了好几个月的时间，素材卡拿不到，我们所有人的心血就都白费了。更何况，创业的前半年，我们一直处在迷茫之中。员工到位了，要做什么内容却一直是未知数。公司养了一堆人，天天头脑风暴，点子很多，但始终没有开机，难免会有些士气低落。现在好不容易开机了，却遇上这样的"幺蛾子"，我不敢想象要是这个节目播不出来大家会沮丧成什么样子。所以不管付出多少代价，我都要把素材卡拿回来。

几番辗转，我在当地终于找到一个能说得上话的熟人，他帮我一起去谈判，好说歹说谈到 80 万元对方才终于松口，答应把素材卡给我们。

这档节目制作得很好，至少我自己是满意的，看过的观众也都评价很高。但节目好不代表就能赚钱。

原本想不再过多地在公众面前曝光自己，但迫于创业的压力，我却开始渴望接到更多露脸的工作，主持、拍戏、综艺，无论什么样的工作我都乐意去做，赚得的酬劳再拿到公司里支撑日常开销。饶是如此，我也没能撑多久。

2015 年底，公司已经捉襟见肘了，一个闺密知道我的情况，帮我去找几个哥哥姐姐融资了 300 万元，公司撑了一段时间。但到 2016 年上半年的时候，资金又耗光了。之前拍的《最强星战》上线后并没有广告收益，平台分账的收益也少得可怜，前前后后付出了那么多的时间和心血，最终还是亏得血本无归。

融资被再一次提上日程，这段经历又是另一部血泪史。

想让投资人相信这是一个值得投的项目，就得让他们相信这个项目有潜力，要把未来的发展从无到有展现给投资人看。让人相信这是一个有回报的项目，别人才会愿意把真金白银投到你这儿来。这对于我来说是一个相当大的挑战。我是处女座，平时说半句谎话都心慌，跟人聊天的时候从不敢过分夸张或渲染，在跟别人谈融资的时候往往显得像一个白痴。

那时我们什么都没有，我也不擅长天花乱坠地夸自己，甚至在介绍项目的时候会略显保守，如果我有七分的把握，在别人那里就只会表达出三分。小 D 是金牛座，也是一样的踏实保守，这样就注定我们的融资路走得比别人更加曲折一些。

2016年上半年，我四处跟人介绍自己的项目。当时我已经笃定自己要做互联网星座内容，商业计划书写得跟我后来的商业模式也别无二致。

找投资人的过程跟相亲差不多，会遇上你看得上但够不着的人，也会遇上一些让人大跌眼镜的"奇葩"。

有的人只想打着投资的旗号见见我这个所谓的女演员，一起吃顿饭合个影；有的人只想从我这儿打听一些娱乐圈的八卦，谈话的内容跟我们的项目没有半点关系；有一次我还碰到了我的影迷，他只是想见一下《北京爱情故事》里的小伍。遇到这样的情况，我只能一笑置之，毕竟他们也没有什么恶意。

最可怕的还是性骚扰，那段噩梦般的经历让我至今心有余悸。

那个投资人跟我们接触的时候就表现得很强势，他要求在给我们做背调期间我们不能接受任何其他的投资人。三四个月的背调做完，流程快走到签约了，他要求在签约的头一天晚上跟我一起吃饭，他说"酒品见人品"，声称要在酒桌上看看我的人品如何。

这种场合照例是小 D 和我一起去，那段时间他刚做完一个小手术，手术完还在尿血，本不应该喝酒的，为了顺利签下投资协议他也豁出去了。多年的闺蜜 Miumiu（巩新亮）也来陪我们赴这个饭局。我们 3 个人用酒来展现投资人想看到的人品和诚意，投资人也格外尽兴，一杯接一杯地喝。

4 个人都醉到走不动路的时候，投资人突然跟我说他在楼上订了总统套房，让我跟他一起上去休息。言下之意很明显，想要拿到他的投资，就必须有一场情色交易。

小D听到这话就慌了，他拉住我语无伦次地跟我说："姐，咱不签了，公司我们不要了……我们不干了……我不会让你做这种事的……"看着他紧张害怕的样子我心里也格外酸楚，跟他再三保证我不可能牺牲色相，以前不会，现在不会，以后也不会。

投资人看着我这边没戏了，转头又去邀请Miumiu，Miumiu也急了，一场看起来其乐融融的饭局就此戛然而止。我们3个人再也不忌惮投资人的权势，挺直了腰板直接"硬刚"。

饭局不欢而散。第二天是原本约定的签约时间，对方公司派人打电话通知我们说不用去签约了。

经历了一番江湖险恶，我本以为融资无望了，甚至做好了关闭公司的准备。没想到没过多久，另一个投资人看中了我们的项目，一下子给我们投了500万元，公司又起死回生了。

投资人巍哥是我结识多年的一个老朋友，原先是影视投资人，人品相当好。我本以为他不会对我的项目感兴趣，只是试探性地问了一下，没想到他非常看好我的商业模式，爽快地签约投资。从这时候起，我一路遇上了不少贵人，靠着他们的支持，公司一步步走上了正轨。

每次遇到大坎的时候，我总觉得自己快熬不过去了，但硬着头皮一步步向前走，却发现任何遭遇都不会将一个人的人生定格。遭遇过失败，不代表你以后不会成功；遇到过妖魔鬼怪，不代表你的生活中就没有贵人。除非你自己一直停留在一个坎上过不去，否则生活不会永远重复同一页。

人生总是有好有坏，坏的撑过去了，好的便会开始。只要你愿意往前走，即使当下失去一切，未来还会有无数新的机会。我的人生经历过太多这样的时刻，每次觉得自己走投无路的时候，再咬牙坚持一下，就又看到了柳暗花明。

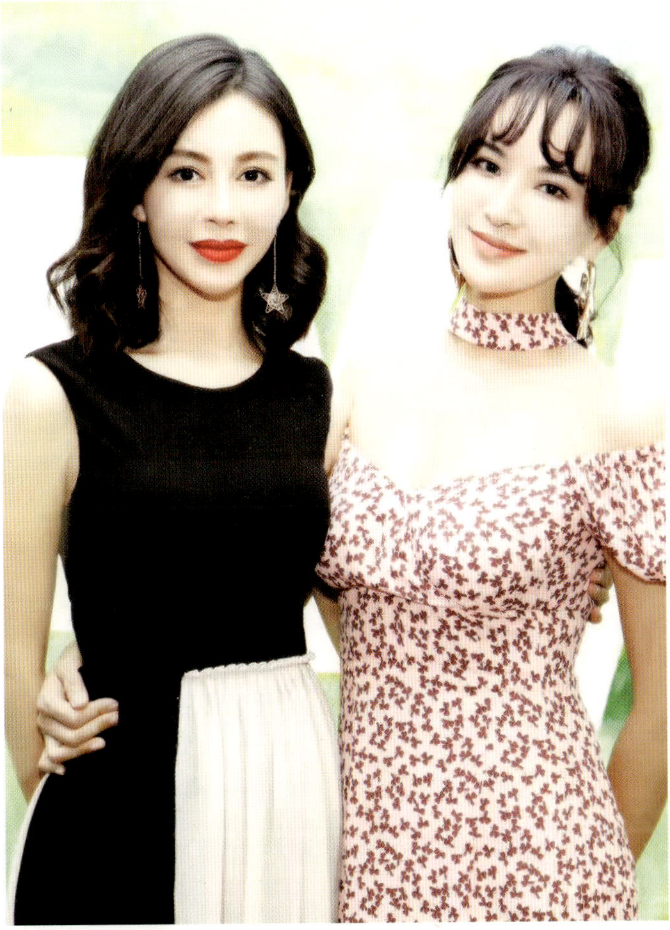

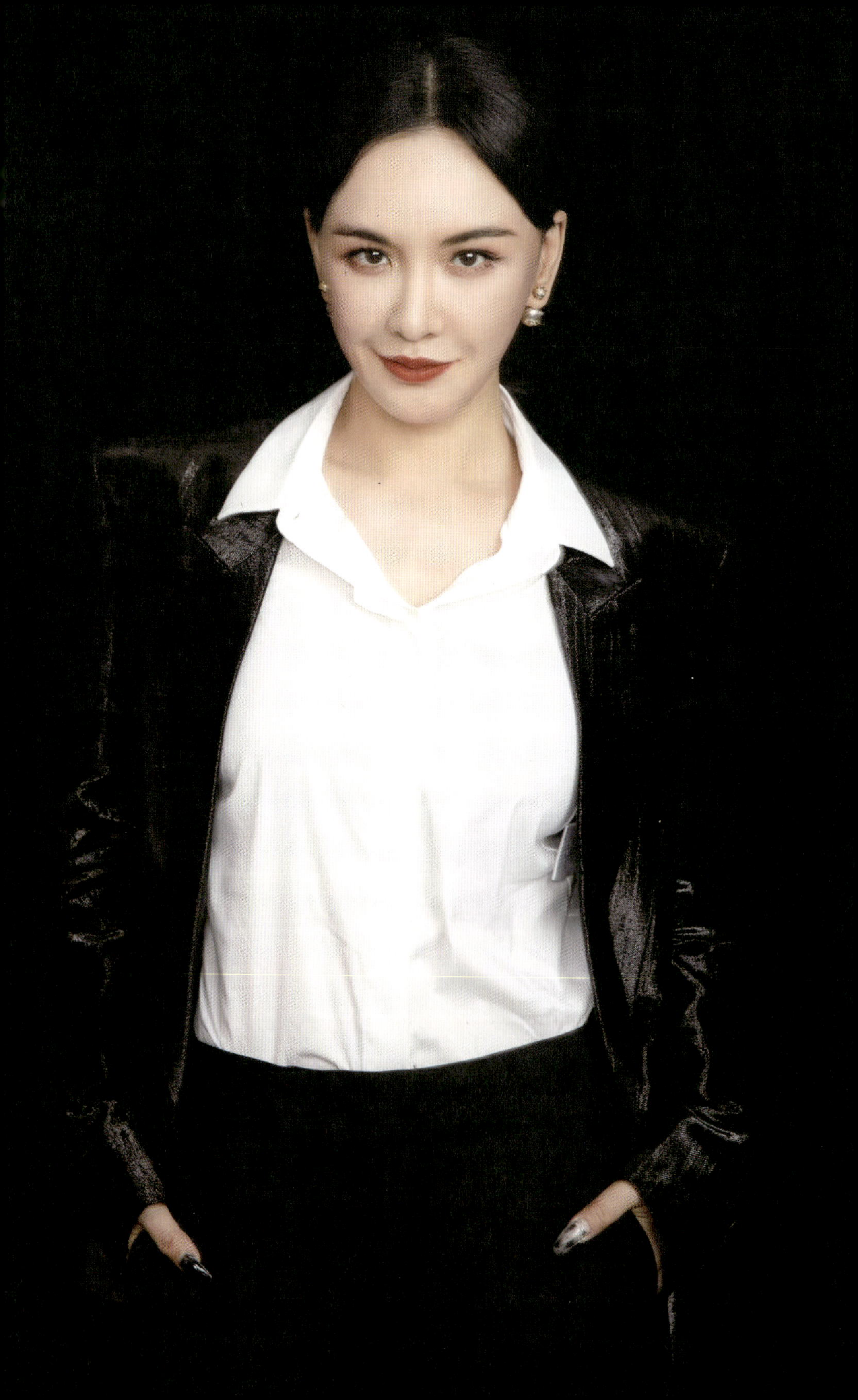

你怎样定义自己，就会有怎样的生活

创业是对人心理素质的极致考验。

开始创业的那几年，焦虑、失眠是我的生活常态，我无数次处在情绪崩溃的边缘，甚至时常会蹦出"真想一了百了"的消极念头。

2015年是我们公司财务最艰难的一年。几乎每天睁开眼都会发愁，我要去哪里挣点钱来给员工们发下一次工资，公司又讨论出了哪些可行的项目，我要怎么做才能支撑它们的正常运转。我抵押了自己的房子和车子，借款来给员工们发工资，即使是这样都还算不上是我人生最艰难的时刻。

《最强星战》这个节目做完后，我才猛然发现自己跑错了赛道。至今我仍然觉得这个节目制作得很好，这个真人秀节目邀请了12个不同星座的嘉宾，最后促成了两对有缘人的牵手，他们至今仍跟我保持着友好的联系，称我为"大媒人"，这是一件很有意义的事情。但公司要运转，单靠情怀是难以为继的。节目制作出来，要发行、上线，上线完结果如何是无法预料的，不可控的因素太多了。

很长一段时间，我们都在做有付出但没有收益的事情。与此同时，我们也尝试着跳出影视这个圈子，做一些其他形式的星座内容。我们以外包的方式做了一款叫"星蜜"的社交App，因为我们的运营模式不太成熟，很快就偃旗息鼓了。现在想想，如果早点考虑融资，或许是另一番结果。

不过这一次尝试让我更加笃定了自己未来要往互联网领域发展。我还是想做一个新型的科技产品，"星蜜"失败后我们又在2016年开发了第二个App，不得不说我和团队的意识还是很超前的，毕竟AI这个概念在2023年才变得人尽皆知，而那就是一个以AI为主题的App，承载着我颇有些理想主义的互联网产品愿景，但是这个产品依然不够完善，坚持了4个月之后又没了下文。

小D意识到我们的产品团队不够专业，提议更换产品负责人、重组产品团队。我有点犹豫，一来我本身就是个心软的人，不太容易抛下人情做出止损的决定，总想着要给人试错的机会；二来前期投入成本越高，越难轻易割舍。小D在这个问题上比我清醒，他很快就在业内打听到一位非常专业的产品经理，并敦促我去唐山请人出山。

终于，唐山一行，让我的思路完全打开了。这一次，我们找到了对的人，在技术团队的配置上也做了升级。我终于从"文娱"圈跨赛道进入了互联网领域，有了第一支"能打仗"的队伍！时隔半年，"准了"APP上线了。

"准了"是我们尝试的第三个科技产品，它是2018年3月上线的，我们公司也是在这一年才正式开始盈利。这个商业模式运行成功之后，我才终于确信：哦，原来我的构思是成立的，原来我一直在做有效的事情，之前的一切努力并不是无用功。

在此之前，我们所有的努力都只是在探索。创业那么久，公司一直没有收益，我对员工和投资人都无法交代，高压之下，也经历了许多黑暗的时刻。

融资的那段时间，我见了100多个投资人，受过各式各样的打击："你不就是个女演员吗？怎么不好好演戏去？""你没干过这个，你怎么知道这个产品会受人欢迎？""你什么都不懂，我为什么要投钱给你？"一次两次遇到这样的情况，我还能跟小D当笑话一样讲，可天天受着这样的打击，难免会怀疑自己：我好像真的一无是处，我好像真的不太靠谱，我怎么会带着这么多人跟我一起疯呢……

除此之外，我还遭遇过员工的背叛。前一任产品经理离职的时候直接把他在职期间开发的产品拿走了，并要求我们拿钱赎回来；我在外面拍真人秀努力赚钱的时候，一个小助理知道公司账上没钱了，四处散布"公司撑不下去了"的消息，想联合其他员工一起来仲裁我……

这些大大小小的难题让我对自己产生了深深的怀疑。

强大的精神压力让我疲惫不堪，好不容易甩掉的抑郁症又趁机撺了上来。我都数不清自己熬过了多少个无助的夜晚，要么无法入睡，要么入睡后哭醒，午夜梦回都是一身冷汗。我不愿出门见人，甚至不愿意跟家人联系。远在澳大利亚的父母很快就觉察到我的精神状态不对劲。父亲帮我在北京打听到了一位很有经验的心理医生，是一位70

多岁的奶奶，也是我们的远亲。从 2016 年底开始，我每个月定期找她做心理咨询。

2017 年七八月份，那段时间大概是我状态最差的时候。我陷入了深深的焦虑，每天睁开眼都不知道要怎么应对新的一天。我不停地在网上搜索各种结束生命的方式，掂量着如何才能让自己走得美一点、痛苦少一点。心理医生给我开了一些药，心理咨询搭配着药物治疗，痛苦才能稍稍缓解一些。

我想不通，明明自己天分不差，论勤奋也不输人，一腔赤诚地待人处世，为什么生活还是被我搞得一团糟。

情感上，谈了几场恋爱都无疾而终，不管我怎样掏心掏肺，最终还是会被辜负；事业上，创业坚持了 3 年多，投入了那么多的人力物力，还是一点希望都看不到。

创业与拍戏遇到的困难完全不在同一量级。拍戏的时候，这部戏不赚，下部戏总会赚；这个剧组没有机会，多跑几个剧组总还会有机会的；哪怕接的角色不理想，总有一天会接到更好的角色。但创业不同，一切都是从无到有，每种困难都没有明显的阶段性，而且让人无从逃避。这种感觉就像坐着一辆没有终点的过山车。明明以为忍耐一段惊心动魄的路程就会拐弯向上攀爬，却没料到巨大的忍耐之后却又迎来一个更陡的下坡，你根本没有办法预测下一个转机在哪里，也不知道漫长的恐惧什么时候才能到头。

所以啊，相对来说，演员真的是一个非常幸福的行业了。

我总会不由自主地想，自己应该是一个很差劲的人吧，不然为什么那么用力还是没办法把自己的生活过好。我身边的每个人都活得喧嚣而热烈，只有我在黑暗中踽踽独行，我不知道谁能理解这样的无助。

我的心理医生虽然不懂我所从事的行业，但她有她的人生智慧。我们一起吃饭的时候，她慢悠悠地转着圆盘，言语温和地跟我说："只要你不下场，你想吃的菜一定会转过来的。"她不断地用这种方式来开导我，告诉我这就是人生，我必须要经历这么一个过程，要学着接纳这一切。

没错，"接纳"一直是我面临的最艰难的一门功课。打小我就追求优秀，不想有半点"不好"；成年后虽然遭遇了一些低谷，但也受到了命运的青睐，这让我越发不愿对生活示弱。我始终走在向上攀爬的路上，在我的概念里，只有站上巅峰才是个人价值的体现。我接受不了自己会跌落、会失败，而且还是持续的、看不到尽头的失败。

长期的心理咨询也慢慢让我意识到了这个问题：内心对自己的不认同，导致我一路向外寻求认可，无论是人际关系中的赞誉，还是亲密关系中爱的回应，都是我证明自己价值的方式，一旦失去这些外界的支撑，我就会马上陷入深深的自我怀疑，这种负能量周而复始，愈演愈烈。此外，过于追求完美导致我不断地苛求自己做出成绩，在环境与内心的双重高压之下，任何不顺利的遭遇都会引发严重的精神内耗，最终让我不堪负荷。

本质上，我是不够爱自己的，对自己也没有足够的信任。任何外界的风吹草动都会让我产生自我怀疑，让我觉得自己"不配""不被爱"；遇到困境的时候，我总是怀疑自己没有解决问题的能力，对未知的结果充满了恐惧。

能发现问题也是一种幸运。我开始下意识地觉察这种自我对抗。

每当脑海中升腾起"我怎么这么差劲"的想法时，我都会有意识地中断它们，并试图对自己进行积极的心理暗示。

这种方式渐渐地让我觉察到了自己的一些优点。凡事都可以一分为二来看：虽然产品还没推进成功，但现在的我比3年前的我成长了许多，团队的前进方向也清晰了许多；虽然感情无疾而终，但每一段恋情我都全情投入过，也真心快乐过，即使它没有我想象中那么圆满，但依然让我相信前方有美好存在；虽然我没有轰轰烈烈的成绩，但每一件小事我都在努力完成，并且做得很好……

我试着与镜子里的自己对话，这些对话时常让我泪流满面。我对着镜子里的另一个自己说"我爱你""你很棒"，也对她说"每天都会越来越好"。这些方法我曾在各种心灵成长的课程上学习过，但从来没有派上用场。人在顺利的时候总会觉得自己是优秀的、值得被爱的，难免会觉得这些举动很多余，甚至有些幼稚。可一旦到了低谷期，身边没有任何人或事能以正向反馈的时候，就得想方设法地给予自己力量。

事实证明，人的潜意识对行为模式有着巨大的影响。

情感上，当我们觉得自己不配得到爱的时候，就会一味地在生活中寻求自己不被爱的证明，这些证明会一步步加深我们对"失去爱"和"被抛弃"的恐惧，从而造成我们的情感天平失衡——要么一味地放低姿态去乞求爱，要么以攻击或逃离的方式来躲避伤害。这些行为，恰恰是终结感情的最大杀手，也最终会把我们推向下一轮自我怀疑之中。

生活和事业上也是如此。当我们觉得自己不配拥有的时候，就会无形中给自己设置很多心理障碍，往往还没出发就做好了败北的准备。遇到困难的时候，情绪凌驾于理智之上，这样自然很难做成自己想做

星座女神

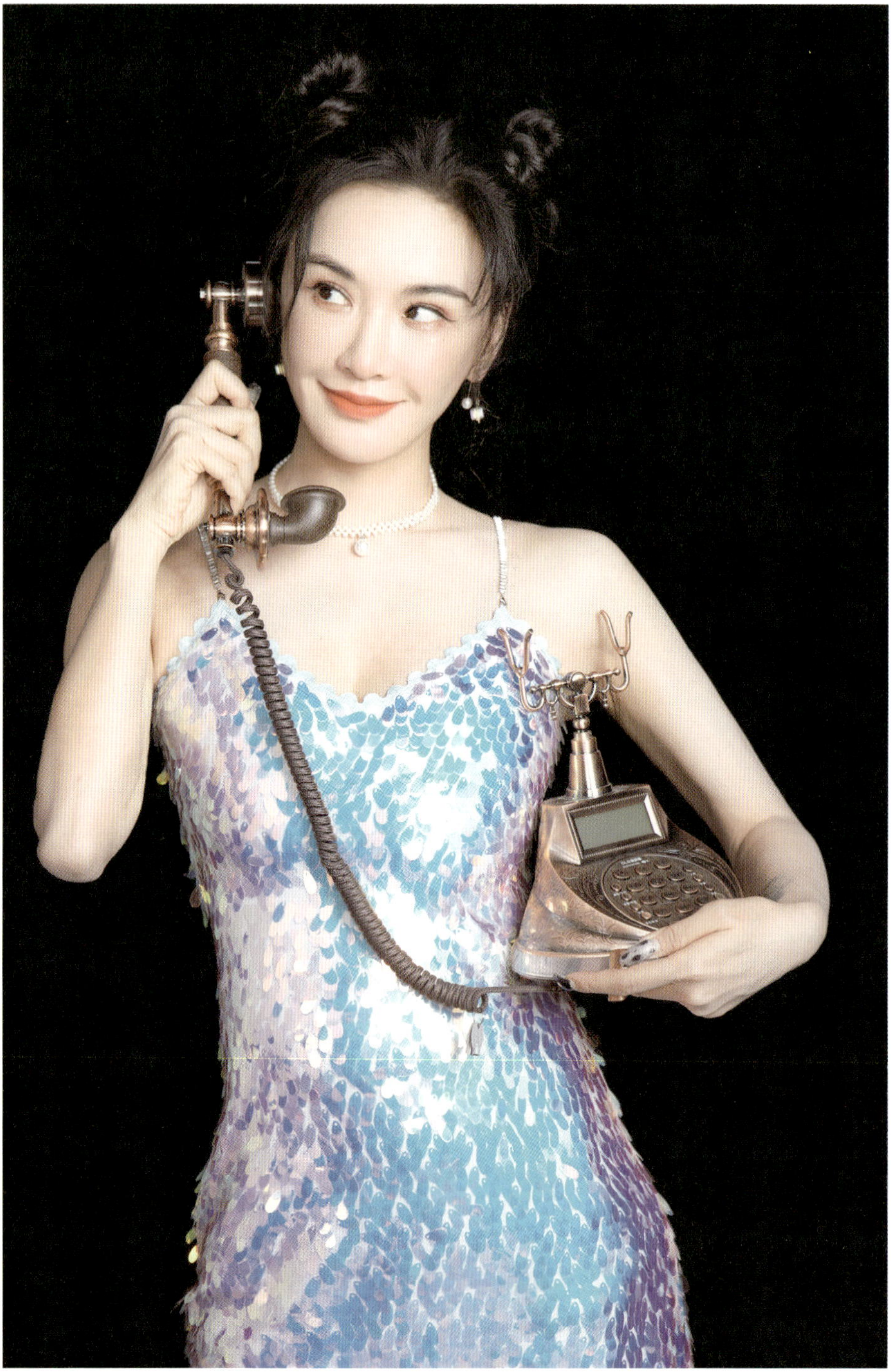

的事。我们潜意识里给自己设定的坏方向会发展成为现实，也便不足为奇了。

不仅如此，大脑也会跟随我们的思维习惯进行运转。《自控力》这本书里曾提到：神经学家发现人脑对经验有着超乎想象的反应，如果每天都让大脑学数学，它就会越来越擅长数学；如果每天都让它专注，它就会越来越专注；如果每天都让它忧虑，那它就会越来越忧虑。就像肌肉训练一样，大脑也会根据人的要求重新塑形。通过刻意的训练，让大脑调动更多积极的潜意识，会让我们更加容易掌控自己的命运。

一个人自身能量充足的时候，更容易做出足够理智、足够正确的决定。这就需要我们不停地给自己做更多积极的心理建设，慢慢转化自己消极的潜意识，最终驶向宽广的正念世界。

一个人怎样定义自己，就会有怎样的生活。你觉得自己不够好，那么无论得到什么都不会过得开心。

只有始终相信自己值得拥有更好的人生，你才会过上更好的生活。无论别人爱与不爱，无论是站在峰顶还是山谷，拥有一个稳定而有秩序的内心世界，足以抵挡世间的一切风雨。

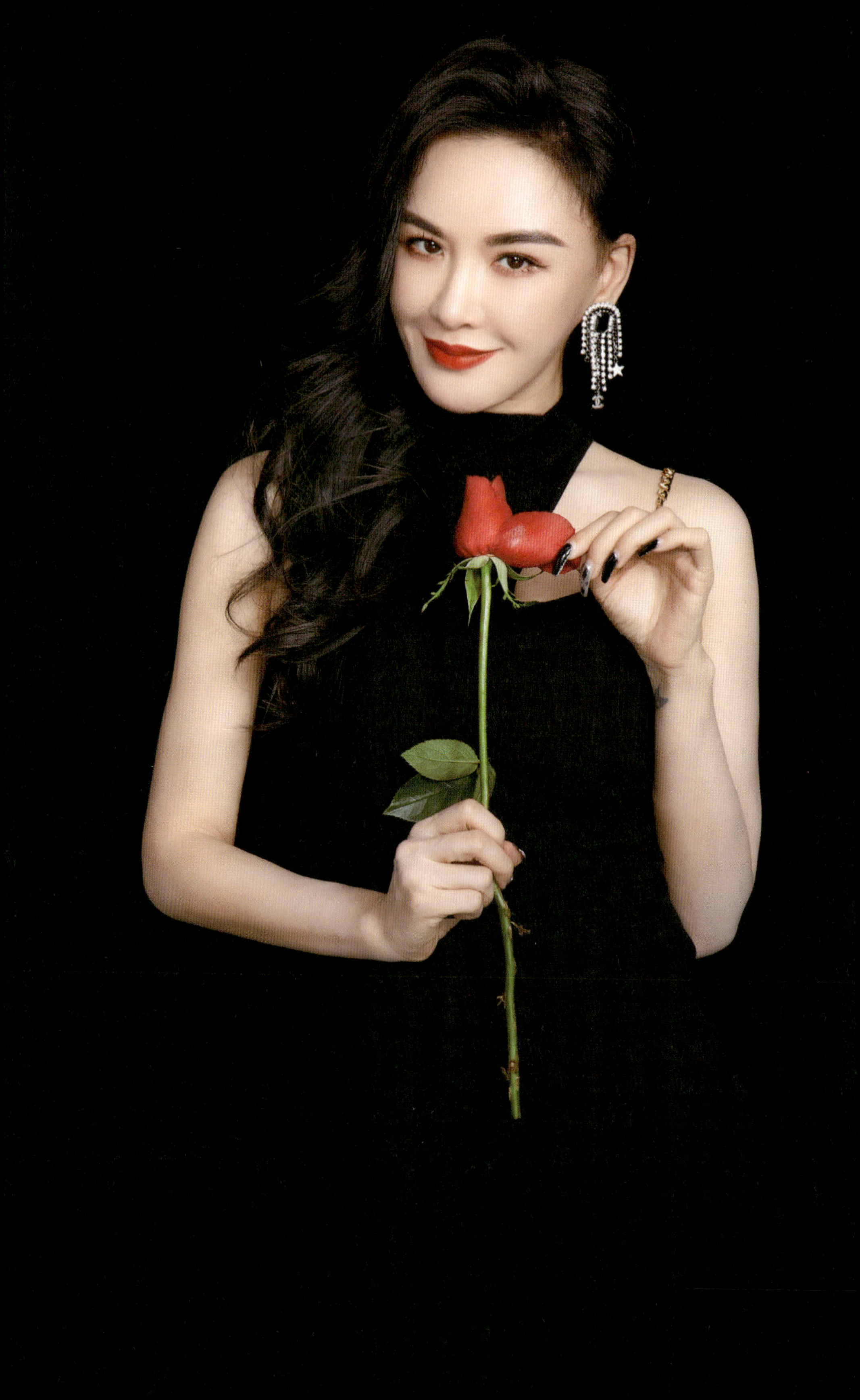

心灵自由，生命才得以自由

自从商业模式运行成功，公司就开始了正向循环。这一年，我心里紧绷的弦彻底放松下来了，状态也逐渐好转。

经历了这许许多多的事，我渐渐明白，困难并不是到了哪一天、哪一刻就能瞬间消失，任何大事件都是由一点一滴的日常积累下来的，就像登山一样，必须要一步一步地走。在这个过程中，如果你当了逃兵，那么一切努力都会前功尽弃。

这段艰难的创业路带给我最大的挑战不是如何做成一件事，而是如何与生活里的各种遭遇和平相处。无论好事还是坏事，都需要有强大的内心力量去接纳。

从与某先生恋情结束时起，我就意识到自己的内在力量是非常薄弱的。我经历了太多自认为扛不住的遭遇，并无法预见自己什么时候才能够强大起来。于是，我开始了漫长的学习生涯，国内外心理类的、心灵成长类的课程我都会体验，起初是为了治愈自己，后来便对心灵成长与命运之间的关系产生了浓厚的兴趣。

这十几年来，我历的劫也算不少，最终能得以一一化解，也还得归功于自己逐渐强大起来的内心。我一直很庆幸自己选择在这条路上探索，也希望有一天我能把自己领悟到的东西分享给更多的人。

分享几个我亲历过的比较有效的心灵成长技巧。

第一个技巧是记录成长，把自己某一阶段的成绩用笔记的方式写下来。

生活对每个人都是公平的，它会给我们带来挑战，也会不时地给我们一些嘉奖。无论遭遇怎样的不如意，人都要坚定依然会被命运善待的信念。情绪低迷的时候，我会回忆这 10 年来的成长，看看现在的自己比起 10 年前的自己有什么进步，哪些地方变得更好了。通过这样的盘点，我会发现自己并不是一无是处，原先消极的念头也渐渐变得正面起来。

其实平时在遇到旧朋友、看到旧环境的时候，我偶尔也会回忆某一个时间段的经历，但这种一闪而过的念头并不能带给我太多的能量，我也并未刻意捕捉。但是真正把它当成一种仪式写在纸上的时候，我能深刻感受到自己的能量在慢慢增强，并且每次翻看或添加内容的时候，就进一步强化这种正念。

有时觉得 10 年跨度太长，我也会尝试着把时间段换成 3 年或是 5 年，认真复盘一下近期的成长，也会很有收获。事业遇到瓶颈的时候，这种方式会让我正视自己做过的许许多多有价值的事情。记得有一次，我被强大的无力感困扰，觉得自己干啥啥不行。于是，我来到公司的会议桌边坐下来，一笔一画地梳理我在这里做过的事情。写着写着，我突然意识到，即使是最不济的时候，我依然还在给三四十个员工提供就业机会，给了他们一个温暖和谐的工作环境。这样一想，就觉得自己还真挺了不起的。

生活不断地变化着，人也会不断地被环境推动着向前走，没有人会一直原地踏步，我们一定能找到被生活善待的地方。把某一阶段的成长记录下来，就会给自己增加很多信心。

第二个技巧是学会感恩。拥有一颗感恩的心，会让人看问题的角度很不一样。半杯水放在桌上，有人看到满的那一半，有人看到空的那一半，根源就在于人是否能觉察拥有。常怀感恩，会让你时刻对自己拥有的一切保持觉知，更容易看到"得"的那一部分，而不是"失"的那一部分。

《心智成长之谜》中提到：一个存在觉察的心智，能有目的地选择如何塑造大脑的神经和人际关系。

感恩，就是在刻意训练这种觉察能力，它带来的力量是很强大的。感恩拥有，会让人心胸开阔，放下许多不必要的纠结；感恩他人，就不会对他人抱有太多不切实际的期待，也不会觉得别人对自己有所亏欠。与此同时，心怀感恩之心更容易让人感受到善意与亲近，所以它也是改善人际关系的法宝。

每次我受到打击的时候，想想身边那么多对我好的人，心里就会舒坦许多。我和我的两个合伙人小 D 和小 H 也有过理念上有冲突的时候，有时候甚至会为了某个细节上的不同意义吵起来。但是转念怀着感恩的心去看他们，我很快就能平静下来。想当初，两位合伙人原先都想做电视节目，只是因为我想做互联网产品，他们就义无反顾地支持我走到现在，我还有什么不满足？还有什么问题不能跟他们好好谈呢？

同上一个技巧一样，记录的方式永远好过瞬间的念头，当你一条一条地把值得感恩的人与事记录下来，你会发现自己得到了很多，内心也会变得更加柔软和充实。

第三个技巧最值得一提，就是设定目标。目标清晰，人就不会过于迷茫。

如果特别想完成一件事情，最好的方式是把这个目标贴在自己随时可见的地方，每天一睁眼就看到它。这种方式会强化你达成目标的信念感，大脑也会在信念的指引下不断带领你踏上通往目标的路。

设定目标也需要技巧，相比起能量化的成就或结果，跟个人感觉相关的目标更容易带给我们幸福感。比如"美满的家庭""健康的身体"这些目标，实现起来会比"银行存款1000万"这种数据形式的目标更靠谱。更何况，即使银行卡上有千万存款，你也不一定会拥有快乐。即使是设立物质类的目标，像"每次出行坐头等舱"这样的目标也会比存款达到多少数值更合适，因为只有在实现目标的过程中带着强大的个人体验，你达成目标的喜悦才是真实可触的。

早前我也不会设立目标，总觉得财富才是终极追求。我也曾设立过存款要达到多少的目标，但后来我发现即使是目标达成了也不过如此，并没有预想中的那么快乐。后来我才明白，钱不过是改善生活品质的手段，如果我们一开始设定的目标就只与生活品质相关，就不可能在奋斗的过程中本末倒置。

对我个人而言，我更喜欢设定三类目标。第一种是**体验类目标**，比如"每天早上起来要能量满满"，这一类目标会唤醒我对生活更多的觉知；第二种是**成长类目标**，比如出版一本书、拿到某个学位证或者职业认证，这一类目标会让我清晰地看到自己的成长；第三种是**贡献类目标**，比如我为家人做了什么，为团队做了什么，帮朋友甚至是帮社会做了什么，这一类目标带来的快乐往往是持久的、充实的。

与此同时，我还会树立一些**超越现实的目标**。曾经有一位心灵导师跟我说："你所有的人生目标里面，至少得有 50% 的目标听起来是不能达成的。"起初我不明白为什么要做这种不切实际的设定，后来自己体验过后才得以理解：我们的大脑是会给我们一些限制的，认知、习惯、思维模式，都是我们给自己设定的"框"，你若想打破这个"框"，就得大胆地与"框"外的世界连接。最终的结果不一定非得是一个"奇迹"，但一定能够激发出你最大的潜力。假设我设定的一个不可思议的目标是"影响 10 亿人的成长"，哪怕最后只影响了 1 亿人，也是足够有意义的，这样的结果绝对突破了我旧有的认知，不是当初立足眼前事实能想到的结果。

第四个技巧是与自己对话。情绪低落的时候，一定要学会鼓励自己，给予自己力量。

最好的方式是找一面镜子，与镜子里的自己对话。感觉不被爱的时候，对镜子里的自己说"我爱你"；遇到困难的时候，对镜子里的自己说"坚持下去"；对自己产生怀疑的时候，对镜子里的自己说"你很棒"……刚开始尝试的时候不是很自在，感觉自己有点神经兮兮的，我甚至不敢盯着自己的眼睛看。但慢慢习惯了之后，我能感受到能量开始在我身体里流动。我发现，盯着自己的眼睛对话，效果是最好的，这份真诚和勇敢能激起心底"相信"的力量。

我很喜欢心理治疗专家露易丝·海在《心的重建》里提到的几句

话:"不管发生什么,我都爱我自己。""我完全放下了过去的一切,我自由了。""生命中总有看不见的善意,我接受生命为我准备的所有课程。"每次练习这几句话的时候我都会感受到强大的治愈能量。在日复一日的自我肯定下,积极的力量慢慢建立起来了,消极的思维方式最终得以化解。

人有时候得欺骗一下大脑。大脑分不清好坏,只会接收信息。如果我们不断地给大脑输送消极的信息,大脑就引领我们走向消极的行为模式;如果我们不断地给大脑灌注积极的信息,大脑就会引领我们走向积极的行为模式。所谓"思维改变习惯,习惯改变命运"就是这样的道理,人的思维模式越是积极乐观,就越有可能走向幸福和成功的人生。

这个技巧我最久坚持过 500 多天,每天起床先给自己加油打气,对着镜子里的自己讲一段引导词。创业的第 2 年和第 3 年,可以算是我历经的最艰难的两年。创业还未见成效、银行卡上没钱的时候,我一直跟自己说"你行,你行,你一定行"。这其实就是在麻痹自己,让自己不要那么轻易退缩。但是信念也是这样建立起来的,很多困难也在这种自我催眠的状态下被一一克服了。要知道,人的士气是非常容易被摧毁的,一旦"放弃"的念头屡屡在脑海中出现,离"撂挑子不干"的那一天也就不远了。

不要等到看到希望了才相信希望。先相信,你才有可能会看到。

第五个技巧是冥想。基础的冥想可以通过简单的呼吸吐纳来达到专注当下的效果,这是不错的减压方式。如果有一定的冥想技巧,可以尝试一下高阶的冥想方式,比如视觉化冥想。

视觉化冥想是我很喜欢的一种方式。在脑海中设定一个场景,越精细越好，比如有走廊有门窗，或许还会有很多个房间。去找一个地方坐下来，请求和自己的潜意识或者更高的自己对话，看看谁会现身。这种方式有点像杨紫琼主演的一部电影《瞬息全宇宙》里的方式，与平行时空里的另一个自己对话和学习，那个自己是更优秀、更成功、更理想的自己，会引领你走向更好的方向。

也可以在脑海中设定一个会议室，这个会议室里即将迎来你最崇拜的4个人，他们即将与你一起讨论你关心的问题。设定场景的时候，会议室里的细节，如桌子的颜色、电子屏的摆放等应尽可能地清晰。场景构建好之后，就陆续请出你认为比你有着更高智慧的这4个人，你可以向他们提出会议议题，看看他们有怎样的见解。

还有一种冥想技巧是创造力视觉冥想技术，这种效果也不错。进入冥想状态的时候，可以设计一个能修改的大型电子屏幕，把自己不想要的、失败过的场景认真感受一次，再用橡皮擦擦掉。放下这些场景，继续在屏幕上投射自己想要的愿景，清晰地看到自己目标达成后的画面，带着情绪去感受目标达成之后的幸福与满足。

找到内心能量的来源，是一个人安身立命的根本，所以一定不要小看"能量"这两个字。能量有正负，让你舒服的就是正面的能量。如果暂时感到迷茫，可以试着去靠近那些能给你正能量的人，并努力成为他们。

与此同时，不要透支自己的身体，因为身体能量过低的时候很容易抑郁悲观。多锻炼身体，是让自己变得更强的第一步。

迷茫的时候，不要一直沉浸在负面情绪里。可以尝试各种技巧慢慢地让情绪得到消解，也可以靠近比自己更理性、更超脱的人，从他们身上得到启发。如果觉察到了自己过于负面的意识，尽可能地不去重复它，便可以改变命运。请相信，人生并不是随机的，它是由你亲手设计出来的。

只要你的心不被困住，你的生活也就不会被困住。

十几年来，我尝试过无数种心灵成长的技巧，颇有些"病急乱投医"的性质，幸运的是不少方法在我身上是见效的，一路支撑着我走到今天。也许有些技巧并不适用于所有人，最终还是要每个人亲自尝试才能找到最适合自己的方式，但这些技巧的本质都是一致的：强化大脑中的意念，让大脑相信我们值得更好的方向，它才会引领我们的人生走上更正确的路径。

这些技巧都需要长期训练。一两次可能无法达到纯熟的状态。我也是花了很多年才说服我自己，我一定可以过上我自己想要的生活。虽然目前的状态离我理想的生活尚远，但整体都在往好的方向发展，这样的人生让我觉得很有盼头。

生活永远不会有最完美的状态，但每个人都有能力让自己变得越来越好。

当你有一天发现人生有许多可能性是你自己创造出来的时候，你就会对命运有了掌控感，此刻人生就变得有意思多了——你不会再纠结过去，因为过去的阴影困不住你；你不会再恐惧未来，因为你有勇气去面对一切未知。

回想2018年开发"准了"App的时候，正是我情绪最低落的时候。那时我就有一个心愿，我希望这个产品能带给每个黑暗里的人一束光，陪他们走过迷茫和低落。

到2023年为止，"准了"App的下载量有6000万次，用户2000万人，无数用户靠着星盘的陪伴度过了他们的低谷期。每每看到App上那些鼓励与感激的留言，我都会有一种难以抑制的激动——它们不是普通的反馈，每一个字都是我的理想和尊严。

我也并未止步于此，科技在迭代，社会在发展，人们势必会在更加繁杂的信息中迷失自我。所以在2024年即将来临的时候，我们也将推出自己的第四款软件"准有好事"和第五款软件"好准"。我不知道它们是不是也会和"准了"一样表现优秀，但我很确定它们也会和"准了"一样，帮助在感情、事业、家庭、亲子等方面四处碰壁的人们。

我非常欣赏的一个影后曾说过一句话："我要把之前脱掉的衣服再一件一件地穿回来。"我很喜欢这句话，也很羡慕她最后用成绩证明了自己。我曾经也期待在人生的某一个重要节点能像她一样如此掷地有声地证明自己。现在的我应该已经做到了，我自认为我也把曾经脱掉的衣服以另一种方式穿回来了。

从小到大，我都向往光环，如今，没有外界的光环我也可以活得很自在；以前，我总是被人选择、被困境推着走，现在，我更确信自己有能力走好自己选择的每一条路。我知道，前方依然有挑战，但我会以更加从容的姿态去迎接它们。

每个人的潜意识里都隐藏着改变命运的钥匙，打破了心灵的枷锁，生命便得以自由。

比起银幕上明艳光鲜的莫小奇，我更喜欢现在的自己。

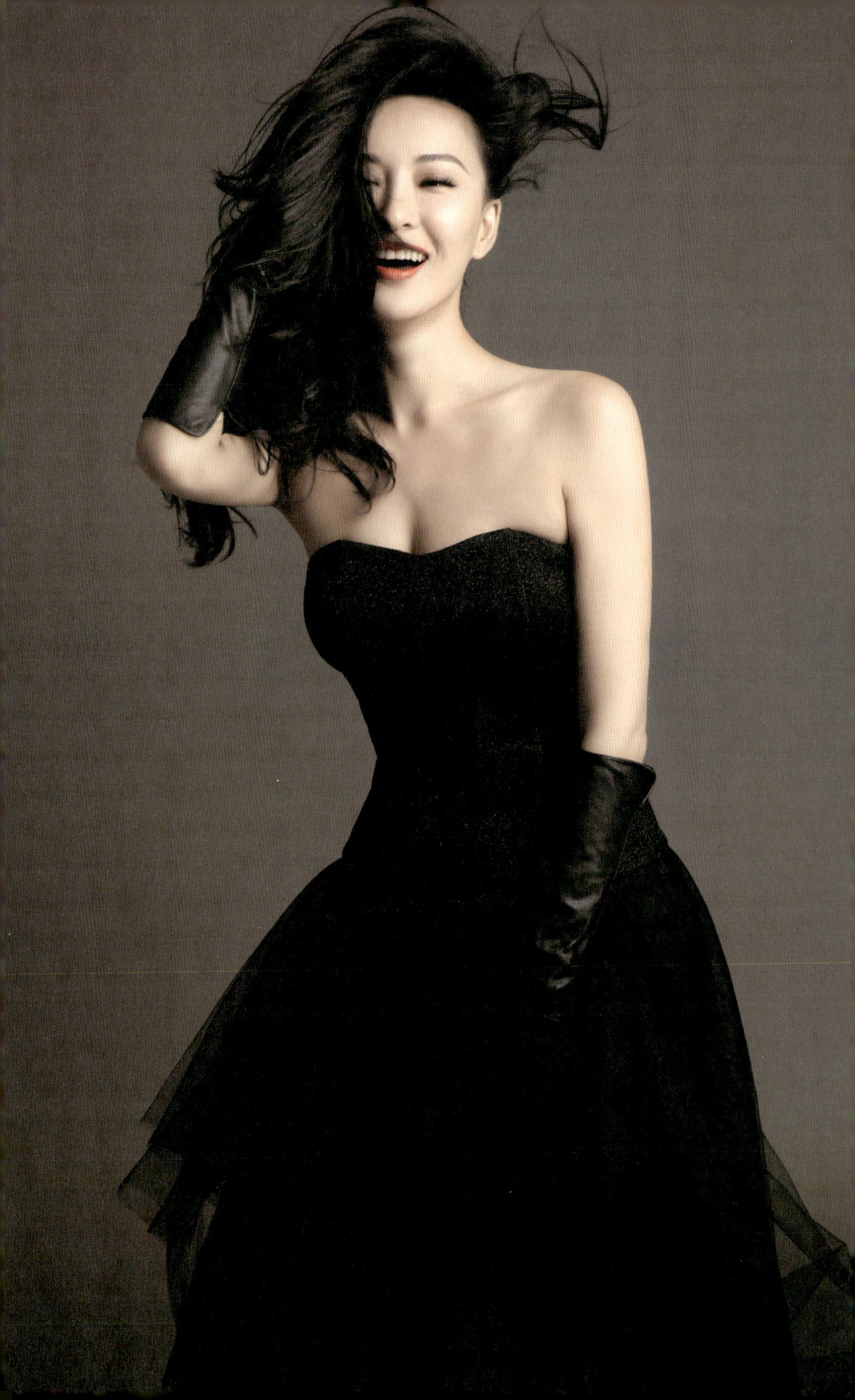

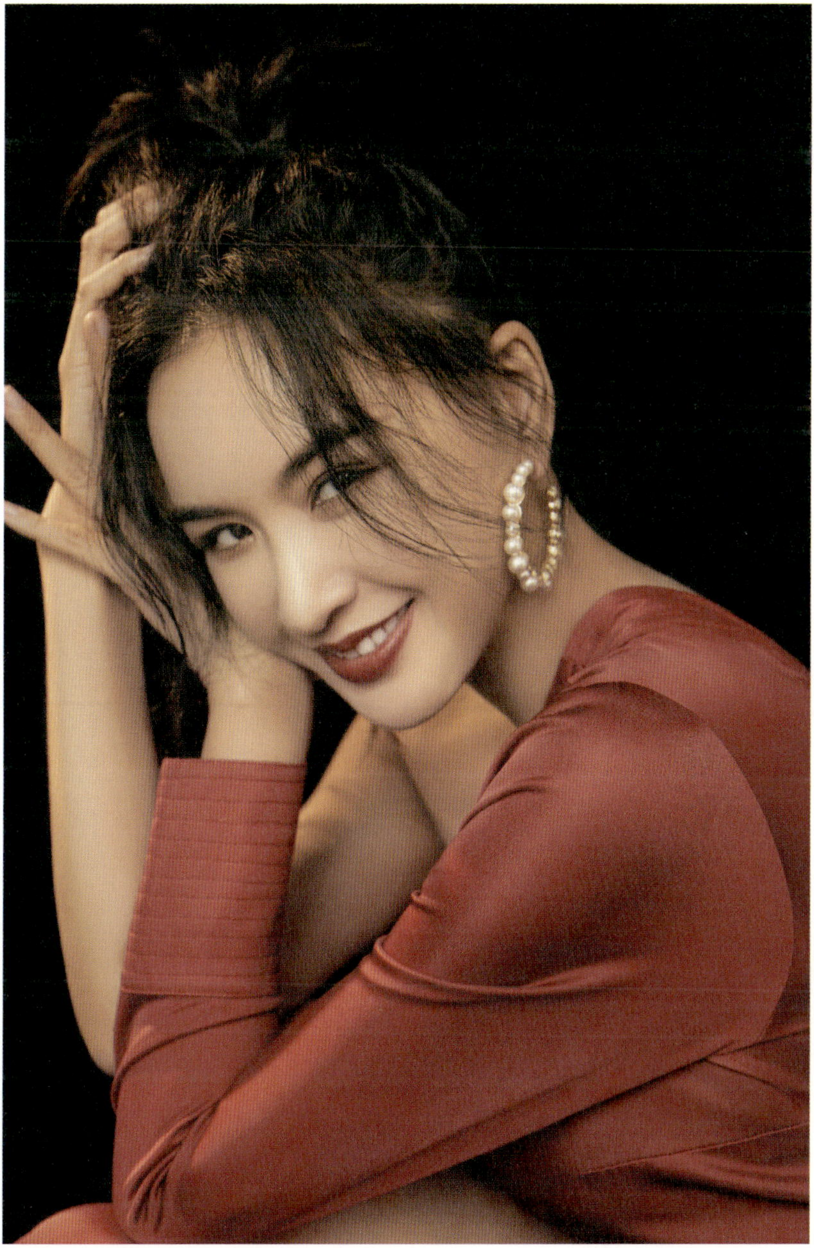

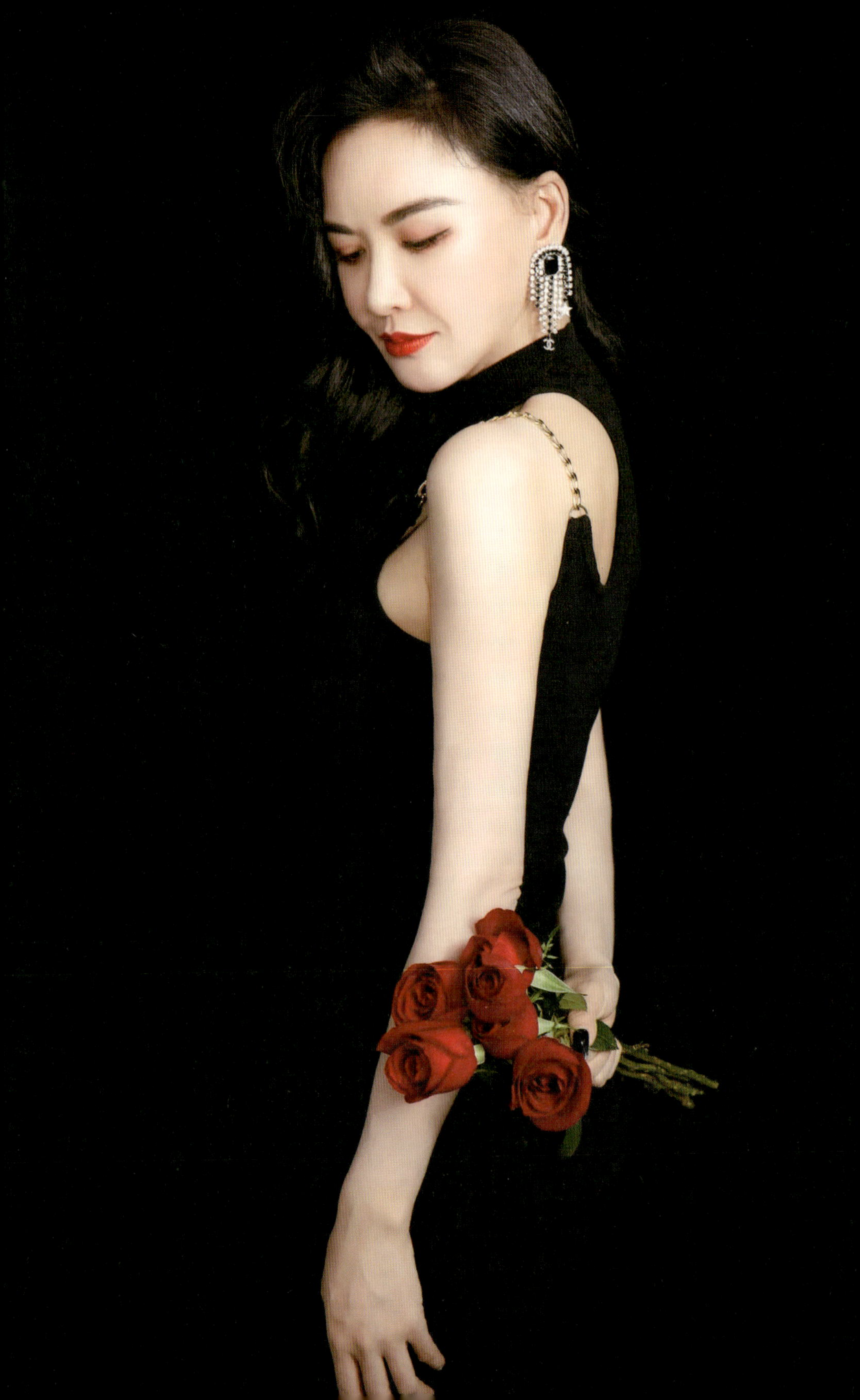

变化是人生的常态，要学会顺势而为

2020年、2021年、2022年这3年，是很多人觉得难过的3年。疫情席卷了整个世界，大到社会，小到个人，都受到了很大的影响。

出行受限、工作停摆、收入断层……突如其来的变化让人措手不及，人人都开始焦虑。对我个人而言，还有一个更艰难的挑战，那就是无法与家人团聚。我们整整3年时间没有见面，我去不了澳大利亚，他们也回不了中国。

2020年底，我突然接到母亲生病的消息：心律不齐，据说监测到心脏骤停100多秒。紧急送往医院后，医生建立马上动手术安装心脏起搏器。

我慌了，心里只有一个念头：要马上过去。那时北京刚刚经历了一波疫情高峰，封控特别严格，想出国没有那么容易。

我四处找人打听有没有什么方式能马上飞往澳大利亚。找航空公司问、找大使馆问、找防控中心问，还辗转打听了许多计划出国或已经出国的朋友，看看他们的出行流程有没有什么参考之处，最终还是一无所获。得到的结果一律是要排队、要等通知。

母亲手术在即，我却什么都做不了，急得团团转。父亲安慰我说："不用惦记，这边有我陪着你妈就好了，你回来也帮不上忙，不用瞎折腾了。"他把医院的解释转述给我听，告诉我这只是一个微创手术，住院一周左右就可以出院了。更何况，国外疫情更严重，如果我在出行中遇到感染，不仅陪不了母亲，反而会让他们担心，让母亲无法安心养病。

"千万不要回来。"父亲反复这样劝我。虽然我心里还是七上八下，但也不得不应承下来，因为我自己也没有更好的解决方式。

这些年我一直在国内发展事业，很少陪在父母身边。在我心里，他们就像我背后的一座大山一样，随时可以依靠。母亲这一病，我才突然发现原来他们也是会老的，他们守护了我几十年，现在到了我守护他们的时候。

母亲的手术如期进行，术后也正如医生所说只留院观察了一周。父亲一直陪在她身边，我则每天打视频电话跟他们聊天。看着屏幕那头母亲的精气神一天比一天好，我才终于放下了心。

时隔半年多，2021年秋天的时候，母亲又进医院接受了后续的心脏射频消融术，相似的场景再次上演：我们依然分隔两地，视频问候，不过这一次，我不再像前一年那么恐慌。

这几年我们养成了很好的交流习惯，每天早上起床的第一件事就是在微信群里相互问安，时不时地进行视频通话。虽然物理距离上隔着千山万水，但心的距离却越来越近。

经历了这些小小的变数，我们不约而同地更加珍惜当下，珍惜每一个陪伴的机会。亲人之间的联结越来越紧密了，这也不得不说是一种收获。

很多时候，人类在遭遇面前都是无能为力的。个人对环境的影响力量微乎其微，我们不能改变，只能接纳。接纳一切已然发生的事实，然后做好自己能做的，就很不错了。

疫情带给我的另一个挑战就是工作环境的变化。我们大部分时间都在居家办公，哪怕我们做的是互联网产品，工作效率或多或少还是受到了一些影响。与此同时，我能明显感觉到整个市场大环境的变化，人们的消费模式、人与人之间的沟通方式都与原来不同了。

不过，这些变化倒也激发了我的一些新尝试。2020年下半年，我开始尝试做短视频，开了几场直播带货，还尝试着做VR短剧。虽然很多尝试都不尽如人意，但事后还是觉得很有必要。人要不断地去尝试新的东西，才会找到新的可能，最怕故步自封，在舒适区里消磨意志。时代在不断地发展，主动拥抱变化，才能跟得上时代的步伐。

有一位互联网前辈说过一句很扎心的话："很多人输就输在对新兴事物的态度，一开始看不见、看不起，后来看不懂，最后来不及。"多年前短视频刚刚兴起的时候，身边也有朋友劝我主动尝试，但那时我并不看好这个赛道。在行业风口初期，大量良莠不齐的内容创作者涌入，大部分短视频创作的都特别低廉，这对于习惯了精良制作的我来说是很不习惯的。随着行业的慢慢规范，越来越多优秀作品脱颖而出，行业生态越来越健康，这个时候我看明白了，但入场的脚步也晚了。

错过了一些机遇，也给我带来了一些反省。对新事物的傲慢，本质上还是源于对未知的恐惧。害怕面对未知，所以会本能地抵抗或逃避。就好比当初我们刚到澳大利亚的时候，在大街上、商场里讲中文，会有素不相识的人冲我们喊"滚回去"；好几次我跟我的华裔同学一起聊天的时候，旁边都会有一些外国小孩故意模仿我们的口音，对我们指指点点，甚至气势汹汹地挑衅。我小时候不理解，还以为我们就是一群不受欢迎的人，后来长大了才慢慢明白，人都是会害怕异类的，他们听不懂我们在聊什么，不知道我们会不会对他们构成威胁，就会产生恐惧。如果他们能听明白我们并没有讲他们的坏话，就不会有这些攻击的行为了。人会排斥跟自己不一样的群体、会排斥自己不了解的事物，都是一样的道理，骨子里都是因为恐惧。

人性本就如此，对不了解的东西都是抗拒的。反过来想想，什么会给我们带来恐惧，我们就要试着去勇敢地面对它。

2023年2月，ChatGPT的爆火引发了人们对AI技术的关注：能对话、答疑，能写文章、写代码，智能AI的进化能力让人震惊。这些年，AI一直在发展，从没有哪一个时刻离我们这样近，似乎人类的许多工作都不必要了。于是，AI的发展在许多人眼里就如洪水猛兽一般——既然它能代替大脑的工作，那么很多靠脑力工作的人就要失业了；既然它可以代替人脑思考，那以后人类的能力是不是会逐渐退化？

也有一些不同的声音。有另外一部分认为，AI最终是为人类服务的，它只是一个改善工作效率的工具，而人类可以站在AI的肩膀上探索更宽广的世界，从这个层面来讲，它其实推动了人类的进化。

叔本华说："人们用自己的方式来塑造并观察世界，世界由此为不同的人呈现出不同的样子——可能对这个人来说，世界是空洞乏味、流于琐碎的；但对另一个人而言，它却极有可能是丰富有趣、充满意义的。"对于客观存在的东西，每个人的理解方式都不一样，最终是我们自己的感受决定了我们眼中的世界。

每一种看法都是合理的，世界最终呈现在我们面前的就是我们的认知所能抵达的状态。所以，我们每个人都活在自己的世界里，不同的人会看到不同的风景。

作为本身从事互联网行业的创业者来说，我的第一反应自然是害怕自己的产品受到冲击。如果 AI 什么都能做，那我的 App 还有立足之地吗？我本能地开始焦虑，晚上会胡思乱想到睡不着觉。

焦虑归焦虑，但面对的勇气还是有的。这些年与各种变化交手，我心里再清楚不过，害怕一件事情的时候，消除恐惧的最好办法就是迎上去，了解它。

我尝试着使用不同的 AI 产品，与 AI 对话，学习后台技术。了解多了之后，我发现它好像也并没有我想象中那么可怕。我可以利用 AI 来写产品通稿，可以用 AI 技术来制作短视频，这样我可以腾出时间来做更加核心的事情；从公司的角度来说，我们可以用更少的人力成本完成更多的工作任务，不仅算不上坏事，反而是对我们有利的。

这也是我们准备推出"好准"和"准有好事"的另一个理由。

最有效的缓解焦虑的方法就是学习。学得越多，越有底气去应对变化，甚至可以从危机里发现转机。

我始终认为，成长路上最大的障碍并不是人生风雨，而是那个不敢穿过风雨的自己。

既然时代的浪潮不可逆转，那么顺应这个趋势重新找到合适的位置才是最佳选择。

美国著名的风险管理学家纳西姆·尼古拉斯·塔勒布提出过一个"反脆弱性"的概念，他认为面对不确定性的时候最好的方法是想办法在冲击中获益。他在《反脆弱：从不确定性中获益》一书中说："风会熄灭蜡烛，却能使火越烧越旺。随机性、不确定性和混沌也一样，因此你要利用它们，而不是躲避它们。你要成为渴望得到风儿吹拂的火。"他认为，人类的进化仅仅靠拥有"强韧性"是不够的，还需要一个不断利用随机事件、不可预测的冲击、压力和波动实现自我再生的机制。

变化本就是人生的常态，抵抗、逃避都会带来痛苦，最终还是不得不面对，不如勇敢一点，把命运的主动权掌握在自己手上。积极拥抱生命的每一次变化，无论是好是坏——就算是坏的，只要你还在努力，它们也会让你越来越好。

从个体来讲，命运的确有太多不可控的因素，我们只能顺势而为，做好一切个体能做的努力；把视线放远到历史的长河里，人类文明的每一次飞跃都是由不同的变化在推动前进，这是大自然进化的必然规律。

我相信，挑战因此而起，蜕变也因此而生。

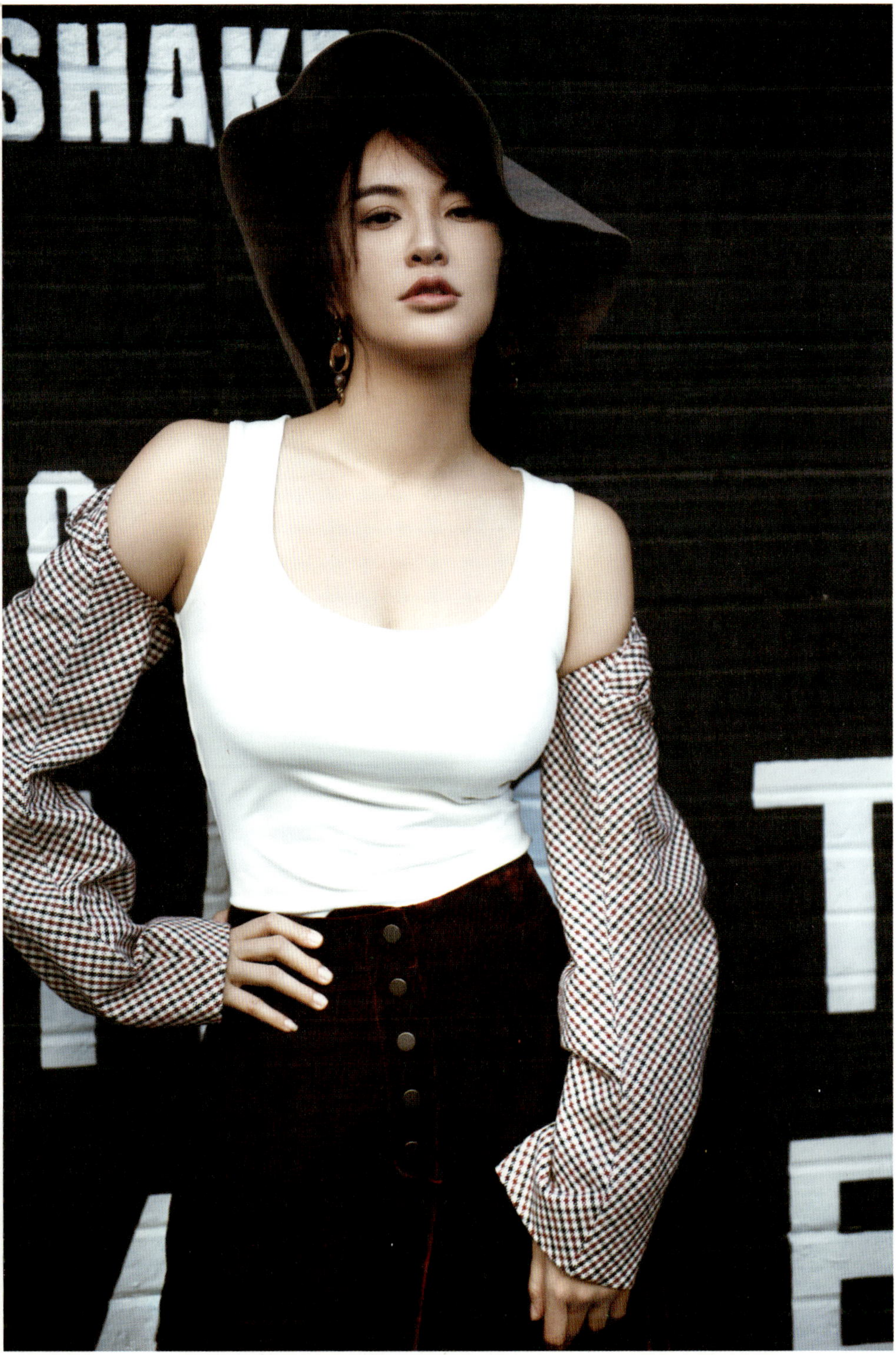

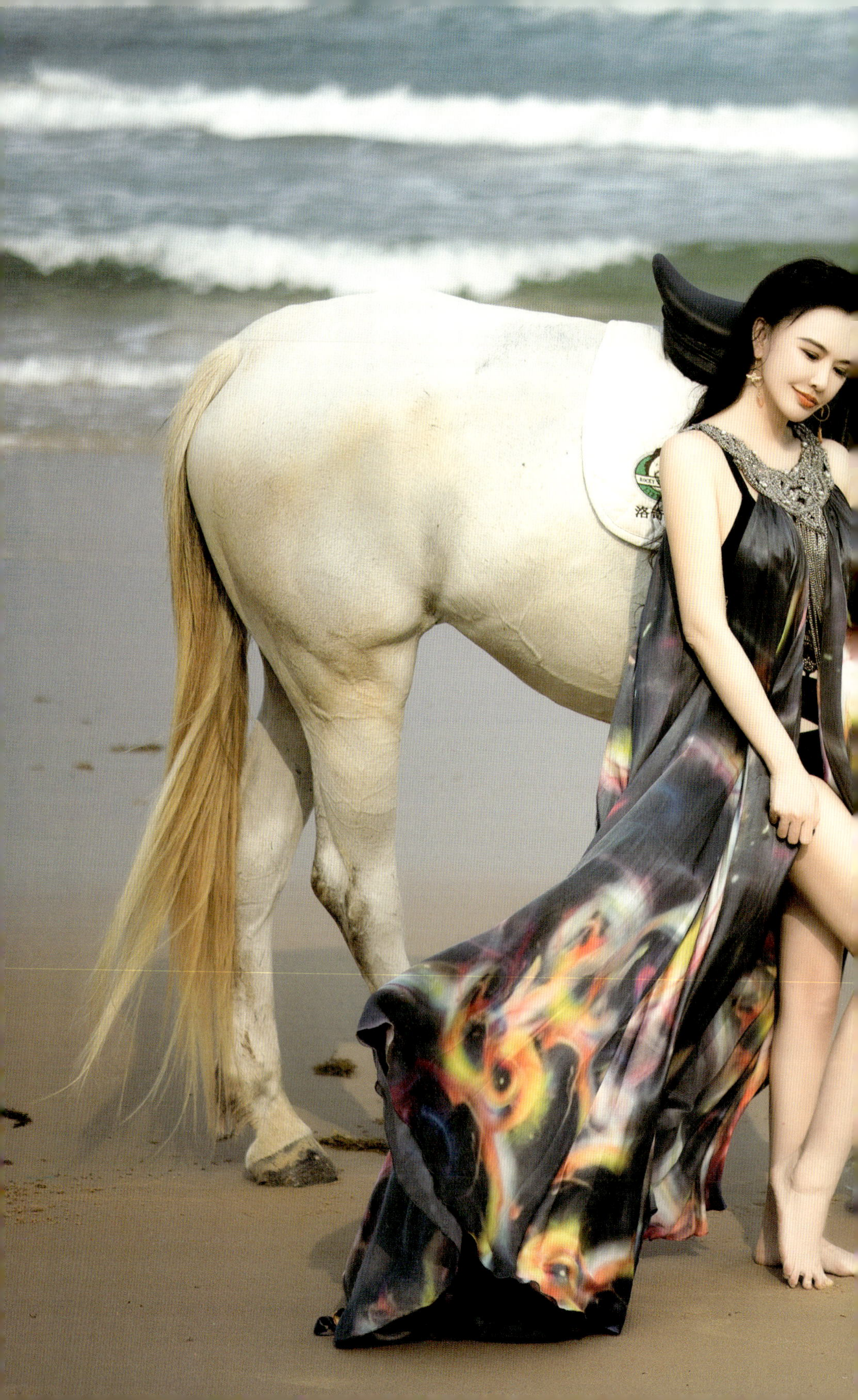

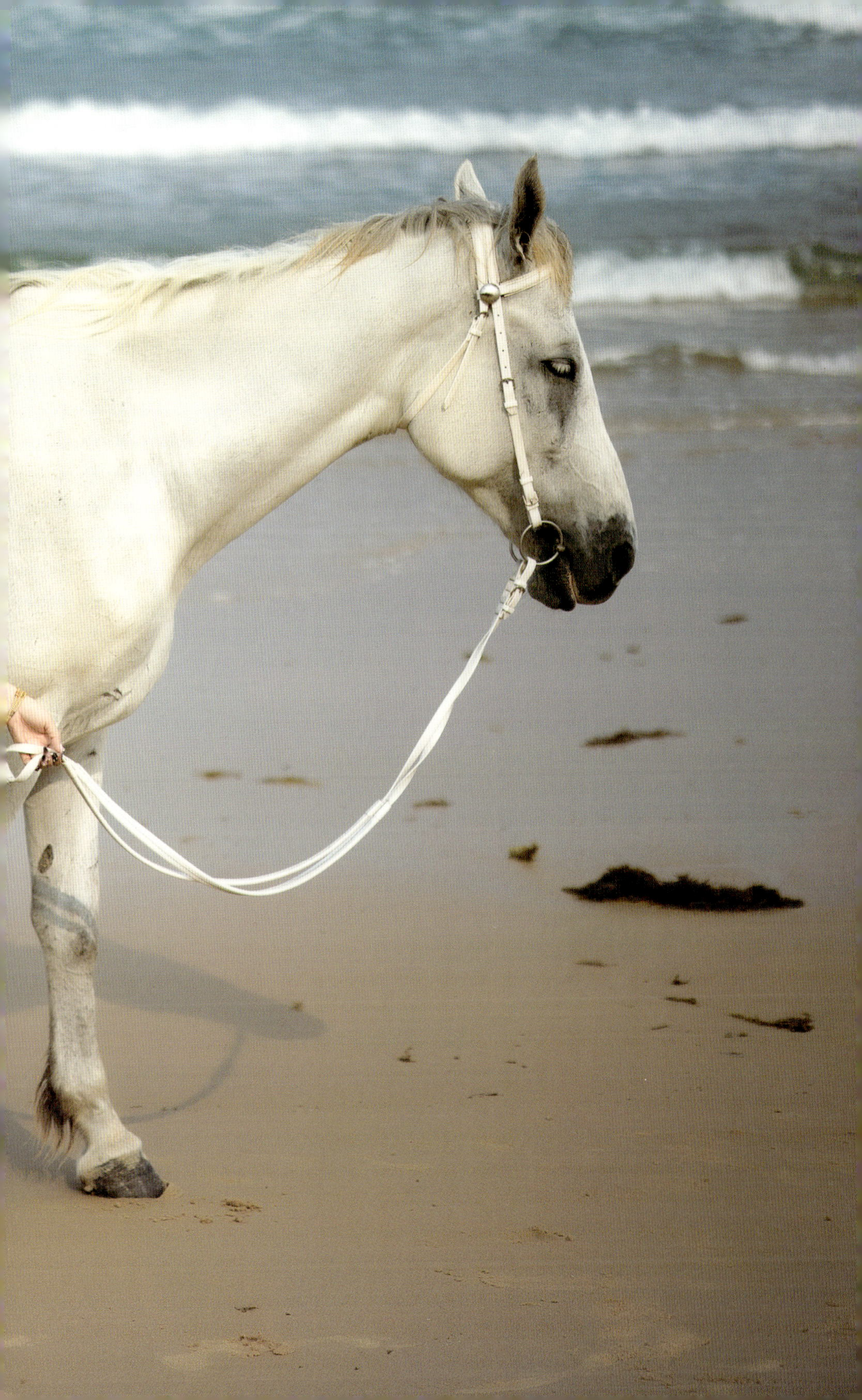

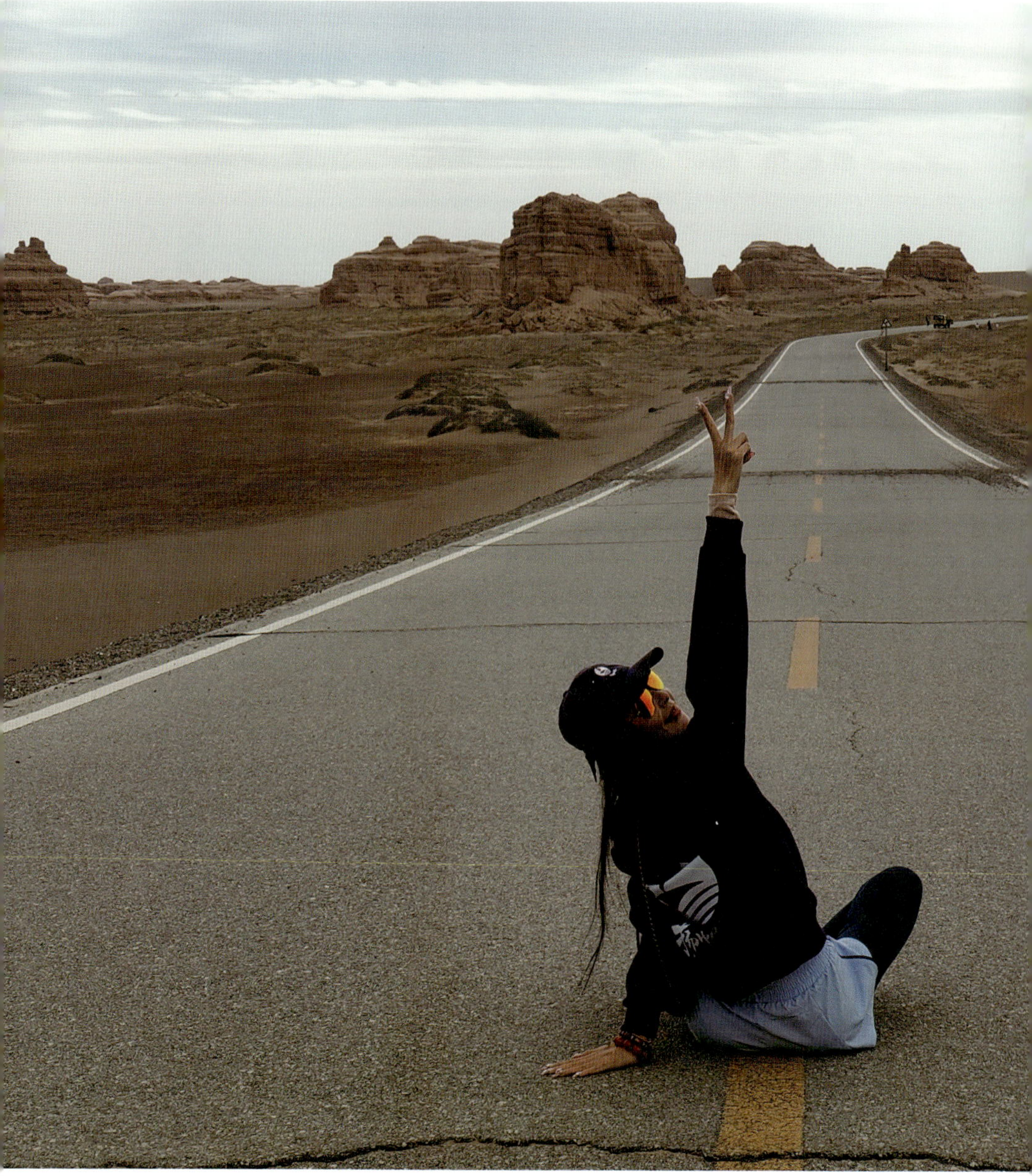

感恩，
这一路的相遇

婚姻很难，创业很难，在社会上做个好人很难，演戏是我做过的最容易的事情。

我跟各个年龄层的男演员演过夫妻或情侣，体验过不同角色的悲喜人生，它们让我对生命有了不一样的体验。

当然，经验是跟随阅历慢慢增长的。初入行的时候，我一样经历过手足无措的阶段，只是站在现在的角度来看，那时候遇到的困难都不算什么。人成熟了，能承受的就会越来越多。

2003年夏天，我参加了电视剧《穿越激情》的拍摄。这部戏的主演是两位资深演员，他们演夫妻，孙皓导演给我设定的角色是从国外回来的23岁女摄影师，与他们的婚姻产生了纠葛。

当时我本人也刚从国外回来不久，与角色的贴合度很高，许多生活场景几乎都可以本色出演。为了演出这个女摄影师的利落果断，我还剪掉了自己蓄了多年的长发，做好充分的准备。我对扮演好这个角色非常有信心。

未料，拍摄过程并没有我想象中那么顺利。

我跟男主角老师演对手戏。他的要求特别高，我的表演始终达不到他的要求。有时在拍摄过程中他会即兴发挥修改台词，我必须得接上，接不上就会被他批评。

作为一个初出茅庐的非科班演员，这样的挑战对于我来说是比较困难的。我每天都被骂、被嫌弃，我甚至怀疑过他是不是讨厌我、不想和我合作。

面对优秀的前辈，我既敬重又胆怯，每天都过得战战兢兢。拍戏的时候，我甚至不敢看他的眼睛，因为一和他对视我就会害怕，演的时候就特别紧张。后来我想到了一个办法：盯着他的眉毛演，这样就不会紧张了。

这部戏拍了两个月，我感觉像过了半个世纪那么长。拍完后，我对演戏产生了很大的抵触情绪，觉得跟人搭戏是一件非常可怕的事情，只想回归金融行业。

一年后，这部戏上映的时候做宣传，我们又碰到了。男主角老师主动跟我道歉，说："小奇，不好意思，那时不是故意冲你发脾气，是因为我自己生活中遇到点事儿，心情不好，再加上天气热，所以才会那么暴躁。"我这才明白，原来他并不是故意针对我。这件事慢慢释怀之后，我也反省了自己：我当时确实是经验不足，如果我能做得再好一点，也许这些不愉快就不会发生了。

别人如何对待我们，这是无法控制的，我们唯一可控的就是自己如何去面对。向内归因，向内求，会让人心情平静，少生怨念。

此后两年，我没怎么拍戏，只是偶尔接一些客串的角色。

后来阿嬸姐当我的经纪人，我对演戏的热情一下子就上来了。一来因为阿嬸姐足够专业，我对她有全然的信任；二来因为我自己的能力也在不断提升，能驾驭的东西也越来越多了。

阿嬸姐帮我接的第一部戏是《我们无处安放的青春》。这部戏是沈严导演执导的，主演有佟大为、江一燕、张歆艺等，还有人称"戏骨"的陈道明老师。

我在剧中饰演佟大为的前女友。我们需要拍一场在雨中狂吻的戏：我们在山上聊分手，聊完后吻别，我把他交给另外一个女孩。

在那个年代，影视剧里的吻戏并不多。当时我还没有拍激情戏的经历，初次接触这种大尺度的吻戏，拍摄前心里很忐忑，害怕自己演不好，也害怕别人异样的眼光。

不过，一旦进入角色，这些恐惧就消失了。沉浸在角色的情绪里，那场戏拍得很自然。

2008年这部剧开播，收到了很好的口碑。胶片拍摄的戏很有质感，我们每个人的青春气息都如此鲜活。

至今想来，我仍然觉得有机会遇到高水准的导演与演员前辈，还能和那么多优秀的青年演员合作，是一件非常幸运的事情。虽然我的戏份不多，但能参加这样的拍摄绝对是一场高品质的体验，这种经历很难得。

与优良的团队共事，哪怕只是浅浅的交集也会受益终身。这种受益，除了专业上的精进，更重要的是态度的提升。看到大家不卑不亢地认真打磨一部作品，我顿时觉得自己需要学习的东西还很多，不敢有半点自满。

这段经历在为人处世方面也给我带来了一些启发。每每遇到傲慢的人，我都能理解这份傲慢背后的局限：如果取得一点点成绩就得意忘形，只能证明他接触的圈子境界不高，视野依然有限。

当你看到站在高处的人也依然谦卑，就会明白什么叫"人外有人，山外有山"。取得一点点成绩，没有什么好狂妄的。

我这个人本身就不太擅长社交，跟厉害的人相处，更会有种莫名的胆怯，总会不自觉地认为别人很"高冷"。我知道，这是我的自卑心在作祟。在努力克服自卑、与人正常相处的过程中，我又慢慢发现，不同的人展现出来的"冷"也是不一样的。

当你能够区分对方的"冷"是针对事还是针对人的时候，就很容易判断哪些人可以结交，哪些人必须远离。

有些人的"冷"，是对事。比如我在一个剧组里碰到的吕中老师，她就是一个很严厉的人。每每我的表演不够好，她都会不留情面地批评我，我好几次在片场被她训到哭，但她丝毫不会心软，还说如果我再掉眼泪就不要和她同框。起初我觉得很委屈，但几次之后，我发现她的意见的确中肯，带给我很多帮助，而且她在发现我对待表演的态度很认真之后，也毫不吝啬地展现了她的善意。我知道，她并不是针对我。作为圈里的前辈演员，她对表演有着高层次的艺术追求，我们达不到这个境界，她愿意以严厉的方式来提携后辈，这份对事业的严谨是值得敬佩的。

有些人的"冷"，是对人。我曾在剧组遇到过一个架子很大的女演员，平时很爱发脾气，一不顺心就破口大骂。无论场工、化妆师，还是灯光师、摄影师，无一不被她挑剔。终于有一天，这些人联合起来不开工，抵制这个女演员的"大牌"行为。最终，这个女演员不得不写了道歉信，在众目睽睽之下鞠躬道歉。

这件事给我的触动很大。人，无论取得多大的成就都不能太高看自己。有时候你以为身边的小人物不起眼，但许多小人物联合起来的力量也是不容小觑的。别人对我们的态度也是一面镜子，你只有发自肺腑地尊重身边的每一个人，才能够把自己从自大而不自知的迷途上拉回来。

接触的高人越多，越懂得谦卑的珍贵。看看人家为国家、为社会做出了多少贡献，再对比自己的价值，真觉得拍一部戏被许多人喜欢没什么可骄傲的，我们无非就是在一个行业里发挥自己的价值，跟三百六十行里的每一颗螺丝钉一样。

在那个年代，还没有所谓的"粉丝经济"，拍戏就是拍戏，演员就是为了呈现艺术角色而表演，这是行业的共识。也许是后来经济发展迅速了，人们太空虚了，"粉丝文化"越来越发达，促成了"粉丝经济"的诞生，使表演艺术越来越不纯粹。这看似是一个行业的崛起，其实是真正的艺术走向了下坡路。

狂热地追捧一个角色或明星，站在"粉丝"的角度来讲是精神世界的迷失，也许这种影响是暂时的，等他们心智成熟之后自然会明白"角色"与"偶像"是不同的概念。但对于演员本身来讲，影响却是永恒的，它是一把双刃剑。得来太过容易的光环会让人过分相信自己的能耐，在道德和业务上失去最基本的自律；与此同时，名利的强大冲击会让人的欲望无限膨胀，人的欲望一旦超出界限，走错路是常有的事。偶像坍塌，不就是这样来的吗？

我们真正应该崇拜的，应该是那些引领着社会前进的人。让艺术回归艺术本身，我们才能欣赏到更多的好作品。

所幸，我经历过中国影视行业的鼎盛时代，接触过许许多多保持着艺术初心的人。有些剧组的温暖氛围我至今回忆起来仍有余温。我曾参与李平导演执导的《挣扎》的拍摄，剧组演员有丁海峰、史兰芽等人，剧组的氛围跟一个大家庭一样，每个人都相互照顾、相互尊重，没有任何工作人员因为资历的深浅而厚此薄彼。一进这个剧组，我就有了强大的归属感，觉得每个人都很亲切。后来我跟主演丁海峰二度合作演情侣的时候还感觉像家人重逢一般。

温暖的记忆都是弥足珍贵的，它会时刻提醒你这个世界是善意的。尤其是被攻击、被质疑的时候，你会深信这并不是这个世界的全部，在不远处，还有一些人在阳光下坦荡地笑着、爱着；你会产生出一种走出去的力量，不会在阴暗里沉沦。

推着人成长的除了人际关系，还有环境。

2006年，我去陕西拍《悲情母子》。这部戏由江珊、靳东、师小红主演，我在里面演一个乡村律师，是主演靳东青梅竹马的恋人，从小和他一起在陕北农村长大。

这部戏给我带来了很大的挑战。当时我回国还没几年，身上还没有完全摆脱海外生活的习气，别人很客气地跟我说我看上去很"洋气",或者说有股"洋范儿"。我不敢把这视作恭维,对于一个演员来说,跟环境格格不入是灾难的,这意味着我无法全然入戏,观众看我的表演时也会觉得不自然。

当时的拍摄条件很艰苦。我们是在镇上拍的。镇上有招待所,但招待所里没有热水。剧组花钱在招待所的一个房间里安了一台热水器,这个房间是分配给江珊姐住的,我们五六个演员每天轮流去她的房间借用卫生间洗热水澡、洗头。老式的热水器不能边洗边烧水,储备的热水洗完了之后要烧好久才能再热。我每次洗澡都不敢洗太久,甚至有时候不需要洗头就干脆不洗澡。

没有热水器,有时候吃饭也没有桌子,要蹲在地上吃。蹲着吃饭对我来说也是个挑战:从小家人就教我言谈举止要矜持,女孩子不能蹲着吃东西,食不言、寝不语。第一次和大家一起蹲下来吃饭的时候,我感觉很惶恐,就像受戒很久的信徒不小心破了戒,羞愧得无所适从。

盒饭里偶尔会有苍蝇。第一次吃到死苍蝇的时候,我没忍住胃里的翻涌,跑到一边吐了。

我没有在农村生活的背景,拍戏的时候,只能凭着自己的理解不停地尝试,但怎么演都觉得不舒服。

我一直在反省自己出了什么问题。我自认为不是一个娇气的人,但在这里我的一切表现都显得那么矫情和不合时宜。后来我想明白了。不是我做不到,是我内心的自我保护机制在作祟——面对陌生的环境,我是恐惧的,一旦有了心理障碍,就没有办法完全融入。

我没有把自己当成一个体验者,而是把自己当成了一个外人。意识到这一点后,我开始正视自己心底的恐惧。我知道这跟环境没有关系,恐惧源自我的内心。幼年搬家的经历让我对陌生的环境有着本能的抗拒。遇到方言听不懂、风俗不一样、饮食习惯和住宿环境与平时有差异的时候，我内心的保护机制就启动了，身体里的潜意识不断地向我释放逃避的信号，这才造成了我的各种不适应。

人若能足够了解自己，面对问题时就没有那么难了。我知道一切可怕的东西都在我的意识层面，便刻意去训练自己体验当下。把每一个当下当成独一无二的体验，心理障碍破除了，所有的障碍就都迎刃而解了。后来，我非常自然地和大家一起蹲在地上吃饭，如果有苍蝇，我可以把它慢慢挑出来，再继续吃。

很多时候，障碍之所以成为障碍，那是我们内心的接纳力不够。当你敞开心胸去接纳一切客观存在的时候，自会境随心转。

后来，我经历过更艰苦的环境，也是试着调整心态，就慢慢克服了。

不久后，我又接拍了电视剧《大象》，又名《金三角夺宝》，是我与连奕名一起主演的电视剧，导演也是连奕名先生。这部戏的意识很超前，现在看来也不失为一部好剧。

这部戏有很多在丛林里追杀和逃跑的情节，拍起来很耗费体力。身为女主角，我当时一天拍18甚至20个小时，趁卸妆的时候休息两小时再继续拍，疲惫是常态。

然而想想剧组的其他工作人员，他们可能提前好几个小时就来打光和置景，演员已经算非常幸福的一群人了，所以千万不要有任何抱怨。

印象最深刻的是一场在泥潭里的戏。当时的主场景是一个洞穴，这个洞穴可能有几百年没进过人，里面全是脏兮兮的死水。我必须在开机的时候就潜进泥潭里憋气，而后再从泥潭水面浮出头来。在污水中长时间地浸泡让我落下了病根，不过这在当时来讲不值一提，每个人对作品的付出都很大，都想呈现出最好的作品。

如果演员拍 18 个小时，工作人员起码会跟 20 个小时，拍摄前的准备，拍摄后的收场，都是别人看不到的付出。你觉得累，总有人比你更累。从演员的角度来说，休息不好确实会影响表演，也对身体过于消耗，但当时大家的敬业精神是一致的，演员愿意为拍戏付出，不像现在这样，一些不认真拍戏的人也能坐享其成——这就是一个职业而已，千万不要忘了自己的初心。

《一半海水一半火焰》是我演艺生涯里牺牲最大的一部戏，也是带给我最大光环的一部戏。

这部戏带给我的挑战不仅仅是拍戏的尺度，还有片场的高压。

这部戏是用胶片拍的，一卷胶片开始后必须在 4 分钟内演完，说错词再来一遍就要再换一卷新的胶片。胶片很贵，如果耗费太多会造成拍摄成本的飙升。

这部戏里，我是女一号，戏份比较重，加之导演要求高，让我的心理压力非常大。我时刻担心自己的表演出问题，怕错词，怕表情和动作不到位……每次听到胶片"喀拉喀拉"的响声我都会高度紧张。

在剧组，其他人好像都彼此熟悉，就我一个人处在人群边缘。我进组就开始拍戏，谁都不认识，平时也不敢跟谁讲话。

幸运的是，这种胆怯和孤立的感觉跟戏里的角色是高度匹配的，剧中我扮演的女孩是一个走入"狼窝"的纯情女孩，她的状态就如我当时的状态一样，害怕，紧张，与周围格格不入，这种感觉正好对上了，就会与角色相互成就。

这部戏最终呈现出来的效果还是很不错的。现在回想起来，演胶片电影对我的演戏生涯来说是一个很大的促进,它让我对自己的演技和心理素质都有了更高的要求。

纵观这20多年演艺圈的发展,似乎演员越来越好当了,不会背台词、演技不过关都没有关系,反正有配音,反正可以重来,情绪戏哭不出来还有道具辅助……在我个人看来,没拍过胶片电影的演员不能称为真正的演员。身为演员,就得有演员的基本素质。从这方面来讲,以前的老演员们真的值得敬重。

我也庆幸自己亲历了影视繁荣的年代。那个年代的审美非常具有包容性,每个人都有自己的特色,甚至越有个人特色越招人喜欢。不像后来单一的"白幼瘦"审美,每个女孩都必须精致甜美。每个人都不敢做自己,都在做别人,这或许是审美的倒退。

拍《一半海水一半火焰》的时候,还发生了一个小插曲。

剧组有个20多岁的场工,来自北京。他记码特别厉害,每条胶片从哪儿到哪儿、剪辑点在哪儿,他都一清二楚。小伙子身高大约有185厘米,很壮实。有一天他在海里游泳,突然越游越远,还远远地朝岸边挥手,我隐约听到了他的呼救声,赶紧朝着沙滩上大喊:"救他!救他!"当时沙滩上很多人都在忙着各自的工作,导演刘奋斗和演员廖凡二话不说就往海边冲,鞋也没脱,直接冲进海里把那个场工弟弟救了上来。这件事让我对刘导和廖凡肃然起敬。

在此之前,我一直不敢靠近他们,导演的严格要求让我敬畏,廖凡在戏里有对我扇耳光的戏份,我心里对他特别恐惧。这件事发生后,我才发现原来他们都是满腔热血的男子汉,并不像我想象中那么冷漠。自此我也学会了与人打交道的时候要多方位地了解一个人,千万不要轻易给人下定义。

这部戏前前后后拍了8个月，拍戏的心理压力、影片角色的沉浸让我的心理能量低到谷底，再加上拍戏过程中被动与后来的经纪公司签约，让我愧疚不已。每每想到我当时的经纪人阿婶姐还蒙在鼓里，我心里都有很大的负罪感。多重诱因让我的精神几近崩溃，我开始看病吃药，治疗抑郁症。

这部戏拍完后，我才真正鼓起勇气去面对，跟阿婶姐坦承了转签经纪合约的事。我也慢慢学会了专注当下，为自己的每一个选择负责。

人大部分时候都不是被困难吓倒，而是被自己吓倒的。遇到问题的时候，越逃避越容易内耗，真正面对的时候反而没有那么困难。

这一次的抑郁症，是在拍摄《关中义事》的时候痊愈的。

这是我第一次挑战年龄跨度大的角色，从一个女孩的十七八岁演到40岁，从年轻到中年。

这部戏在山西祁县古城拍摄，主要取景地在渠家大院。时值冬天，古城的气温特别低。早上四五点起床时，室外的温度仅有零下二十多摄氏度，拍戏要克服许多生理上的困难。

记得有一次降温，凌晨的温度降到近零下三十摄氏度，白天也好不到哪儿去。在片场拍戏的时候，我被冻得眼流直流，一句台词都说不出来。

我一直很瘦，那段时间也一直吃素。此前我妈妈生病住院，我为了让妈妈早日康复许愿吃素3年。妈妈住院半年后恢复健康，我便想坚持10年以示虔诚。吃素的最直接的结果就是脂肪不够，挨不了冻。

在片场，我一个字都说不出来，身体却不受控制地抖动，急得直哭。

在这部剧里，我个人有500场戏要拍，每天从早到晚，几乎停不下来。生病了，就挂着点滴继续演。记得有一次，我跟于荣光老师对戏，工作人员帮我把吊瓶隐藏在身后。因为吊瓶不能出现在镜头里，只能尽可能往低处放，这样才能被我的身体遮挡。一场戏拍完，工作人员赶紧帮我把瓶子举高，在场的人都吁了一口气。原来，因为吊瓶过低，药水没有办法流进我的身体，反倒是我的血液顺着针管倒流到吊瓶里，吊瓶里一片鲜红，看着怪吓人的。

我们平时看电视剧大多按剧情发展或时间顺序来看，但拍戏不是这样。拍戏分场景，现场搭好一个景，要尽可能地在这个场景中把所有的戏份都拍完，有时候还要考虑日、夜景的光线问题，跟大自然抢时间。那时我一天能排二三十场戏，分不同的场景。有时候一天之内要改许多次妆，也许早上演17岁的时候是少女服饰和妆容，中午的时候就要改成25岁时的妆造。到了晚上，演40岁，又要换中年妆。

戏份越重，越不能掉链子，因为所有人都围绕着这个角色开工，一旦角色停摆，大家都无法开工。我只好想尽办法克服困难，全力演好这个角色。

这部戏拍完，我忽然发现自己已经好久没有陷入在自己的个人情绪里了，每天除了在戏中与角色同喜同悲，就是专注当下，研究怎么完成自己的戏份。

这部戏拍完，我像打了一场胜仗一样轻松：我战胜了身体上的挑战，也克服了心理上的挑战，并且这部作品我自认为完成得不错，它让我遇见了更好的自己。

专注的力量是强大的，它是打败内耗的不二法宝。后来每到情绪低落的时候，我都会找点事去做，沉浸在当下的每一件小事上，心很快就能安定下来。

2008年,《一半海水一半火焰》在戛纳首映。同年,影片获得5项金马奖提名,我入围"最佳女演员"提名。次年,影片在香港电影金像奖的评选中再次获得数项提名,我获得"最佳新人演员"提名。

虽然最终都没有得奖,但这两项提名让更多的圈内人认识了我,让我有了与更多优秀导演和演员合作的机会。比如,在王晶导演拍的《旺角监狱》里,我跟张家辉演对手戏;在郑宝瑞导演拍的《意外》里,我与古天乐演对手戏。我进入了另一个圈子,感受到了中国电影在香港地区的繁荣。香港电影人的严谨做派令我叹为观止,他们既专业又敬业,是香港电影的灵魂。

此后的几年,算得上是我演艺事业的黄金时间。我接的角色越来越多,合作的导演也越来越多,我的业务能力也因密集拍戏的锻炼而得到了飞速发展。

拍《团圆》时,我学会了"不演",不需要任何设计,放空自己,全然与角色融为一体。拍这部戏的过程中我学了一些上海话,还跟着剧组去了柏林电影节,收获颇丰。以前我总想把自己最美的一面展现给别人,对妆造特别在意,这部戏导演要求我全素颜,不化妆,从害怕到适应,我接纳了一个更加真实的自己。现在回过头来看,当时的素颜很美,是我青春里不可多得的影像记忆。

拍田有良导演的《新玉观音》时,导演要求我们瘦到100斤以下。两周时间,我从105斤瘦到了94斤。当时的几位青春女孩都很有朝气,大家在一起相处很愉快。

尔后,拍《北京爱情故事》。为了接这部戏,我推掉了另外一个戏约,那部戏后来爆火,成为现象级作品。曾有知情人为我感到惋惜,说我错过了"大火"的机会,我自己倒不这么认为。演员与角色是相互成就的,别人演的角色,换成我未必是一样的效果。更何况,《北京爱情故事》本身收视效果也很不错,让更多的人喜欢上了"小伍"这个女孩,也让更多的人知道了演员莫小奇。

回过头来想,假设我当时选了另一部戏,事业真的一飞冲天,后面可能也不会有创业的故事。正因为我的成就和地位还没有强大到让我有足够的安全感,我才会考虑另寻出路。

一切都是最好的安排。接纳命运的安排,走好当下的每一步,就足够了。

跟前东家打官司、经历失恋的重创,这些事情给我的人生带来了一些阻碍,但我的事业却并未因此而停滞。后面我还陆续接拍了一些优秀的影视作品,比如《绣花鞋》《京城 81 号》《惊魂游戏》等。

参与拍摄影片《饭局也疯狂》,让我走出了失恋的阴霾。第一次见到尚敬导演的时候,导演问我:"你会跳舞吗?"

我斩钉截铁地说:"会!"

因为剧情的需要,很多演员在试戏的时候都会被问:"会开车吗?""会骑单车?""会跳舞吗?""会骑马吗?""会旱冰吗?"……

但凡这个问题到我这儿,答案都是毋庸置疑的:"会""会""会""会""会"……

只要我喜欢的角色,每一个都会奋力争取。后来尚敬导演问我:"你会跳魅惑的舞吗?"

我也肯定地说:"导演你等着我,我会跳钢管舞。"

其实我一点都不会。除了小时候在北京的培训班接触过一段时间舞蹈，后来我再也没有跟舞蹈结过缘。我找了一个钢管舞培训中心，赶在戏开拍之前苦练了一番，从完全不会，练到可以爬到钢管上面旋转。

演戏让我不断地突破自己的极限，这种感觉好极了。更重要的是，前方还有更多厉害的人时刻提醒着我的局限，让我不满足于眼前的这点成长。

比如范伟老师，他让我知道了一个好演员在戏里应该是什么样的状态。范老师在镜头外很少说话，但一到镜头里，就好像是被另一个人"附体"。他可以在不同的人物里面切换自如，这点让我佩服得五体投地。

在演艺圈，95%的演员都是在演自己，或者演跟自己"契合"的角色。范伟老师让我真正见识到了什么叫"塑造"——这是一种"无我"的境界。

拍这部戏的时候，尚敬导演也带给我很多感动。我饰演的这个角色本身叫Amanda，后来尚敬导演得知我的英文名叫Monica后，就直接把角色名改为了Monica。虽然只是一个小小的改动，但这种被诚意尊重的感觉是我拍戏生涯里少有的体验。得知我沉浸在失恋里走不出来，他也不止一次地开导我，让我正视自己的价值，不要把自己看得太过卑微。

2012年是我事业最好的一年。这一年，我又接拍了王晶导演的电影——《大上海》。

王晶导演一共跟我吃过3次饭，每次都是先打个电话说"有戏找你，跟你聊聊角色"，而后就带着剧本约谈。真正跟他打过交道就会发现，外界对他有太多的误解。在我眼里，他就是一个绅士，不抽烟，不喝酒，没有过多的社交。他与人打交道有着清晰的边界感，下午5点吃饭，7点必定离开。他给予每个演员足够的尊重，再加上他对我有知遇之恩，所以无论他找我演什么角色，我都会义无反顾。

这次拍的戏叫《大上海》，与发哥（周润发）一起搭戏。在进组之前，我并不知道自己接的角色有这么好——许多香港电影都是飞页剧本，没有具体的故事情节。角色最终的呈现都得靠拍摄过程中的临场发挥。

我接的角色叫阿宝，与发哥和吴镇宇大哥演对手戏。飞页剧本对演员的功底有很大的考验。拍摄头一天晚上，我们才能拿到剧本，剧本里看不到太多的感情，许多细节都要靠临场发挥。虽然有挑战，但是剧本会跟着演员本人的理解进行修改，这样演绎出来的角色与演员是高度贴合的，可以呈现出演员的最高水平。这部戏的剧本飞页越写越好，让我不断地沉浸其中。我不止一次地想，如果我生活在战乱年代，我大概也会做出和阿宝一样的选择，在大义与爱情之间选择牺牲自己。

发哥拍戏的时候，发嫂也在片场。她每次都会在后台的显示器上看我们表演。我跟发哥有一场吻戏，导演提前一天才通知我。拍吻戏之前，我心里是忐忑的。我跟那么多男演员演过情感戏，还没有哪一次是在家属面前表演的。然而，第二天拍完后，我发现发嫂对我的态度没有任何改变，我这才真正放下心来，心里也对发嫂的这份胸襟佩服不已——虽然都知道这只是一份工作，但真正做到心无芥蒂还是不容易的。知道与做到之间，隔着太远的距离。

发哥发嫂待人温和，导演和演员们都十分专业，这是一段很愉快的拍摄经历，也是一个很好的成长机会。

拍摄《大上海》之后，我又接下了另一部戏——张黎导演的《大清盐商》。

看过这部影片就知道张黎导演有多厉害。他能把时代背景里的风物习俗落实到细微之处，服化道、场景、演员台词和仪态都极尽考究，与时代背景严格契合。

张黎导演的戏里，没有"假"的东西，从制作、剧本到拍摄，都完整复现了历史。我在里面饰演一对双胞胎，姐姐是一名身处风尘却内心清高的"扬州花魁"，有许多弹古琴、琵琶的戏份，都得真弹，不得代劳。我没事就在片场练习弹奏，练得双手发肿。

拍这部戏，还遇到了一点小惊吓。有一天晚上我们拍夜戏，吊车顶上挂着巨大的灯光设备，突然就慢慢地往下面戏台上倒。当时我正在戏台上弹琵琶，身后有几个群众演员。我听着下面的人冲我喊着"快跑"，就下意识地抱着琵琶往台下跳。吊车的吊臂当时从20米高的地方倒下，我们幸运地躲过一劫。

这部戏的品质很高，合作的对手演员如张嘉译、俞飞鸿等，都非常优秀。演双胞胎对于我来说是一个全新的体验，姐姐和妹妹性格迥异，演起姐妹对手戏来颇有点"分裂"的意味。因为姐妹俩妆造不同，我每天要改很多次妆，同一个场景里的戏，先把姐姐的戏份拍完，换妆后变成妹妹再拍一次。

演完双胞胎，我觉得自己的演艺生涯更加完整了。在脸一样的情况下，如何切换两个人不同的状态，这是对演员业务能力的严格考验，一旦状态不到位，两个角色的区别就无法呈现出来。

从 2010 年到 2014 年，我一直在跟前东家打官司，受到的负面影响比较大。虽然有很多演戏的机会，但很多剧组都因为害怕惹上麻烦而选择与我切割。好几次，我进组后又被通知"不能合作"，甚至有一次戏都快拍完了，离杀青只剩下 3 天，合作突然被终止。

2012 年，前东家与我正处于胶着状态，官司的走向也不甚明朗，谁都不知道我会不会因此而不能翻身。那年，我拍的每一部戏都面临着随时被换掉的风险。王晶导演和张黎导演的力撑给了我强大的精神力量，他们选择了低谷中的我，也拯救了低谷中的我。这份恩情值得我一生铭记。毕竟，一个女演员的黄金时期并不长，等到官司打完再来拍戏，我也许会错过自己最好的状态。

后来，我又陆续拍了一些戏，比如《格子间女人》《长安三怪探》《风云天地》《龙门镖局》等。演李路导演执导的《天衣无缝》时，我还剃了光头。

我在演艺圈里的事业不算顺遂，但也不断突破着，看到了自己的无限可能。或许人生就是这样，看上去都是艰难的，但只要你不放弃，永远都还有机会。

30 岁以后，我接拍的戏越来越少，工作重心也从演戏转向了创业。演员这个行业给了我巨大的荣光，也让我承受了巨大的压力。如今遇到合适的机会，我还是会去演戏，如果没有也无妨，它就是我心里的一份热爱。

在演艺圈近 20 年，我看到过形形色色的人，遇到过各种各样的事，现在回想起来只有满腔的"感恩"。这一路的冷也好，暖也好，都是命运交给我的功课，我把我的功课认真完成了，没有遗憾。

谢谢你们，没有这一路的相遇，就没有现在的莫小奇。

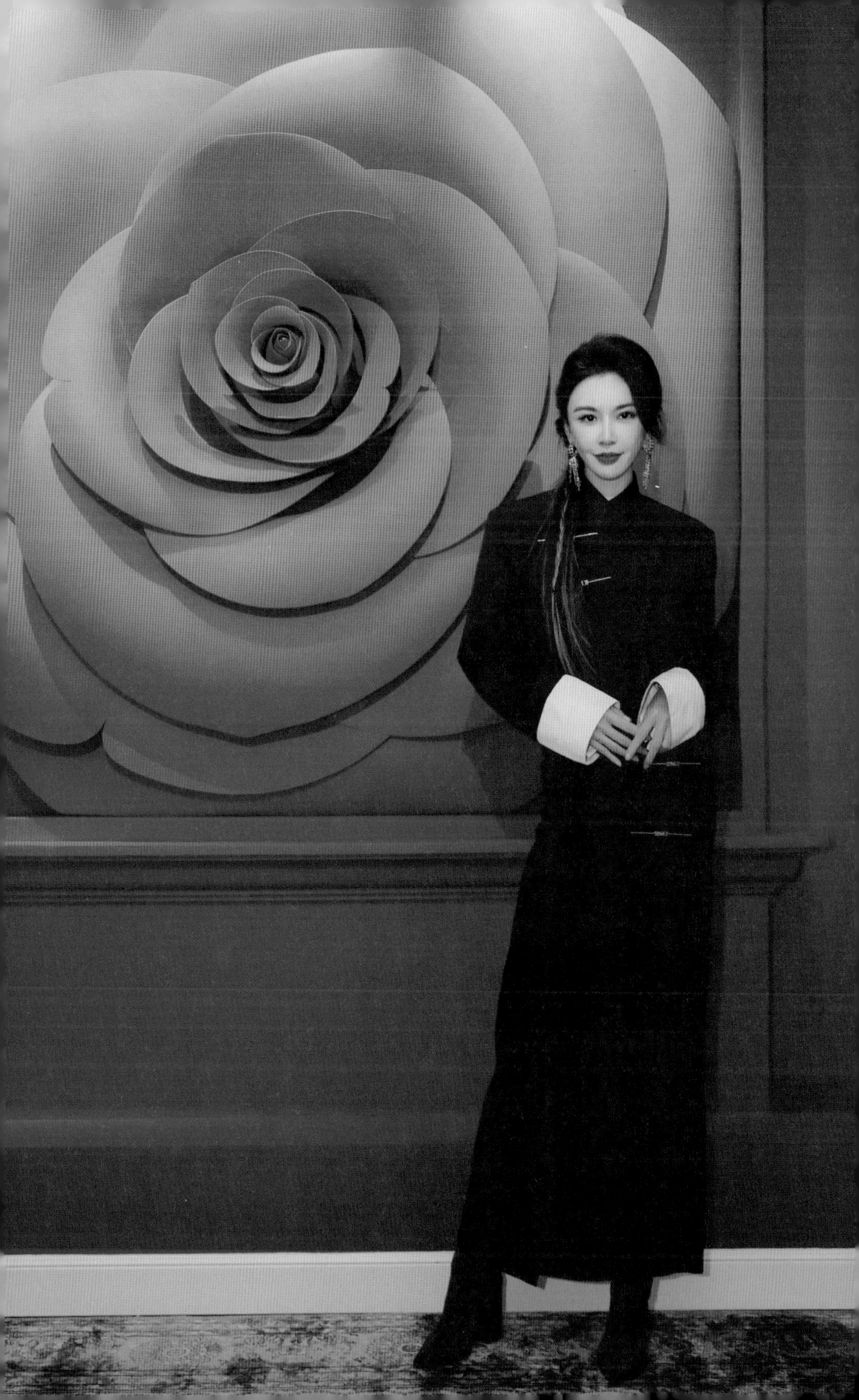

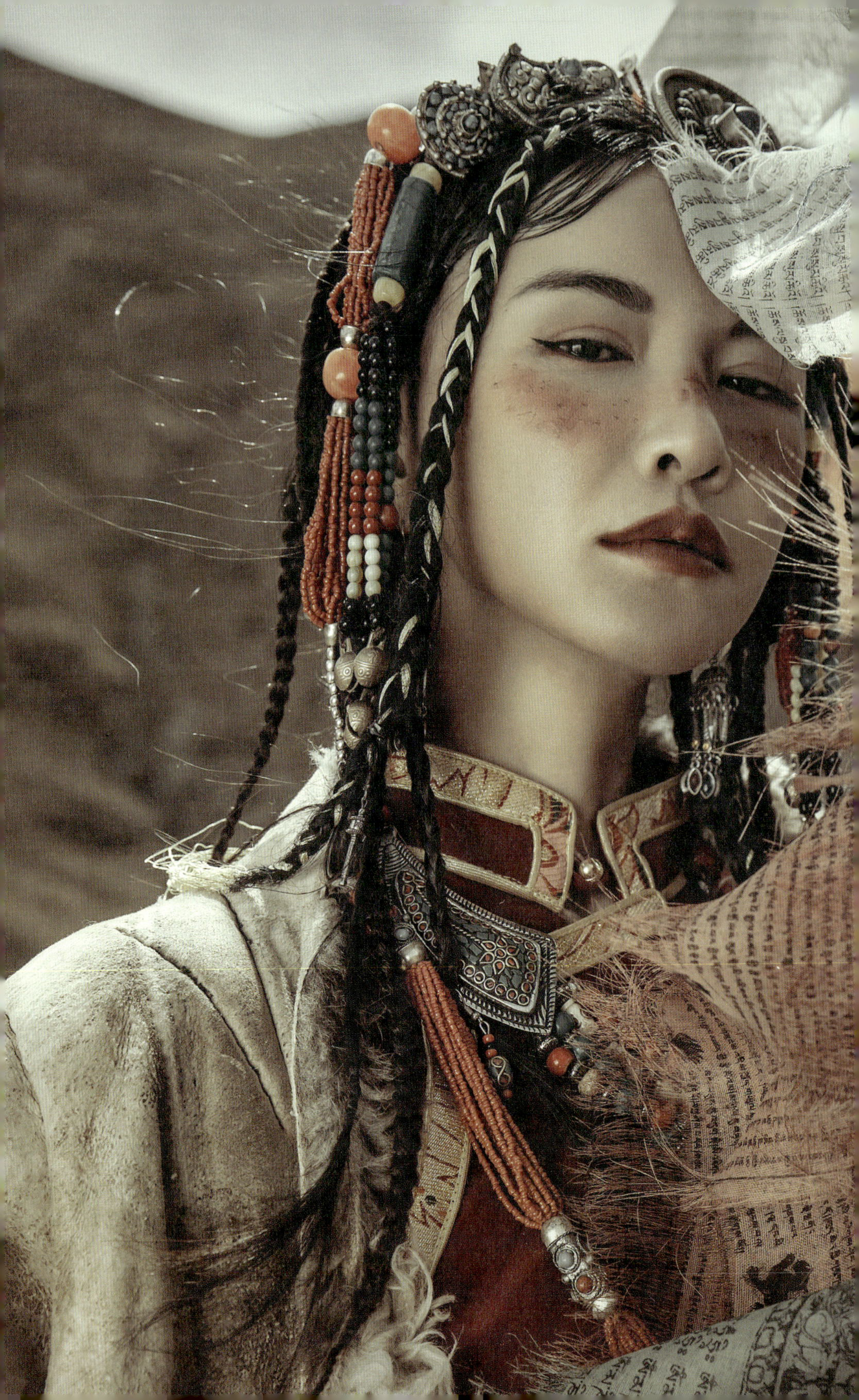

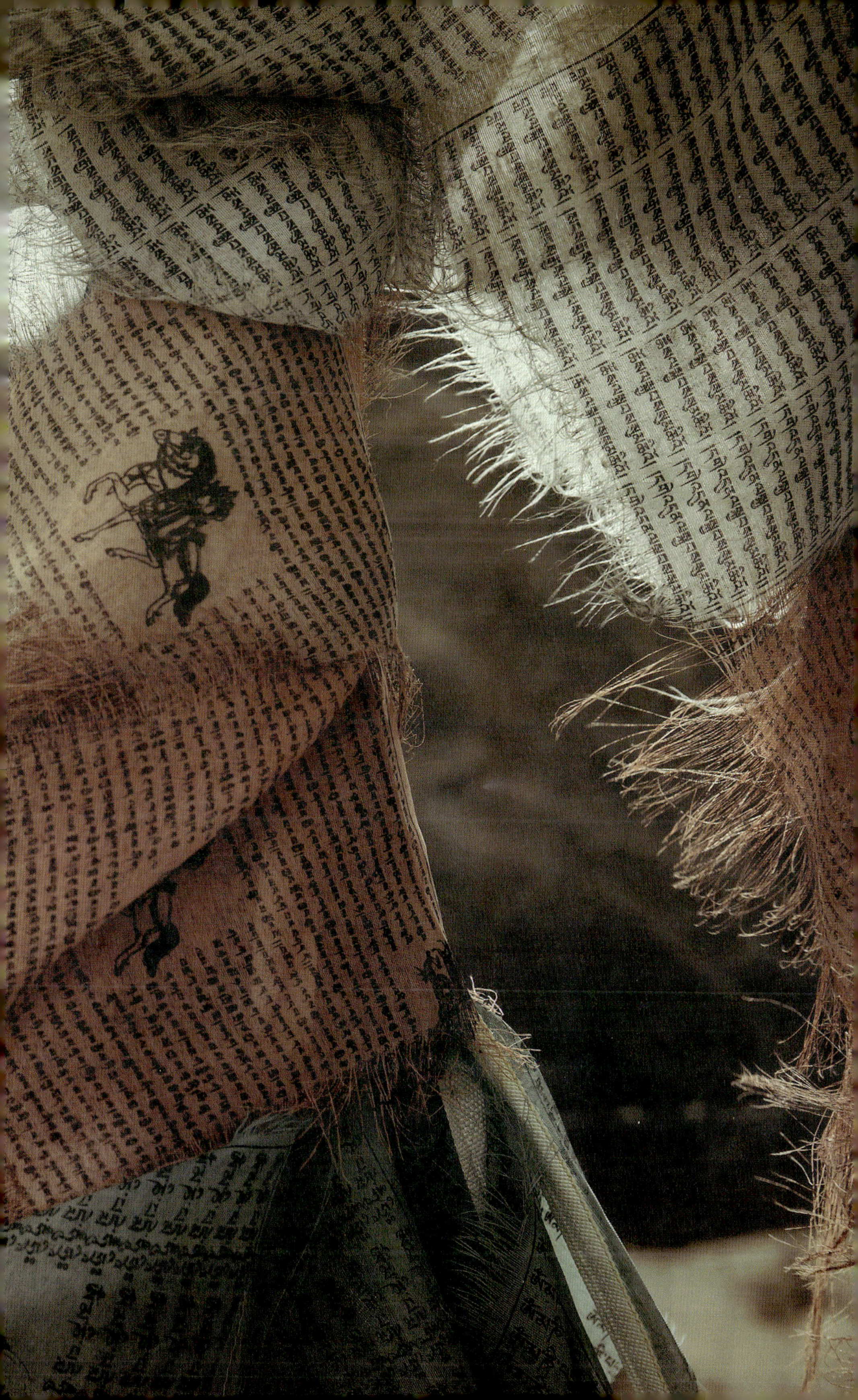

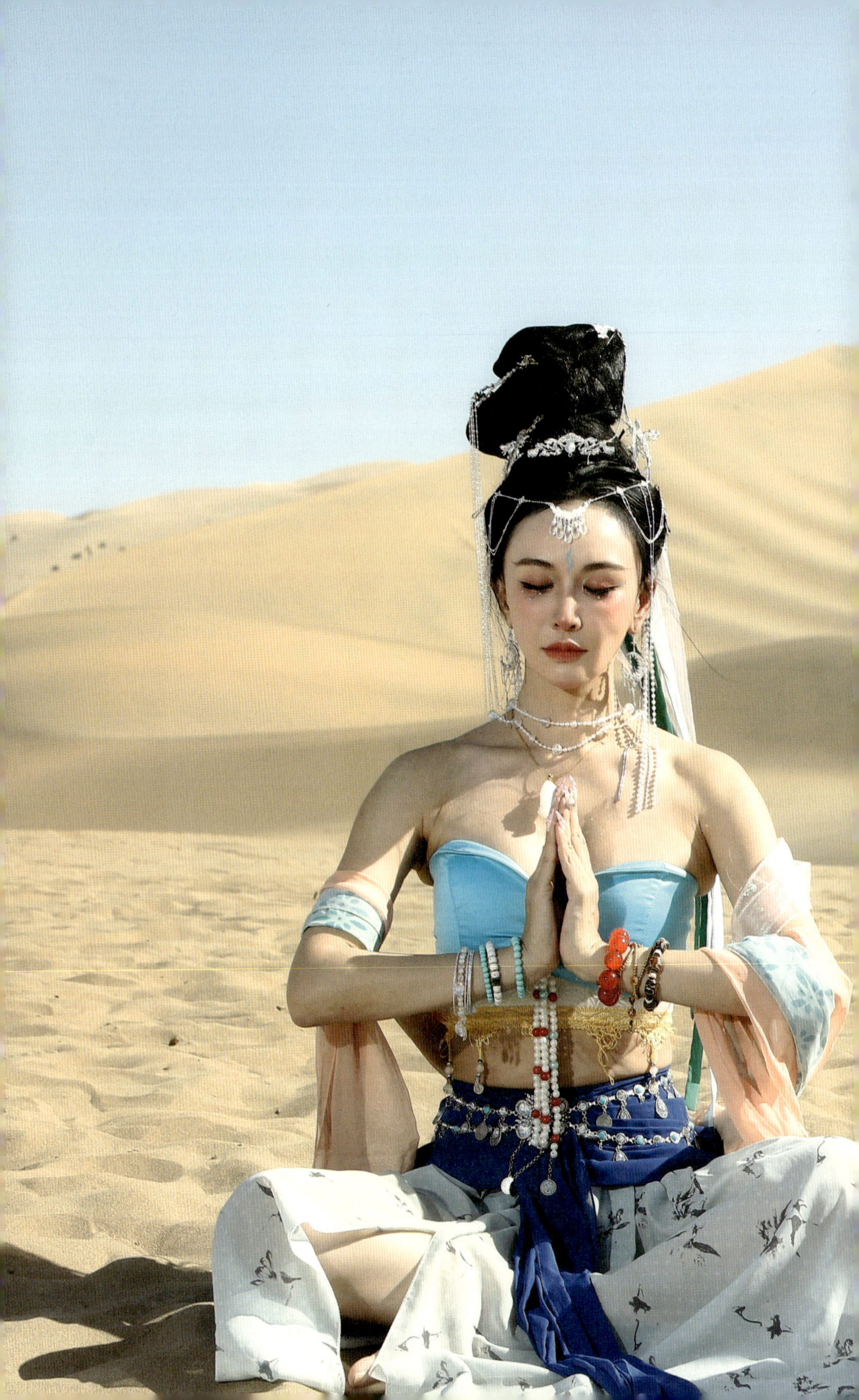

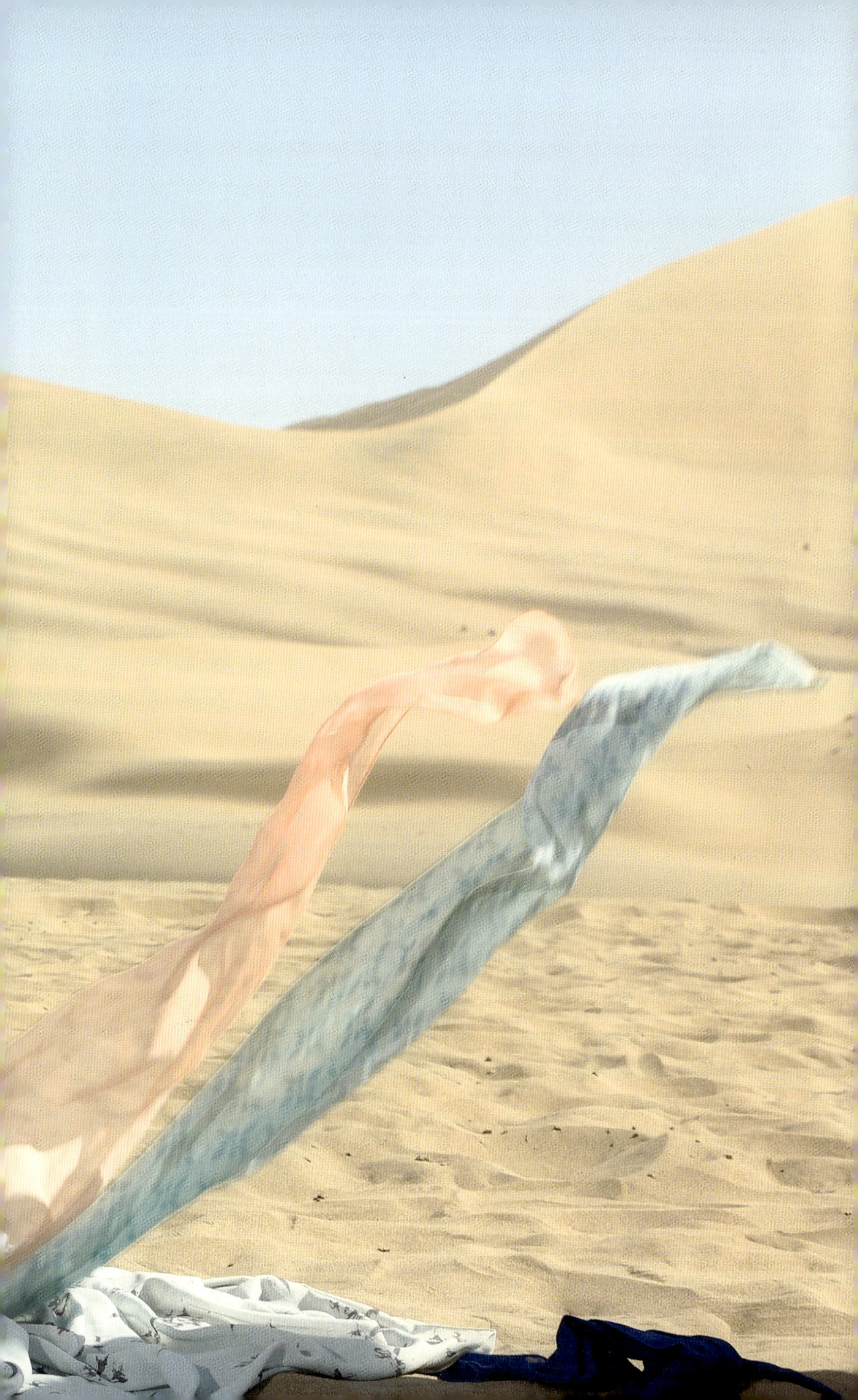

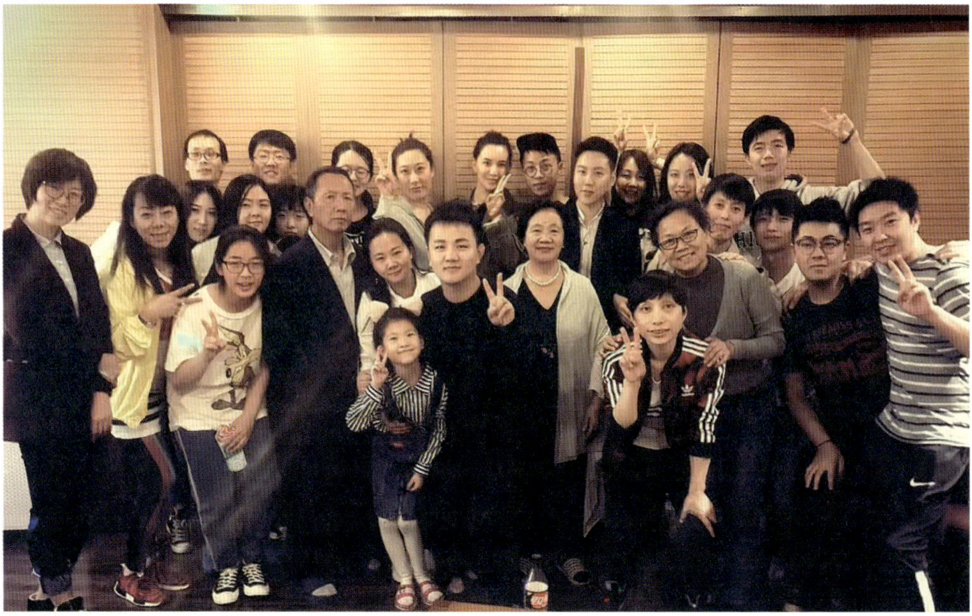

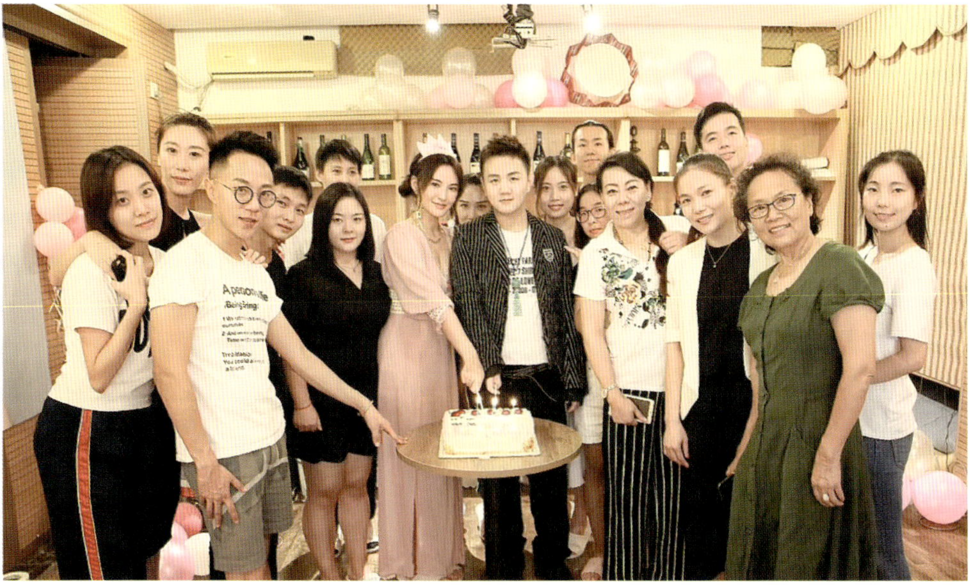

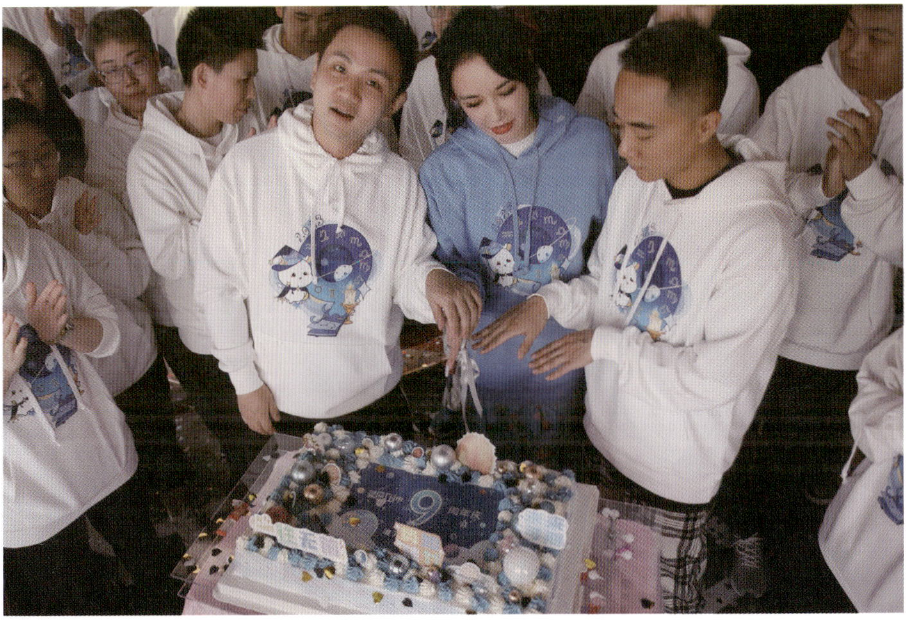

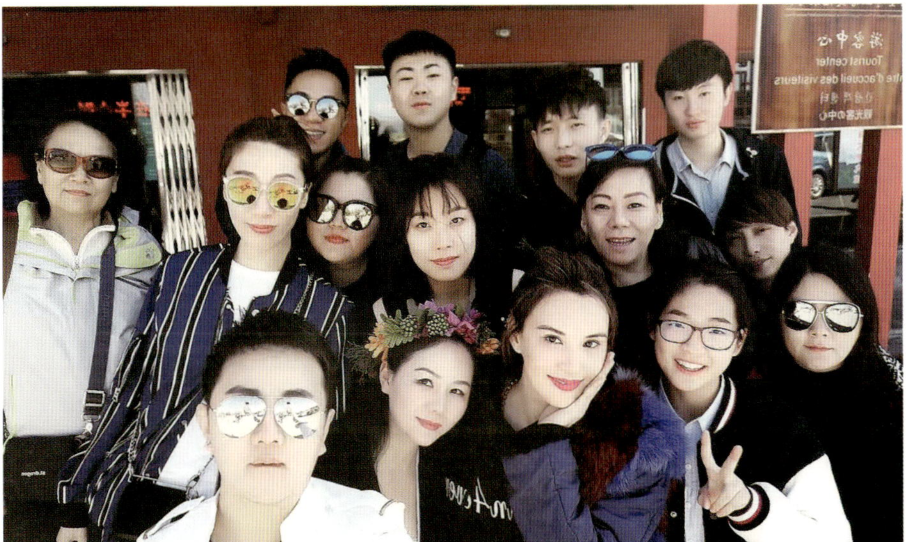

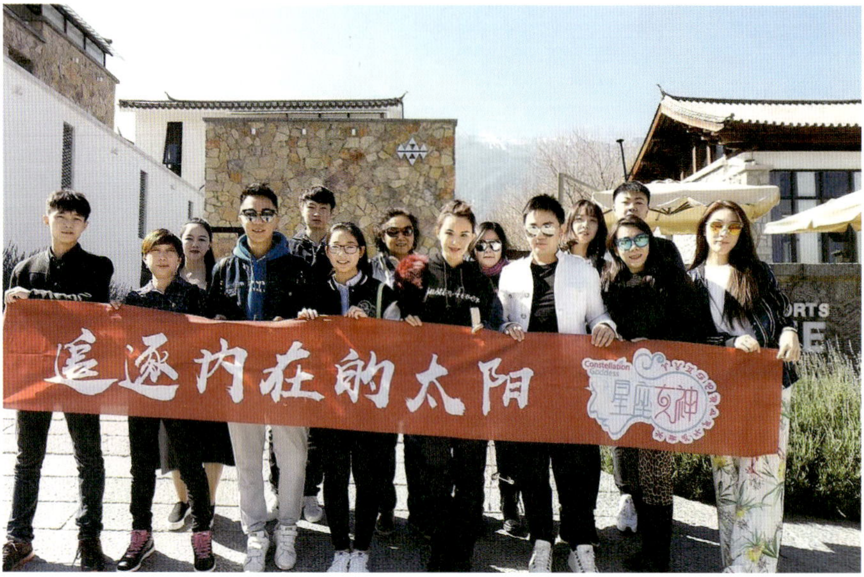
追逐内在的太阳
Constellation Goddess
星座女神

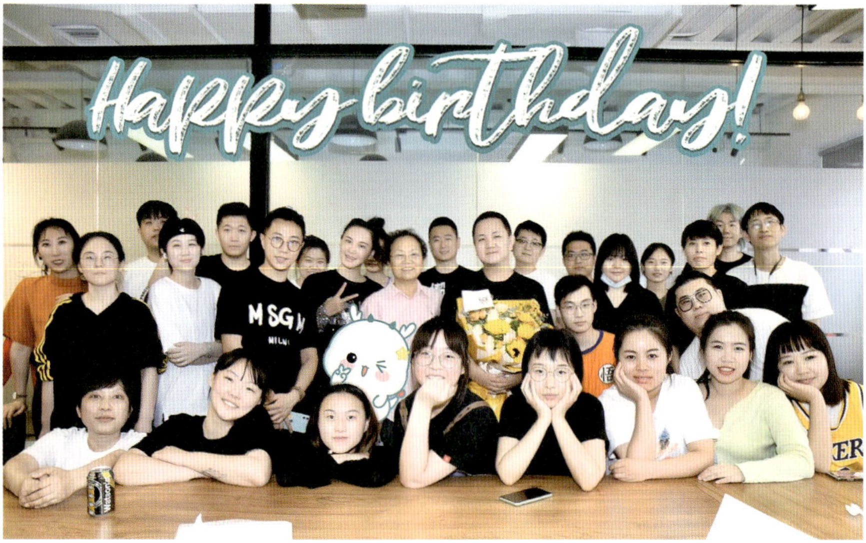
Happy birthday!

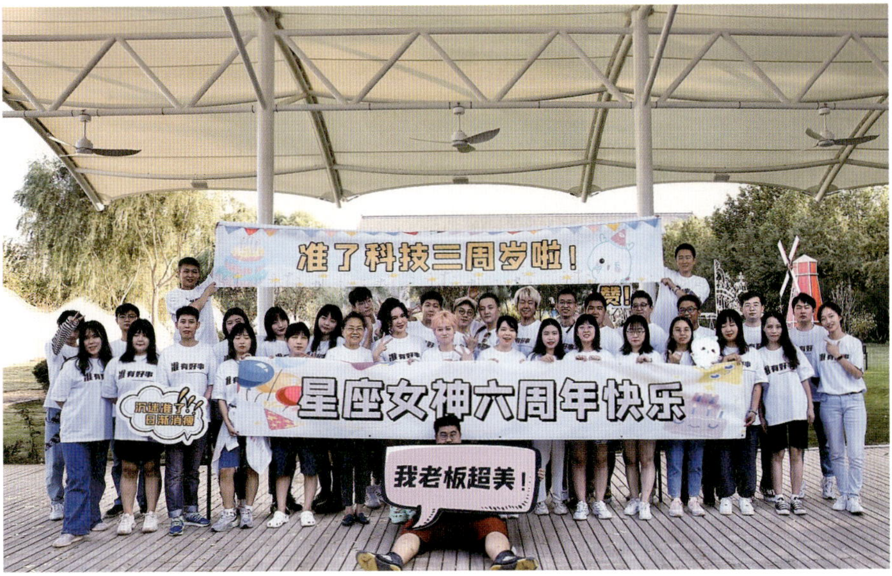
准了科技三周岁啦！
赞！
星座女神六周年快乐
我老板超美！

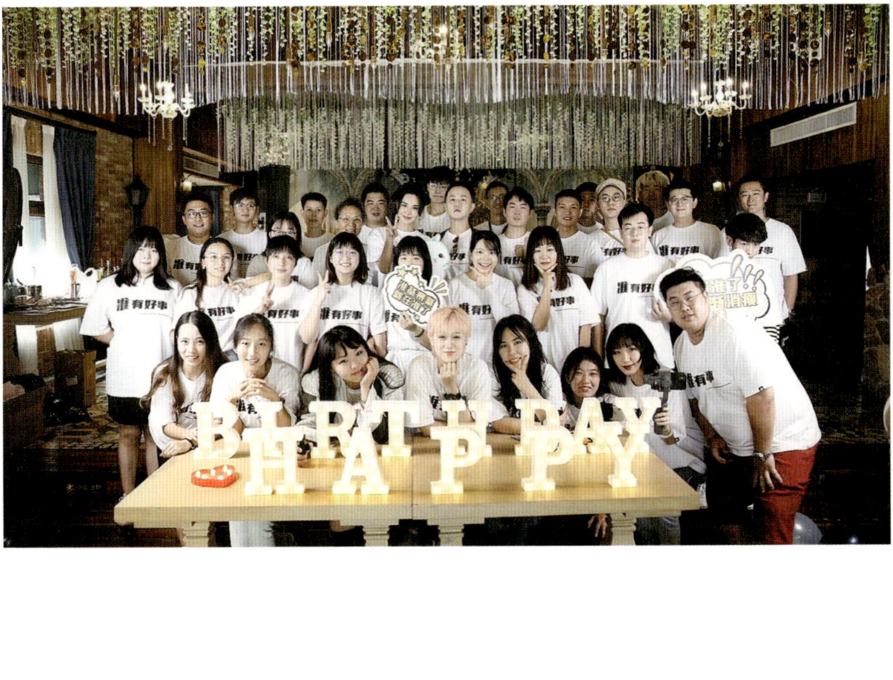

附　录

莫小奇的十二种人格识人术

很多人都说我识人很准，其实这项能力并不是天生的。从小我就恐惧社交，与人交往的时候总是小心翼翼的，生怕自己会受到伤害。这份天性中的敏感加之后来复杂的人生阅历，反倒使我对人性有了不一样的理解，人际关系才慢慢得到提升。

我对十二种人格的理解，都建立在我的"江湖经验"之上。如果你也对人情世故充满了困惑，不妨先了解一下不同类型人格下的"人性"真相吧！

1. 战士型人格（出生日期：3月21日—4月19日）

生活中你肯定遇到过这样的人：他们热情，一见你就给你一个大大的拥抱，甚至让你有些不知所措；他们直接，从不藏着掖着；他们勇敢，永远不会惧怕成为第一个吃螃蟹的人；他们自我，特别知道自己想要什么，并且会为之拼尽全力，但也有一些以自我为中心；他们坚强，无论遭受什么挫折，都会站起身来清理伤口，勇敢前行；他们有很强的意志力，一旦决定坚持什么，甚至不在意成败也要坚持到底——这就是战士型人格的特点。

如果你的合作伙伴是战士型人格，那么你们的合作会充满激情。他们会带领着你和你的团队前行，但也会因为冲动决策带大家走向错误的方向。与这类伙伴相处时应注意以下几点：第一，不要打断他说话。别担心，他们并不会说得很长，因为战士型人格的人凡事讲究效率第一。第二，不能不理他，要去积极回应。建议看着他们的眼睛，点点头，微笑。第三，做他们的"补丁"，帮他们补全他忽略的细节，这样你们的合作才会更和谐。第四，适当泼冷水，不要让他们那么冲动。当你的合作伙伴说"这事就这么定了"的时候，你可以回复他们："对，我完全赞同，但是以下这些是需要仔细考量的事宜……"

如果你的领导是一个战士型人格的人，你会发现他们的目标非常清晰，只看结果，不管过程，所以你经常会感受到压力。与他们打交道，要注意以下几点：第一，不要与他们发生正面冲突，及时认错。第二，不要太脆弱，要想办法变得坚强。第三，提高你的工作效率，拿结果说话。

如果你有一个战士型人格的朋友，那么你是幸福的。因为他们在你遇到危险时会第一时间冲上前保护你，他们会倾尽全力来帮助你渡过难关，也会直言不讳地指出你的问题。所以，记住以下几点：第一，不要在他们面前伪装，不要拐弯抹角。第二，说比做重要。当他们遇到困难的时候，这样说他们会非常受用："我永远是你的朋友""最后的胜利属于你"。第三，倾听，并与他们一起吐槽。

如果你有一个战士型人格的伴侣，那么你将收获的是火一样的激情，只是，他的激情可能来得快去得也快。如何与他相处呢？第一，给他设置小目标，让他一点点达成。比如，只要你考上驾照，我就陪你旅行。在他的目标一点点实现的过程中，他会越来越爱你。第二，不断给他创造新鲜感，经常改变自己的服装和发型，要知道他们都是视觉动物。第三，不要过度解读他的话。第四，求他办事的一个小技巧："非你莫属"。告诉他这件事情是极具挑战性的，而你也不知道该找谁了，他会认为只有他能做到。第五，时不时地给他一些小刺激或者是小挑战，永远让他觉得自己处于一种竞争的环境中，这会不断激发他的征服欲。

如果你的家人是战士型人格，应该怎么相处？比如，战士型的父亲信仰棍棒底下出孝子、战士型的母亲从早骂到晚、战士型的兄弟姐妹和你从小打到大……先声明，并不是每个战士型的家人都有这样的行为，但如果你遇到了，请你注意以下几点：第一，避免直面冲突。他们的脾气来得快去得也快，不会记仇。第二，试图唤醒他们的理性。战士型的人非常善于调度感性系统，不善理性，你需要做的就是唤醒他们的理性系统。比如说在发生争执的时候，你可以用数字体系去岔开他们的思绪，直接问他："今天几月几号？现在几点？"第三，接纳也是一种智慧。当你无法抵抗的时候，接纳和臣服是当下最好的选择。

2. 商人型人格（出生日期：4月20日—5月20日）

商人型人格的人特别追求稳定，他们的安全感源于对一切事物的掌控，不喜欢变化，所以生活要稳定、感情要稳定、事业要稳定、情绪也要稳定；他们注重品质，感官敏锐，比如来到陌生的城市就会直奔藏在小巷子里的美食美酒，对品质的关注甚至会细致到酒店床单的材质是不是埃及棉；他们讲究物质，因为物质能给他们带来安全感，所以赚钱永远是第一要务；他们性格固执，格外坚持自己认定的东西，无论谁反对，都很难动摇他们的价值观。

如果你的合作伙伴是商人型人格，千万不要急，要慢慢来。可以请他们吃美食喝美酒，如果你能亲自下厨准备美食，他们会更开心。在合作之前说清楚大家的利益分配，创造共赢机会。让他们知道他们的所有付出都是有物质回报的，他们会更积极地投入精力配合你。

如果你的领导是商人型人格，你就要做好打持久战的准备。商人型人格的领导做每一个决定都很谨慎务实，因此他们难以认同激进的策略。与他们打交道应注意以下几点：第一，不要提激进冒险的意见。商人型人格的领导喜欢按部就班，你的步子可以迈得小，但是一定要够稳。第二，小心你在职场的"数字"——所有报销、财务预测、业绩中的数字务必精准，宁可保守，不要激进。第三，可以准备一些精致的小礼品，一定要走心。

如果你的朋友是商人型人格，那么恭喜你，好吃好喝就在不远处等着你。他们个个都是生活家，你要充分相信他们告诉你的：哪里有一家好吃的馆子，谁家卖的床上用品最舒服，哪个民宿最值得你去住。与他们打交道的方式：第一，物质回馈要平等。若你过生日的时候收到他们的礼物，记得在他过生日的时候一定要等值甚至超值回馈。第二，别跟他们聊不赚钱的事。比如，谁和谁离婚了、谁又被抓了，他们根本不想知道。第三，不要约他们去锻炼。健身和跑步对他们是巨大的折磨。可以约他们去做SPA、足疗、美甲，他们喜欢被人服务。

如果你的伴侣是商人型人格，要体谅他永远说不出甜言蜜语。他表达感情最直接的方式就是给你钱，如果经济条件不足，他会尽他所能给你提供相对舒适的生活，把自己所有的好东西都拿给你，希望你能一起享受。如果你不小心惹他生气了，最好的方式就是拥抱他。因为通过肌肤间的接触他能感受到你的存在和你的情绪，不要跟他论对错。还有一点就是契约精神：一旦你和商人型人格的人建立恋爱关系，他们就会像最优秀的商人一样遵守契约精神，直到天荒地老。你也应该遵循这段契约关系，不要随便分手，要在这段关系里平等付出。

如果你的家人是商人型人格，那么他一定是一个很现实的人，他会很在意你的学业、事业以及你未来的发展。换句话说，他可能更关心你的赚钱能力。在这样的家庭里长大，你可能会格外在意物质安全感。怎样才能不被商人型人格的家人影响呢？第一，学会换位思考。只有站在他们的立场上，你才能理解他们的世界。第二，从实际出发，满足他的需求。我的爸爸就是典型的商人型人格，以前他每年过生日我都会送他衣服、皮带、鞋子之类的，可他从来不穿也不用，后来我就直接给他转账，他说："这才是我的乖女儿。"第三，永远记住：经济独立带来人格独立。你可以通过努力找到自己的价值，走出自己的一片天。

3. 信使型人格（出生日期：5月21日—6月21日）

这一类人好奇心重且酷爱交流，他们总是不停地了解新鲜的事物和资讯，总是想要认识从来没有接触过的人，和人沟通交流是他们探索世界的工具，你会发现他们的语言和文字天赋特别高，永远能用舒服的方式和别人交流；他们理性而客观，渴望听到不同的声音，你会发现很多新闻工作者都有很强的信使型人格特质；他们充满活力，你很难看到他们有停下来的时候，甚至在睡觉的时候他们都可能会比其他人更容易做梦；他们逻辑性强，大脑就像一本百科全书，里面存储了无数的信息，还能把复杂的信息整理成有效的输出。

如果和信使型人格的人合作，你必须做好思想准备，因为他们的思维特别跳跃，3句话就会聊到另外一个话题，然后再说5句话又换了一个话题，当你以为他们不记得最初说的是什么的时候，他们却能回到最初的话题和你继续讨论。与信使型人格的合作伙伴相处时应注意：第一，不要用很严谨或者很规矩的方式来和他合作。第二，千万别真的被他们牵着走，因为他们有可能越跑越远。最好的办法就是让他们表达，但是始终让他们知道你们的目标是什么。第三，不要参与到他们的八卦爱好。当他们兴致高昂不停输出八卦的时候，切记这个时候要安静地走开。如果你不走开的话，你可能会成为下一个八卦的主人公。

如果你的领导是信使型人格的人，那么他们天马行空的指示也许会令你无所适从。但掌握以下几点，与其相处也不会太难：第一，你要拥有快速的反应能力。一定要多读书，一旦拥有足够的知识储备，面对他们的要求，你会更加应对自如。第二，不要企图说服他们，只能尽量引导他们回到正题。第三，盯紧自己的目标，不受他们的干扰。

如果你的伴侣是信使型人格，应该怎么相处？第一，让自己保持新鲜有趣，他们对有趣的灵魂毫无抵抗力。你可以经常跨界学习和不同的人交流，带他去不同的地方体验不同的生活。第二，接得住他的"梗"。如果他怼你，你一定要怼回去。在他们的世界里，怼就是爱。第三，不要被他们的情绪化所影响。因为他们翻脸就像翻书一样，不同的是他们的书很快就能翻回来。所以当他提出分手的时候，你可以不回应，估计几个小时之后，他就又回来找你了。

如果你的朋友是信使型人格，他们就是你最喜欢一起聚会的不二人选，上知天文、下知地理，没有他们不会玩的。与他们相处要记得：第一，与他们一起聊八卦。即使你和他们暂时不熟悉，找几个文娱的八卦，问问他们："你怎么看？"你俩就能瞬间成为朋友。第二，不拒绝他们的社交邀请。信使型人格的人最喜欢有趣的人，哪怕你对这个项目不感兴趣，你也要表现得参与感十足。第三，提供自己的情绪价值。只要你够好玩、够有趣，在他们的眼里你就是最佳搭档。

如果你的家人是信使型人格，不夸张地说，他们真的不喜欢笨孩子。他们可能会让你从小上各种兴趣班和补习班，把你的碎片时间安排得满满当当的，所以你可能会感觉到耗费精力。如果遇到这样的亲人，不妨这么做：第一，诚恳表达你的需求。他们虽然有很强烈的自我想法，但是他们也会尊重你的需求。第二，保持真诚。不要妄想在他们面前耍滑头，因为你的小心思他们一眼就能看透。第三，相信勤能补拙。只要你保持学习的态度，他们也一定知道努力是大于天赋的。

4. 保姆型人格（出生日期：6月22日—7月22日）

保姆型人格的人建立安全感需要很长的时间，他们很难在见你第一面的时候就信任你，总会默默观察你的表现，直到认为你值得被信任。当他们充分信任你的时候，就会完全敞开心扉，毫无保留，甘愿把自己最柔软的一面展现给你看。这份信任是非常昂贵的礼物，需要你异常珍惜。一旦失去，无论你做什么都再也无法挽回。他们的敏感会让他们的情绪产生巨大的波动，若你是一个很粗线条的人，面对他们要格外小心。在你看来非常正常的举动，在他们眼中也许会掀起滔天巨浪。因为敏感，他们反而能更好地捕捉周围人的情绪，给周围的人带来安全感。

如果你和保姆型人格的人合作，他们会非常顾及你的感受，为你营造一个安全、温暖的环境。与他们相处时应注意：第一，当他们说话时，切记不要表现出不耐烦的情绪，要给予他们充分的信任和鼓励。第二，如果他们为你付出了很多，你要想着如何等价回馈或者超值回馈对方。第三，把你们的工作环境布置得温馨一些，最好有家的感觉，这样他会更好地融入工作环境。

如果你的领导是保姆型人格的人，你要表现得稳重一些，把工作上的事情都考虑全面，因为没有把握的事情他们是不太会同意的。汇报的时候可以这样说："这个项目非常安全，请放心，我们已经做过很多遍风险评估了。"在他们面前，切记不要搞团队内斗，保姆型人格的领导像大家长一样，不允许自己的人被欺负，不允许自己的人内斗。可以多分享你自己的幸福家庭生活，因为他们很欣赏家庭和睦的员工。不妨多请示、多汇报，像小时候你与你父母相处时那样。

如果你有一个保姆型人格的朋友，那你一定要好好珍惜。他们会像对待家人一样保护你、滋养你。与他们相处时，第一，百分百真诚。他们非常敏锐，你的情绪是没法伪装的，一定会被他们察觉到。第二，他们不愿意去陌生的地方和许多陌生人一起参加聚会，喜欢小范围温馨又特殊的场合。三五个人，一瓶好酒，一桌家常菜，无论好吃与否，都能迅速拉近彼此的距离。第三，时不时地跟他们分享你的小秘密，让他们觉得他就是你的"自己人"。

如果你有一个保姆型人格的恋人，你可能会感受到一种被爱包裹着的感觉，这种感觉表现为：黏人、宅、一起做饭玩过家家。与他交往时应注意：第一，绝不要玩消失或冷战，因为他会动真格。第二，信息要秒回，不能不接电话。你的任何怠慢和延缓回复都会导致他胡思乱想。第三，尽早确定责任。有一句话曾经拿下过很多保姆型人格的人，无论他多么固执，多么不相信爱情，都会被这句话的能量征服："我们是以结婚为前提去交往的。"第四，如果你们发生口角，无须说太多，走到他身旁，及时给他一个温柔的拥抱，让他能感受到你的温度和保护。

如果你的家人是保姆型人格，应该怎么相处？他们往往会给你提供无微不至的照顾，但是可能会影响你人格的独立性。请包容他们的情绪化瞬间，要直接告诉他们："别担心，我永远不会离开，哪怕我已经有自己的小家了，你们也永远是我最坚定的港湾。"此外，给他们一些直接的安全感：刚出社会开始赚钱的时候，拨出一部分收入给父母，放心，他们不会乱花，都会帮你存得好好的。记得常回家看看，这不仅是给他们安全感，也是给自己安全感。

5. 国王型人格（出生日期：7月23日—8月22日）

应该没有别的类型能够比国王型人格的人更喜欢表达了。他们天生就是喜欢聚光灯和舞台的，他们拥有一种感染所有人的热情和能量。他们非常相信自己的能力，且有着很强的自尊心。遇到困难的时候，正是这种强大的自尊心支撑着他们"明知山有虎，偏向虎山行"，但是这也随时可能变成陷阱，明知道有问题有风险，他们却无法回绝和推脱，最后把自己弄得遍体鳞伤。他们的行为经常会有些夸张的成分，不喜欢把一件事简简单单做完，而是要充满仪式感、充满戏剧性地完成。他们天生就具有表演的天赋，总能用最戏剧性的方式来表现自己，而且充满感染力。

如果你和一个国王型人格的人合作，应注意以下几点：第一，切忌当众挑战他们的权威。你可以私下里和他们沟通你们的分歧，提出不同意见。第二，出风头的机会都给他们，你只需要支持他们，好好利用他们的天赋。他们都是非常好的销售人才和谈判专家。第三，夸他们，他们会非常受用，这更利于你们的合作进展。

如果你在工作场合遇到了国王型人格的领导，其实是一件挺不错的事情，因为这个领导会冲在前面为大家争取利益。与他们相处时应注意以下几点：第一，他们需要的就是绝对的领导地位，不接受任何下属的挑战，你的不同意见对他们来说是对他们权威的侮辱。第二，他们就是喜欢听好听的话，所以谁能夸他们夸到点上，他们就会更喜欢谁一些。第三，主动示弱，向他们提问或寻求帮助，让他们有做决定的自豪感。

如果你有一个国王型人格的朋友，就把他们当作大哥或者意见领袖来相处。首先，不要跟他们抢单。无论打车、吃饭、唱歌，只要是他们发起的活动一定做好了他们买单的准备，你听安排就好。其次，不要和他们发生争吵，如果发生了争吵要先承认错误，否则他们是永远不可能认错的。最后，重大决策都要"请示"他们，让他们知道他们的决定对于你来说很重要。

如果你有一个国王型人格的恋人，那他们给你的回报就是物质上的慷慨和精神上的忠贞。如何才能获得他这样的真心呢？第一，他是你的唯一，哪怕你有什么偶像都不能超过他在你心里的地位。第二，赞美他的所作所为，他越被夸心情会越好。第三，把自己最强的一面展现给他。国王型人格都是骨子里慕强的，通过你，他想要向全世界宣布他们是多么优秀，因为只有优秀的人才会有同样优秀的伴侣。

如果你的家人是国王型人格，你就要做好满足他们期待的所有准备。第一，绝对服从，对于国王型人格的人，这个太重要了。第二，学会说"yes……but"，当他们提出一个要求的时候，你想了想发现不合理，千万别着急直接怼回去，这容易伤害到他们的自尊心。一定要学会先把"球"接过来，再找时机说自己的观点。第三，做好面子工程。一定要让国王型人格的父母为我们感到自豪，能在家人朋友面前以你为荣。

6. 公仆型人格（出生日期：8月23日—9月22日）

很多人吐槽他们过分追求完美，对所有细节斤斤计较，但是如果深入到公仆型人格的内在，我们就会发现追求完美主义是他们提升自己的一个原动力。他们也能接受不完美，但是不能接受不去努力的不完美。他们比他人更早能看到自己的潜力和进步空间，这是一种真正的人间清醒。同理，他们要求别人，也只是因为在别人的身上看到了潜力。他们非常看重逻辑性，会把所有的事情分门别类，一切都是井井有条的。公仆型人格的人有着超强的服务意识和奉献精神，而且还能做到毫无怨言。我们经常会发现很多匠人都是公仆型人格，因为他们愿意花大量的时间不断提升自己的这项技艺，然后用这个技艺来服务更多的人。

如果你的合作伙伴是公仆型人格，那么你会处于一种痛并快乐着的状态。他们会非常努力地去完成每一件事，但另一方面对你也有很高的要求，所以无形中也会给你压力。与他们相处时应注意：第一，按照逻辑去跟他们沟通。建议你在沟通之前，利用清单先把事情梳理好，他们最害怕"东一榔头西一棒槌"。第二，关注细节。如果你不是很细致的人，那么一些细枝末节的工作可以放心地交给他们。第三，善用公仆型人格的优势。他们可能无法给出大方向上的决策，因为他们把精力花在具体的事情上了。

如果你的领导是公仆型人格的人，我只能说这肯定是不轻松的。第一，你的抗压能力要强。因为很少有人能做到真的令他们满意，除非你也是一个公仆型人格的人。第二，提升自己的能力。你只有一直在进步，才有可能满足他们的标准。第三，不能偷懒。低调做人，高调做事，加班一定要让他们知道。第四，千万不要迟到。公仆型人格的领导最讨厌迟到早退的人。

如果你的朋友是公仆型人格的人，那么真的要恭喜你了，他们绝对是那种随叫随到，而且比你想得还要更全面的人。并且他们是真的心甘情愿为朋友付出。那我们怎么回馈他们对我们的好呢？第一，他们愿意干，你就让他们干吧，能者多劳，别跟他们抢。第二，不要夸大其词地去渲染自己能做的事。因为公仆型人格的人，不会听别人怎么说，他们会看别人怎么做。第三，穿衣整洁，说话文明，手脚干净，这是成为他们朋友的基本要求。如果你做不到就先不要招惹他们，因为他们会一直批评你、唠叨你，让你自信心扫地。

如果你的恋人是公仆型人格的人，你经常能看到他在家里忙碌的身影，所有的生活琐事都要做到最好，所有的细节都要完美，他是这么要求自己的，也是这么要求你的，那么怎么跟他相处呢？第一，保持个人卫生，洁身自好。袜子不能破洞，指甲不能有黑边，头发不能油腻，更不能和其他异性搞暧昧。第二，包容他的碎碎念，理解他的唠叨都是为了让你变得更好。第三，对他的服务表达感谢。虽然服务他人本身就会给他带来快乐，但若有及时的感谢则会让他更欣慰。

如果你的家人是公仆型人格怎么办？追求完美的父母真的会让孩子感到很辛苦，面对他们的高要求时，我们可以这样：第一，你可以不完美，但是不能不上进。只要你能持续进步，他们就会一直是你坚强的后盾。第二，尽量勤劳地帮助他们做家务。公仆型人格的父母自己都很勤快，他们也希望你能继承他们的优良传统。第三，养成良好的生活习惯，其中包括收纳、整理、断舍离、保持仪表清爽。

7. 公关型人格（出生日期：9月23日—10月23日）

从容是公关型人格的一大特征，你几乎很少看到他们处于惊慌失措的状态，至少表面上看不到丝毫紧张和慌乱，可能没有人能看到他们用了多大的意志力来控制自己的情绪；他们非常在意公平，一定会为不公平的事情发声，甚至愿意为别人争取利益；人际关系对他们来说无比重要，他们是天生的调解者，并能够从中获得极大的满足感，所以他们往往都是社交高手；公关型人格的人非常难做决策，因为选择就意味着打破平衡，当他们并没有做到真正的内心和谐时，就总会觉得自己的决定不够好，对于选择的过度敏感让他们具有选择困难症，这也是他们一生需要面对的难题。

如果你和一个公关型人格的人合作，你永远不会感受到被限制，至少你不会听到直接的反对意见。与他们相处应注意：第一，不要让他们拍板做决定。这对于他们来说是一个痛苦的体验。第二，尽可能在相处的过程中让他们感到公平，这样你们的事情进展得会更加顺利，减少很多不必要的障碍。第三，把他们派出去社交，当你有了一个公关型人格的合作伙伴就等于有了一个黏合剂，你会发现不管是内部关系还是外部合作都能做到其乐融融。

如果你在职场上遇到公关型人格的领导，怎么和他们相处呢？第一，学会察言观色，如果他们情绪消沉，给他们一些独立的空间。第二，培养自己的耐心和好脾气。不要让你的公关型人格领导看到你暴躁的一面，他们会觉得你情商低，不堪重任。第三，让自己的工作环境变得和谐美好，可以多多装饰你的办公桌，摆一束鲜花；你可以融入团队之中，调动团队氛围，这一切都会让你的领导感到很舒适，对你的认可度增加。

如果你的朋友是公关型人格的人，他们绝对是可以陪着你做任何事情的好伙伴，同时这也意味着你需要对他们同等付出。第一，公关型人格的朋友特别害怕孤独，他们希望和你分享生活的点点滴滴，所以如果你有时间，可以多陪陪他们。第二，换位思考。他们总是为别人考虑，并不代表他们没有情感需求，一旦你发觉并表现出来，你们的关系就会更进一步。第三，虽然你们之间的相处是非常公平的，但是万一出现了不公平的事件，你要学会包容忍让，不要把他们的好脾气当成理所当然。

如果你的恋人是公关型人格的人，在关系中他会特别在意你的想法和感受，会压抑自己的情绪来取悦你。他当然也会生气，只是他生气的时候并不会和你大吵大闹。如何和公关型人格的恋人相处呢？首先，不要跟他撂狠话。因为他不会跟你争吵，就算是要分手也会静静地转身离开。其次，不要企图打破砂锅问到底。因为他自己也不太确定问题的根源到底是什么，他只在乎相处过程的美好、和谐。最后，给他社交空间，允许他有异性朋友。

如果你的家人是公关型人格，那你要好好培养自己的情商。第一，保持情绪稳定，当你想要发脾气的时候，可以打断你的情感连续性，比如说默数"1，2，3"。如果不行，数到10，到100也可以，直到情绪平复下来再去沟通。第二，培养自己的艺术气质，学一门艺术，跳舞、唱歌、绘画、写作都可以。第三，培养自己的对外社交能力。让爸妈为你骄傲，让自己成为他们的社交谈资。

8. 谋略家型人格（出生日期：10月24日—11月22日）

谋略家型人格的人相信直觉。这是他们的天赋技能，敏锐的情绪感知力可以帮他们辨别未知的风险。他们的第六感就像一个活跃的小马达，任何人都别想轻易骗过他们的第六感。每一个谋略家型人格的人都有着非常强大的意志力，他们的生命力也是非常强大的，能够在各种不利的环境因素下继续生活。只要他们愿意，就可以在一件事情上花费大量时间和精力去搞清楚，所以我们会发现有些做研究的人都带有这样的特质。虽然谋略家型人格的人是情绪丰富的，但是他们绝对不会轻易展现出来。这是因为他们对周围的环境没有安全感。他们总是怀疑一切，当然事情都是有两面性的，他们也非常善于识破谎言或者发觉秘密，总能通过蛛丝马迹发现破绽。

如果你和谋略家型人格的人是合作伙伴的话，第一，我建议你一定要做到诚实，这是他们最为看重的事情。本身他们就不容易信任别人，所以与他们合作的时候一定要有什么说什么。第二，不要与他们为敌，因为他们是很记仇的人。当然，他们洞察人心的能力也能够帮助你有效避免很多危机。第三，展现出自己坚韧不拔的意志力。因为他们都是不轻易放弃的，作为他们的合作伙伴，你也需要展现同样的意志力。

如果你的领导是谋略家型人格的人，应注意：第一，保持绝对忠诚，因为他们对于下属是需要绝对的掌控的。第二，他们对下属的要求都比较严格，所以你最好表现得顺从一些，千万别妄想算计他们，因为不管是心思缜密程度还是行事风格，很少有人能够超越他们。第三，不要在他们背后搞小动作。正常的、良性的竞争当然可以有，如果你能真诚地对待他们，他们也不会运用任何谋略来对付你。

如果你的朋友是谋略家型人格的人，那你可能会有很不一样的感受。第一，他们更喜欢听"难听"的真话。不好听的真话他们会全盘接受，但是对于隐瞒他们却无法接受。第二，不要随意打探他们的隐私。当他们愿意跟你分享的时候，那一定是把你当成真的朋友了，比如他们还没有邀请你去他们家里做客，请你不要主动地提出来，这会让他们感到非常不适，认为侵犯了他们的私人空间。第三，替他们保守住他们的秘密，千万不要践踏他们对你的信任。

如果你的恋人是谋略家型人格的人，如火一般热烈的爱情才能满足他的安全感需求。但是这种强烈的爱，不是每个人都能适应的。与他交往时应注意：第一，注意自己的言行，给他足够的安全感，不要有任何谎言。第二，学会享受他对你的控制欲，学会天天报到，事事报备，信息秒回，热情常在。第三，不要跟他主动提分手。谋略家型人格的人无法接受被分手，因为他们身上有很强的征服欲，你可以选择一些方式让他先提出分手。第四，绝对不要出轨。因为他会对不忠诚的恋人产生疯狂的报复心。如果你真的爱上了别人，不如和他坦诚相待。第五，提升自己的"性魅力"。他注重身体和灵魂的双重结合，在追求灵魂伴侣的路上，也不能忽略身体的匹配度。

如果你的家人是谋略家型人格的人，你可能从小就能意识到谋略家型人格的父母对你的控制欲，大到人生选择，小到穿衣搭配。你可能从小生活在强势的家庭中，而保持平衡唯一的方法就是高度服从。

如果你真的不能接受父母的高度掌控欲，那就保持一定的物理距离，这或许能对你有所帮助。

9. 冒险家型人格（出生日期：11月23日—12月21日）

冒险家型人格的人自然充满了冒险精神。对于他们来说，获得新知识的最好方式就是亲身体验。他们充满好奇心，希望通过不同的角度来感受生活。他们热爱自由，身上总是充满着热情、慷慨和幽默感。在他们眼里，物质会把他们束缚住，一间大房子、一份所谓体面的工作，甚至一个家庭都很有可能成为牵绊。他们也不喜欢做出承诺，因为一旦承诺了就无法按照自己的意愿做事情了。他们尊重所有人有不同的信念体系，更坚信自己自成一派的信念感。他们不会限制自己，不管做什么事情都会全情投入。他们渴望获得新的体验，哪怕很多体验都是不确定的，甚至是危险的。当然，不设限的人生态度也给他们带来了无限可能。

如果你的合作伙伴是冒险家型人格，应该怎么相处？第一，你要帮助他把目标落地。他们不缺乏目标，也不缺少信心，他们最欠缺的是耐心和踏实。第二，可以给他们一些合理的建议，但是不要过度浇灭他们对于一件事的热情。有两句话非常好用，分享给你："你的愿景真的太棒了，但是执行过程中，我们一定要注意某些细节哦！""你的想法非常超前，又很有实现的空间，跟着你，这个项目一定能做好，但是我们需要按部就班地推进，不要太激进哦！"第三，不要太局限他们的思维，尽量维护好他们对于未来的憧憬，同时也要让他们适应务实的风格，引导他们为了自己的信念付出努力。

如果你的领导是冒险家型人格的人，那么他们一定总会给你描绘未来的愿景和蓝图。不过你也要做好准备，因为他们有可能会制订一个不可完成的计划，有的时候会好高骛远。与他们相处时应谨记：第一，给他们提供可执行的具体方案，他们忽略的细节你一定帮助他们查漏补缺。第二，时刻提醒项目的进度。他们总能有一些奇妙的想法，而且很乐于尝试各种可能性，你需要时刻提醒他们关于项目的进度，否则他们一定是拖到最后一刻才完成。

如果你的朋友是一个冒险家型人格的人，那你会非常快乐。因为在他们眼里就没有什么烦心事，你要是有烦恼，他们一定会用乐观和积极的态度来感染你。他们对待朋友非常慷慨，一起出门很少会让你掏钱。与他们相处时应注意：第一，以同样的态度回报他们的坦诚友好。第二，不要对他们说丧气话，做丧气事。无论在他们面前或者是朋友圈里，都要做一个正能量满满的小太阳。第三，对于他们的很多冒险行为，不要劝阻和打击，要对他们的决定支持到底。

如果你的恋人是冒险家型人格的人，那么你最好有一颗大心脏，而且不要把他管得太紧。如果你们之间发生矛盾，他的下意识反应就是回避，转移话题和焦点是他惯用的做法。如果把他逼得太紧，他就会偷偷跑掉。所以，在给予他一定的自由、陪他一起玩的同时，还要让他知道任何事情都应该有一个限度。这是一个斗智斗勇的过程，有时候要适当敲打一下，提醒他你的底线在哪里，这样你们的相处才会和谐。

如果你的家人是冒险家型人格，第一，培养自己的冒险精神，你可以没有他们那么勇敢冲动，但是你不能太胆小，要勇于接受新鲜事物。第二，陪父母去旅行，鼓励他们尝试新鲜事物，鼓励他们去开发新的兴趣，比如：跳舞、唱歌、画画、摄影等。他们有了这些兴趣爱好就不会把所有的精力都集中在你的身上了。

10. 领导者型人格（出生日期：12月22日—1月19日）

领导者型人格的人关注世俗，他们需要自己的身份被社会认可，工作和生活密不可分；他们需要独处，只有这样他们才能够把注意力专注在自己的目标上；他们耐心自律，你很少看到他们放弃一件事情，不管是恐惧、挫折、抵抗都不能让他们动摇；他们天生就是务实的人，如果一件事情暂时条件不成熟，那么他们绝对不会多花一分钟在这件事情上。有的时候，这样的务实的态度会表现在人际交往上，所以他们也经常会被大家称作冷血之人，这些都是因为他们的这种务实完全都是为了结果服务，其他的都不重要。

如果你的合作伙伴是一个领导者型人格的人，这可能是一个最让人踏实放心的合作伙伴。他们只要确定了目标就一定不会放弃，他们从来不会好高骛远，只是有时候会过于谨慎。与他们相处时应注意：第一，你要更积极地来帮他推动项目，要胆大心细。第二，做事态度一定要认真，如果项目不靠谱，就不要浪费彼此的时间。第三，利用好他们的管理能力，不要让他们参与太多商务应酬。

如果你在职场中遇到领导者型人格的人，那么这很有可能意味着你会有些辛苦，要做好心理准备。他们判断好下属的标准是，态度比实力更重要。与他们相处时应注意：第一，不能反驳他们，除非你能展现出自己的不可替代性。每一个"不"都是对他们权威的挑衅。第二，不用跟他们社交。他们只会在乎你的工作有没有实质性的进展，不会在乎你是不是办公室里最受欢迎的那个人。第三，多投入时间去工作，能力不足时间来凑。

如果你的朋友是领导者型人格的人，那么你更像有了一个老师而未必是玩伴，因为你想玩的时候叫他们基本都叫不出来，就算出来了他们也没啥话说。当然，他们其实也是相当"闷骚"的人，尤其喝多了以后。他们还很喜欢讲冷笑话，只是笑点太独特了，真的不容易笑出来。与他们相处时注意：第一，多捧场，配合他们的冷笑话。他们能跟你谈笑风生就是已经把你当成好朋友了。第二，多跟他们分享现实主义话题。虽然他们有时候不是很健谈，但是聊到现实主义话题时，他们更愿意参与或者表露自己的内心想法。第三，多介绍一些优质的社会关系给他们。如果他们的事业因此得到了成长，他们也一定会回头拉你一把。

如果你的恋人是领导者型人格的人，你几乎听不到什么甜言蜜语。他对于感情非常有责任心，只是多少有些机械。与这样的人恋爱应注意：第一，不要逼他把"我爱你"挂在嘴边。他不说不代表他心中对你没有爱。第二，让他感受到你的事业心和能力。因为他心里更倾向于欣赏有社会地位和事业成功的伴侣。第三，不要和他吵架，记得也不能冷战。你跟领导者型人格的人吵架基本上就是听大道理，他会非常认真分析吵架到底谁对谁错——绝对是一丝不苟、条理清晰、逻辑严谨的。

如果你的家人是领导型人格，那么你可能会比一般的小朋友幸福一些，比如说他们要求你考到全班前几名就奖励你一个玩具的事情都会兑现，但是你也会发现，从小到大，他们对你要求都十分严格。尤其是成年之后，他们可能会要求你考研、考公务员，找一个体制内的人结婚，等等。面对这样的家人，第一，给他们稳定安全的生活保障。物质或社会地位，至少有一样能让他们安心。第二，永远让他们做老大。有两条家规非常适合领导型人格的人：第一条，爸爸妈妈说得都对；第二条，永远参考第一条。

11. 科学家型人格（出生日期：1月20日—2月18日）

有一种人，他们从来不会循规蹈矩，总是有很多奇思妙想，也绝对不愿意被束缚，甚至有的时候会很冷淡和有距离感，他们就是最接近天才的科学家型人格的人。他们热爱自由、追求真相、充满个性、天马行空。他们希望能够选择自己的路，做自己想做的事情，同时不接受任何人的命令和任何规则的束缚，不想臣服于任何的规则和秩序下。他们看待世界是足够客观的，不会因为人情世故的羁绊而逃避真相，敢于乐于作为少数派坚持真相。科学家型人格的人把个性当作一个独一无二的标签，非常喜欢表达自己的与众不同。亲人会用怀柔政策或者以爱的方式来改变他们，所以他们对亲情相对淡漠。他们的思维方式超前，习惯用跳跃性思维或者超脱性思维来思考事情，非常适合创新。

与科学家型人格的人合作，你真不知道什么时候他们就会提出一个石破天惊的想法，有的时候需要长一些的时间才能验证他们想法的可行性或有效性。不要轻易否定他们，也别对他们说"不可能"三个字，这可能会激发他们的对抗心理。另外，不要永远用逻辑去分析和理解他们，因为他们很多时候是毫无逻辑可言的，你能做的就是相信这个想法，然后一起想办法去实现。

如果你在职场中遇到科学家型人格的领导，应注意以下几点：第一，努力适应他们的变化无常。不要试图用逻辑或者常理去理解他们，也别试图说服他们，最好的办法就是跟着他们的思路走。第二，包容他们的情绪多变，当他们情绪低落的时候，不要去企图跟他们沟通或者安慰他们，要给他们思考的空间。第三，不要跟他们做过多的亲密肢体接触，适当的距离感能让他们更舒适。第四，你不需要给他们买咖啡、送礼物，物质上的小恩小惠打动不了他们，真正能触碰他们内心的，是你对他们思想的高度认可。

如果你的朋友是科学家型人格的人，该如何与他们相处呢？第一，跟他们一起天马行空，可以送一些科技含量高的礼物给他们，又或者是一起去看科幻电影，甚至是探讨一些高深的宇宙知识，这都能让他们会心一笑，更享受和你在一起的时光。第二，和他们一起参加公益活动，他们经常会参加公益组织为人类做贡献。第三，始终坚守"友谊第一，爱情第二"的原则，不要为了谈情说爱而拒绝他们对你的社交邀请。

如果你的恋人是科学家型人格的人，那么你一定不能用传统的标准来要求你们之间的感情，因为他总会和你保持距离，不管是身体上还是心理上都有可能。他需要自己的空间，并不想要完全和另一个人融为一体。与他交往时应注意：第一，学会以朋友间的相处模式和他相处，要给他充分的自由空间。第二，提升自己的精神境界，吸引他的永远是有趣的灵魂而不是好看的皮囊。第三，包容他突然玩消失。他阶段性地需要逃离这个世俗世界，逃离亲密关系，可能他并没有背叛你，就是想当一个背包客去旅行。如果你非常依赖伴侣，需要高浓度的情感互动，那么科学家型人格的恋人可能无法让你完全满意。简单来说，爱上他就意味着一场与众不同的爱情，你要做的绝对不是改变他，而是享受过程。

如果你的家人是科学家型人格，应该怎么相处？第一，培养自己人格和思维方式的独立性，科学家型人格的父母是不会接受一个"啃老"的孩子的，他们会早早地把你扔到社会上打磨，但是这对你的成长是有很大帮助的。第二，像朋友一样跟他们相处，他们很开明，他们愿意和你一起玩一起闹，分享你的喜怒哀乐。他们愿意支持你人生中的所有选择。

12. 梦想家型人格（出生日期：2月19日—3月20日）

他们喜欢做梦，最擅长的就是在自己的脑海中绘制对于生活的梦想，很少用客观现实来认知世界，可以说他们所有的一切都是建立在自己的幻想之上的。积极丰富的想象力是他们的成长手段，他们从而也比常人更有艺术天赋，他们通过艺术表达来逃避现实世界，他们爱沉迷于幻想，不善于运用理性思维，倾向于用感性的方式来思考问题。幻想会让他们分不清物质的边界，所以他们很容易对某些事物上瘾，尤其是酒精、药物一类的东西。他们的共情能力很强，可以毫不费力地融入任何一种陌生环境或者人群中，只要他们愿意，没有人能看出来他们是群体中的异类。

如果你的合作伙伴是梦想家型人格的人，应注意以下几点：第一，帮助他们树立好清晰的规则和界限。你需要善用他们丰富的想象力，但是不能让他们自由发散。第二，不要给他安排高度重复的工作，你也别指望他们能把注意力集中在枯燥的事情上，这些都是他们最不擅长的。所以最好的就是与他们合作与创意、设计、艺术相关的事情，你会发现他们总能给你带来惊喜。第三，多打感情牌。他们不喜欢冷冰冰的合作关系。

如果你在职场中遇到梦想家型人格的领导，他们一定很少会用严厉的态度来跟你交流，甚至对你是高度信任的，当然这样的性格在职场中也会造成问题。都说慈不掌兵，过度的善良和温柔就很难带领团队在事业上取得进步。与他们相处，注意这么几点就够了：第一，关注他们的情绪波动。如果发现他们情绪低落，一定要及时表现出你对他们的关心。第二，学会示弱。他们悲天悯人，更同情弱者，如果你做错了事情或者表现不够好，千万不要和他们硬碰硬。第三，经常表达你对团队的感情，甚至主动给其他同事提供帮助，让他们觉得你是一个特别富有同情心，格外善良的人。

如果你的朋友是梦想家型人格的人，记住：第一，好好保护他们，像保护大熊猫一样。不要让他们受到任何身体和心灵的伤害。第二，不要欺骗他们，哪怕是善意的谎言，因为他们太容易相信别人了。如果不得不说谎，请想好如何补偿他们。第三，不要妄想拯救他们的恋爱脑。恋爱对他们来说就像呼吸一样，改变他们的恋爱脑就像不让他们呼吸一样。第四，如果他们因为谈恋爱而错过了你们的聚会，不要怪他，他一定不是故意的。第五，帮他们认清现实是什么。经常提醒他们：是真的吗？这事靠谱吗？这人骗你了吧？

如果你的恋人是一个梦想家型人格的人，你可能需要在好好保护他的同时也要看着他。他天生对爱情无比憧憬，但入戏太深就会分不清现实和幻想，也就会用自己的想象来当作标准。一旦发现真实的爱情有这么多不如意的时候就会心碎，其实连这种心碎都是他幻想出来的。该怎么和他相处呢？第一，明确相处模式，以及跟他说清楚你的底线，帮助他分辨清楚现实和幻想的差别。第二，持续表达"我爱你"，一天说800次对于他来说都不够。第三，如果你们吵架或者没话说，请参考第二条。

如果你的家人是梦想家型人格的人，相处办法如下：第一，像哄孩子一样哄你的父母。第二，享受梦想家型人格的父母对你的全情付出。该吃吃该花花，他们不介意你"啃老"，但他们看不得你受苦。第三，永远不要跟他们说狠话，因为他们会把你说的每句话都当真。